Bhakti
Le Yoga de l'Amour

Bhakti
Le Yoga de l'Amour

Gregor Maehle

Kaivalya Publications 2025

Relecture et édition: Eric Chassagnolle

Du même auteur :

Ashtanga Yoga La Première Série

Ashtanga Yoga: The Intermediate Series

Pranayama The Breath of Yoga

Yoga Meditation: Through Mantra, Chakras and Kundalini to Spiritual Freedom

Samadhi The Great Freedom

How to Find Your Life's Divine Purpose – Brain Software For A New Civilization

Chakras, Drugs and Evolution – A Map of Transformative States

Mudras: Seals of Yoga

Publié par Kaivalya Publications PO Box 181 Crabbes Creek, NSW 2483 Australie

Gregor Maehle 2025

Ce livre est protégé par le droit d'auteur. À l'exception de l'utilisation équitable à des fins d'étude privée, de recherche, de critique ou de révision, comme le permet la loi sur le droit d'auteur, aucune partie ne peut être reproduite par quelque procédé que ce soit sans l'autorisation écrite de l'auteur.

Première publication en 2025

Édition anglaise en 2024

Maehle, Gregor
Bhakti : Le yoga de l'amour/par Gregor Maehle ;

Traduction : DeepL

Relecture et édition: Eric Chassagnolle

ISBN (pbk.) : 978-1-7635825-3-8

Comprend des références bibliographiques Bhakti yoga

Tous les efforts ont été faits pour contacter les détenteurs des droits d'auteur des documents cités, mais cela n'a pas été possible dans tous les cas.

A catalogue record for this book is available from the National Library of Australia

Image de couverture : Radha et Krishna, Bharat Kala Bhavan, Varanasi

Dédicace

Aux anciens sages de l'Inde qui ont révélé les mystères de la vie dans les *Vedas* et les *Upanishads*.

Remerciements

Je suis reconnaissant à Shri T. Krishnamacharya pour son dévouement tout au long de sa vie à l'enseignement de nombreuses techniques de yoga extrêmement utiles.

À Shri Ramakrishna pour avoir montré qu'il existe une vérité commune à toutes les religions qui ne peut être réduite à un seul type d'expérience mystique.

À Shri Ramanujacharya pour avoir présenté une théologie precise, basée sur les *Upanishads*, la *Bhagavad Gita* et le *Brahma Sutra*.

À Shri Aurobindo, qui a montré que le *Jnana*, le *Karma* et le *Bhakti* Yoga sont les parties d'un tout intégré.

À Alfred North Whitehead, qui a démontré qu'il pouvait en être de même pour les mathématiques, la science occidentale, la philosophie occidentale et le christianisme.

Table des matières

Liste Des Shastras Cités Dans Ce Texte : xiii
Introduction 1

Chapitre 1: Qui Et Qu'est-Ce Que Le Divin ? 23
Chapitre 2: Qui Sommes-Nous ? 77
Chapitre 3: Quelle Est Notre Relation Avec Le Divin ? 95
Chapitre 4: Bhakti, Qu'est-Ce Que C'est 123
Chapitre 5: Le Karma Yoga Et Son Importance
             Pour La Bhakti 167
Chapitre 6: Le Jnana Yoga Et Son Importance
             Pour La Bhakti 213
Chapitre 7: Le Raja Yoga Et Son Importance Pour
             La Bhakti 237
Chapitre 8: Rôle De L'éthique Dans La Bhakti 253
Chapitre 9: Les Erreurs Métaphysiques Et Ce Que Le Divin
             N'est Pas 263
Chapitre 10: Clarification Des Termes 293

Épilogue 323
Bibliographie 327
Informations Sur L'auteur 335

Comprehensive Table des matières

Liste Des Shastras Cités Dans Ce Texte : xiii

Introduction 1
- Ma Rencontre Avec La Bhakti 2
- Qu'est-Ce Qu'un Ishtadevata ? 5
- Noms De La Divinité 8
- Qu'est-Ce Que L'amour Humain ? 9
- La Différence Entre L'amour Humain Et L'amour Divin 13
- Qu'est-Ce Que L'amour Divin ? 16

Chapitre 1: Qui Et Qu'est-Ce Que Le Divin ? 23
- Le Divin En Tant Que Soi 24
- Divinités Et Formes Divines 33
- Dieu En Tant Qu'univers 42
- Vijnana, Réalisation De Dieu 49
- Transcendant Et Immanent, Père Et Mère, Nirguna Et Saguna 60
- Le Mystère De L'être Suprême 69
- Les Étapes De La Réalisation De Dieu 72

Chapitre 2: Qui Sommes-Nous ? 77
- Le Jiva, L'esprit Individuel En Proie À La Renaissance 81
- Purusha, La Conscience Incarnée 88
- L'atman, Le Moi Non Incarné Et La Conscience Pure 91

Chapitre 3: Quelle Est Notre Relation Avec Le Divin ? 95
- L'absence D'égoïsme Du Divin 96
- Pourquoi Cette Relation Est-Elle Si Importante Pour La Divinité ? 103

- Comment Voir Et Adorer Le Divin 111
- Comment Ne Pas Vénérer Le Divin 116

Chapitre 4: Bhakti, Qu'est-Ce Que C'est 123
- Définition De La Bhakti 127
- Qualités Et Attitudes Favorables À La Bhakti 130
- Types Et Formes De Bhakti 138
- Consecration 145
- Les Réalisations De Dieu Et L'amour Intellectuel De Dieu 148
- L'amour Et L'extase À L'état Pur 154
- Les Effets De La Bhakti 155
- L'essence De La Bhakti 162

Chapitre 5: Le Karma Yoga Et Son Importance
Pour La Bhakti 167
- La Loi Du Karma 167
- Karma Comme Travail 175
- Qu'est-Ce Que Le Karma Yoga ? 178
- La Signification Profonde Du Yajna 179
- Pourquoi Le Karma Yoga Est-Il Important ? 185
- La Contemplation De Soi (Svabhava), Ou Loi De L'être 189
- Le Devoir De Soi (Svadharma) Ou La Loi Du Devenir 197
- Varna Ou Caste Et Son Importance Pour La Bhakti 202
- Yajna – Offrande Et Don 205

Chapitre 6: Le Jnana Yoga Et Son Importance
Pour La Bhakti 213
- Qu'est-Ce Que Le Jnana Yoga ? 213
- Vijnana (Réalisation De Dieu) 217
- Jnana Et Bhakti 218
- Comment Pratiquer Le Jnana Yoga 220

- Les Effets Du Jnana 232

Chapitre 7: Le Raja Yoga Et Son Importance Pour La Bhakti 237
- Qu'est-Ce Que Le Raja Yoga ? 237
- Pourquoi Le Raja Yoga 241
- Méthodes Du Raja Yoga 245
- Conseils Pratiques Pour Intégrer La Bhakti Dans La Pratique Du Raja Yoga 248
- Résumé 252

Chapitre 8: Rôle De L'éthique Dans La Bhakti 253

Chapitre 9: Les Erreurs Métaphysiques Et Ce Que Le Divin N'est Pas 263
- L'insouciant 264
- Dieu N'est Pas Un Humain Géant Au Paradis 267
- Le Monde N'est Pas Une Illusion 273
- La Conscience N'est Pas Tout Ce Qui Existe 277
- Le Karma Yoga N'est Pas Une Discipline Inférieure Du Yoga 281
- Le Bhakti Yoga N'est Pas Le Seul Moyen D'approcher Le Divin 284
- Le Moi Individuel Et Le Moi Divin Ne Sont Pas Une Seule Et Même Chose 287

Chapitre 10: Clarification Des Termes 293
- L'esprit 293
- Avatar 303
- Shraddha 306
- Shastra (Écriture) 310
- Yugas (Âges Du Monde) 314

- Castes Et Varnas - Notes Et Références Complémentaires 319

Épilogue 323

Bibliographie 327

Informations Sur L'auteur 335

Liste des Shastras cités dans ce texte :

Yoga Sutra,
Gheranda Samhita,
Hatha Tatva Kaumudi,
Bhagavad Gita,
Chandogya Upanishad,
Bhagavata Purana,
Mundaka Upanishad,
Brhad Aranyaka Upanishad,
Aitareya Upanishad,
Hatha Yoga Pradipika,
Taittiriya Upanishad,
Mandukya Upanishad,
Mandukya Karika,
Vedanta Sara de Ramanuja,
Shri Bhashya de Ramanuja,
Mahabharata,
Narada Bhakti Sutras

Introduction

À Chiraz, en Perse, au 14e siècle, un boulanger de 20 ans passe devant le balcon d'une femme de la haute société et devant sa beauté, tombe éperdument amoureux d'elle.

Le boulanger était pauvre, d'origine modeste et n'était pas considéré comme beau. Lorsqu'il se rendit compte que son désir pour la femme, qui devint plus tard l'épouse du roi, ne pourrait jamais être consommé, son obsession pour elle ne fit qu'augmenter. Son engouement est tel qu'il finit par ne plus pouvoir manger ni dormir. À la suite de divers rebondissements, le jeune homme devint l'élève d'un maître soufi qui lui conseilla de tourner son amour humain vers Dieu. Hafiz, comme on l'appelait, a consigné tout son voyage mystique dans ses poèmes, qui sont aujourd'hui les plus beaux de la langue persane. Bien qu'il ne soit pas un *bhakta*[1] au sens strict du terme, l'œuvre de Hafiz nous donne néanmoins une feuille de route claire de ce que signifie transformer l'amour humain en amour divin. Il est à noter que, même dans le cas de Hafiz, il a fallu 40 ans de pratique pour transformer le sentiment brut du cœur en pierre précieuse de la réalisation divine.

Si je ne possède pas le don de Hafiz pour la poésie, mon entrée sur le chemin de la *bhakti* ne s'est pas non plus faite par la grande porte. Dans ma jeunesse, j'ai été attiré par *le Jnana* Yoga, qui consiste à réaliser l'Absolu sans forme ou la conscience infinie par la réflexion sur les passages

---
[1] Pratiquant le bhakti yoga, la voie de la dévotion.

des écritures. J'ai également pratiqué le *Raja* Yoga des *Yoga Sutra*, qui consiste en divers exercices de méditation et de concentration visant à rendre l'esprit aussi aiguisé qu'un laser afin qu'il puisse trancher l'ignorance et l'illusion. *Le bhakti* yoga, en revanche, m'a toujours mis mal à l'aise. Il me rappelait l'endoctrinement religieux de mon enfance, où l'on me disait que je devais avoir foi en un homme blanc, géant et barbu dans le ciel, qui, en cas de refus, enverrait des inondations, des sauterelles, des fléaux, etc. ou m'enverrait à la damnation éternelle en enfer.

MA RENCONTRE AVEC LA BHAKTI

Lorsque je suis arrivé en Inde, j'avais le même âge que Hafiz lorsqu'il a vu Shakh-e-Nabat sur ce balcon. C'était un pays où personne ne se souciait de savoir si mon Dieu était l'absolu sans forme, le *nirvana*, un joueur de flûte à la peau bleue ou une femme noire et nue portant des guirlandes de crânes. Dans mes bagages pour l'Inde se trouvait une expérience récente, que j'avais placée dans le panier des expériences trop difficiles à intégrer, car elle était inconciliable avec mes tendances athées-agnostiques. Après avoir, pendant une longue période, médité, jeûné, maintenu l'isolement et étudié les *Upanishads*, je suis arrivé à la conclusion que j'étais incapable d'atteindre ce que je cherchais : *moksha*, la libération spirituelle. Dans un rare moment d'abandon, je me suis allongé sur le sol de la forêt et j'ai levé les yeux vers le ciel nocturne. J'ai pensé : "Aidez-moi, montrez-moi qui je suis", bien que, selon l'agnosticisme dont je faisais profession, il n'existait aucune entité à laquelle j'aurais pu m'adresser.

À ce moment-là, c'est comme si une gigantesque fermeture éclair avait été tirée sur le ciel, et que le tissu qui voilait la réalité avait été enlevé. Derrière elle apparaissait

INTRODUCTION

un être infini et éternel, dont le corps était la somme de tous les univers. Devant mon œil intérieur, cet être a fait naître un flux infini d'univers et en a réabsorbé d'autres, qui avaient fait leur temps. En même temps, l'entité rayonnait d'une infinité d'êtres sensibles, de microbes, de plantes, de champignons, d'animaux, d'humains et de formes divines, qui étaient tous des calculs et des émanations d'elle-même, et ce faisant, elle devenait elle-même. En même temps, un aspect de lui-même, son essence éternelle, n'était absolument pas affecté par ces transformations. J'ai observé cette révélation devant mes yeux pendant environ 45 minutes. J'y ai ensuite réfléchi pendant plus d'un an avant de conclure qu'elle ne correspondait pas à ma vision de la vie et qu'elle devait donc être mise au panier. Ce que j'avais vu était trop vivant pour moi, trop d'être ; cela impliquait trop de processus, d'évolution et de multiplicité. Je ne voulais que de l'unicité, du néant, du vide, de la non-existence, de la conscience et du silence. Je ne savais certainement pas quoi faire de Dieu et de l'amour.

C'est avec de telles idées préconçues que je suis arrivé en Inde au début des années 80, où j'ai d'abord adhéré à diverses sectes et cultes prônant l'illumination instantanée avant de m'engager dans une formation de plusieurs décennies en yoga classique. Cette formation comprenait les *asanas*, le *pranayama*, la méditation *chakra-Kundalini*, le *samadhi*, le sanskrit et l'étude des *shastra* (écritures). Une vingtaine d'années après le début de cette formation, et sans trop y penser, j'ai commencé presque accidentellement à pratiquer le *Trataka* (contemplation) sur diverses images et symboles divins pendant de longues rétentions de la respiration (*kumbhakas*). Je voulais déterminer si une telle concentration aiderait à maintenir l'esprit lumineux (*sattvique*) pendant les rétentions. J'ai obtenu bien plus que ce que j'avais espéré. J'ai appris que les images divines inspirées s'apparentent à des archétypes spirituels qui peuvent révéler la connaissance si l'esprit du méditant est vide et réceptif. Pendant les longues rétentions de la respiration yogique, si elles sont exécutées correctement, l'esprit devient vide et réceptif plus ou moins automatiquement.

Alors que je me concentrais initialement sur les images divines hindoues combinées à des *mantras* sanskrits, j'ai appris par la suite que les images bouddhistes, islamiques, chrétiennes et juives, combinées à des incantations en pali, en arabe ou en hébreu, fonctionnaient tout aussi bien. Le mystique indien Shri Ramakrishna, qui s'est engagé successivement sur toutes ces voies, l'avait déjà confirmé. Plus tard, j'ai expérimenté des symboles sacrés animistes, indigènes et basés sur la nature, tels que des esprits d'animaux et de plantes, des montagnes et des rivières sacrées, etc. dont la valeur et la capacité à instruire le méditant ont également fait leurs preuves. Bien que je continue à pratiquer le *Raja* Yoga jusqu'à aujourd'hui, ces expériences m'ont finalement fait passer d'un *Raja* Yogi basé sur la technique à un *Bhakti* Yogi basé sur la dévotion. J'espère que ce texte sur le *Bhakti* Yoga pourra aider toute personne désireuse d'approfondir sa spiritualité et les expériences qui y sont associées.

Vous pouvez pratiquer le *Bhakti* Yoga que vous soyez ou non membre d'une confession spirituelle. Ce que j'ai trouvé extrêmement important, c'est que les expériences et les connaissances spirituelles authentiques remplacent en fin de compte la croyance. Quelqu'un qui ne fait que croire sait qu'il n'est pas sûr de lui et a donc tendance à défendre dogmatiquement sa position contre ceux qui ont des croyances différentes. La certitude que l'on manifeste à l'égard de ses croyances religieuses et spirituelles se manifeste souvent dans la mesure où le doute et la remise en question s'installent en soi. Ce paradoxe de la certitude extérieure et du doute intérieur a largement contribué à notre histoire de guerres saintes, qui sont des tentatives de convertir par l'épée ceux qui ont des croyances différentes, que nous jugeons menaçantes. Lorsque nous avons atteint la connaissance, le fait que quelqu'un d'autre pense ou non que nous avons raison n'a plus d'importance.

Par exemple, vous ne vous sentiriez pas menacé si quelqu'un vous disait que vous n'avez pas d'yeux. Le fait que vous puissiez voir vous indique que vous avez des yeux. Vous pouvez également vous regarder dans un miroir pour confirmer que vous avez des yeux. Il en va de même si quelqu'un vous dit qu'il ne croit pas à la gravitation. Vous pouvez vous tenir debout et sentir la gravitation enfoncer vos pieds dans le sol. Même si vous vous asseyez sur une chaise longue, vous sentirez la gravitation presser votre corps sur la surface douce. Si quelqu'un vous dit qu'il ne croit pas que vous avez des yeux ou qu'il ne croit pas à la gravitation, vous le considérerez probablement comme bizarre, mais certainement pas comme une menace pour votre principal système de valeurs. La situation est différente pour les croyances religieuses. Si nous n'avons pas encore acquis la connaissance, le fait que quelqu'un d'autre puisse suivre des croyances différentes peut nous faire douter que nos croyances soient erronées. Nous pouvons compenser cette insécurité par de l'agressivité. Cette insécurité et l'agressivité qu'elle suscite deviennent obsolètes dès lors que nous obtenons la connaissance mystique.

QU'EST-CE QU'UN ISHTADEVATA ?

Tout cela change une fois que nous connaissons le Divin sans nom, connu sous mille noms. Cette connaissance conduit à la dévotion et au service de l'Unique, source ancienne de toutes les religions, voies spirituelles et écoles mystiques, toutes aussi valables les unes que les autres. Le *Yoga Sutra* affirme que l'étude des traités sacrés révèle la divinité appropriée (*ishtadevata*).[2] Le concept d'*ishtadevata* implique qu'il existe de nombreux types de personnalités, chaque forme divine représentant une fréquence différente, assumée par le Divin unique pour communiquer avec nous individuellement. Bien que le Divin ne soit ni une personne ni un humain géant dans le ciel, il est personnel pour chacun d'entre nous. Il en est ainsi parce que nous sommes tous des permutations du Divin unique, à travers lesquelles, il incarne sa créativité illimitée. Dans son septième chapitre, la *Gheranda Samhita*, un texte médiéval de Hatha Yoga, enseigne six voies pour atteindre le *samadhi* (extase absorbante et révélation). L'une de ces six voies est le *bhakti samadhi*, qui consiste à visualiser son *ishtadevata* (la forme divine appropriée à un individu particulier) dans notre cœur jusqu'à ce que nous versions des larmes de bonheur.[3] Il semble étonnant que la simple visualisation d'une forme divine conduise à verser des larmes de bonheur, mais le contexte est important. Cette strophe particulière se trouve dans le dernier chapitre d'un traité qui donne une liste interminable de pratiques occultes, telles que *asanas, kriyas, mudras, pranayama*, méditations, etc. pour se préparer au *samadhi*. Même en arrivant à ce sujet final, la *Gheranda Samhita* n'insiste pas sur la *bhakti*, mais l'énumère seulement comme l'une des six approches possibles.

Cependant, l'indice critique dans la strophe qui rend la *bhakti* si puissante est le terme *ishtadevata*. La connotation importante de ce terme est que vous devez choisir une

---

2 *Yoga Sutra* II.24
3 *Gheranda Samhita* VII.14-15

INTRODUCTION

représentation du Divin qui vous convient et qui n'a pas été imposée par quelqu'un d'autre. Une forme qui me convient peut être totalement inappropriée pour quelqu'un d'autre. Une telle situation ne doit pas nous mettre en insécurité, mais nous inciter à célébrer notre diversité. Par exemple, le fait d'être la seule personne vivante sur Terre à méditer sur un *ishtadevata* particulier ne dévalorise pas cet *ishtadevata* et ne dévalorise en rien votre expérience. Cela signifie que vous êtes actuellement la seule personne sur Terre à posséder ce type de personnalité spirituelle, c'est tout.

En fin de compte, surtout si notre méditation et notre communion avec notre *ishtadevata* sont profondes, nous pouvons arriver au point où nous avons sondé la profondeur de ce que cet *ishtadevata* particulier peut nous révéler. Notez qu'il ne s'agit pas d'une limitation du Divin mais de notre type de personnalité spirituelle. Nous pouvons alors choisir de méditer sur une autre forme divine, puis sur une autre encore, comme l'a démontré Shri Ramakrishna. Shri Aurobindo a dit qu'un *bhakta* accompli méditerait finalement sur tous les *ishtadevatas* disponibles. Cependant, nous ne devrions pas laisser cette affirmation nous conduire à une sorte de course nous menant de formes divines en formes divines. Cependant, Aurobindo a souligné un fait qui deviendra extrêmement important pour une future communauté spirituelle mondiale. Lorsque vous entrez dans une culture inconnue, préparez-vous en méditant sur les formes divines utilisées par cette culture. Cette méditation vous permettra de vous immerger dans une autre culture de l'intérieur. En comprenant les formes divines de cette culture et en acquérant leur *darshana*[4], vous entrerez dans une autre culture, comme un poisson entre dans l'eau.

---

4 *Darshana* signifie littéralement vue. Au cours d'une vision profonde, nous

NOMS DE LA DIVINITÉ

Pour exprimer l'universalité, j'utiliserai dans ce texte les termes suivants pour désigner le Divin : l'Être suprême, Purushottama (l'Être suprême en sanskrit), l'Unique et Dieu. Ce dernier terme est particulièrement chargé, car presque tout le monde a une opinion claire sur ce qu'il désigne, qu'elle soit favorable ou défavorable. Il m'a semblé très important de me réapproprier ce terme. Le premier chapitre de ce livre, qui est aussi le plus important, traite de ce que le Divin est et n'est pas. Les poissons n'ont apparemment aucune conscience de l'océan dans lequel ils nagent, car il est tout ce qu'ils ont connu. Il en va de même pour le Divin. Notre situation à l'égard du Divin est semblable à celle du poisson à l'égard de l'océan. Nous définissons une chose en délimitant ses frontières par rapport à ce qu'elle n'est pas. Notre définition du bien prend son sens en le délimitant par rapport au mal, tout comme notre concept de chaud, qui naît en le séparant de ce qui est froid.

De même, le bleu a été la dernière couleur à être nommée dans la plupart des langues. Cela s'explique par le fait que la majeure partie du monde, le ciel et les océans, est bleue. C'est pourquoi, pendant une grande partie de notre histoire, nous ne l'avons pas considéré comme une couleur, mais comme l'aspect du monde. C'est précisément le cas du Divin, et c'est pourquoi nous avons du mal à le voir. Le Divin n'est pas seulement la toile de fond sur laquelle tout se déroule, mais tous les acteurs de cet écran sont aussi le Divin.

Je baserai ce texte sur les Ecritures, le témoignage de mystiques révolutionnaires et ma propre expérience. Dans l'ensemble, tout ce qui est écrit dans ce livre est basé sur ces trois éléments. Les écritures qui font autorité et que j'ai citées à tout

---

obtenons la révélation.

INTRODUCTION

bout de champ sont la *Bhagavad Gita*, le *Bhagavata Purana* (dans les deux cas, l'orateur principal est l'*avatar de* Vishnu, Krishna) et le *Bhakti Sutra* de Narada. Je citerai également la *Bible* et divers textes de yoga, en particulier le *Yoga Sutra*. J'ai également cité le théologien indien Ramanujacharya (1077-1157CE), les mystiques et philosophes indiens Shri Ramakrishna (19th siècle) et Shri Aurobindo (20th siècle), le mathématicien et philosophe britannique Alfred North Whitehead (20th siècle) et divers érudits indiens contemporains, dont Swami Tapasyananda et Swami Tyagisananda. Lorsque cela se produit pour la première fois, je m'adresse à ces autorités en utilisant l'expression honorifique Shri, couramment utilisée en Inde. En raison de la masse de citations et pour ne pas être trop répétitif, j'omettrai le titre plus loin dans le texte. Je ne veux pas manquer de respect et j'espère que personne ne s'en offusquera.

QU'EST-CE QUE L'AMOUR HUMAIN ?

L'ouvrage médiéval *Hatha Tatva Kaumudi* pose la question de l'utilité du Hatha Yoga sans la *bhakti*.[5] Il décrit ensuite la *bhakti* comme le processus au cours duquel un yogi est inondé de larmes de félicité intense, provoquées par l'amour à travers la communion avec le Divin. Le texte précise en outre que *la bhakti* consiste à faire l'expérience de l'amour éternel en plongeant dans l'océan de l'amour divin. Le choix des mots montre clairement que le concept d'amour utilisé ici, diffère considérablement des idées contemporaines sur l'amour utilisées dans la société moderne. Aujourd'hui, nous utilisons le terme principalement dans le contexte de l'amour romantique. L'amour romantique souscrit au mythe, selon lequel, nous sommes en quelque sorte incomplets et qu'il existe précisément la bonne personne pour nous rendre

---

[5] *Hatha Tatva Kaumudi*, p.629

entiers et complets, si seulement nous pouvons la trouver.[6] Les gens modernes ont donc tendance à s'engager dans des relations romantiques avec d'énormes attentes, sous le poids desquelles, ils ont tendance à s'effondrer rapidement. La plupart des gens ne peuvent pas répondre à l'attente, selon laquelle il est de leur responsabilité de rendre leur partenaire entier et heureux, et pourquoi le feraient-ils ? Nous pensons alors que nous avons choisi la mauvaise personne, nous poursuivons notre chemin et continuons à chercher Monsieur ou Madame Parfait.

L'un des problèmes de l'amour humain est l'élément de projection toujours présent. Freud a souligné que nos relations avec nos proches, généralement nos parents, laissent certaines blessures psychologiques, appelées *samskaras* (empreintes subconscientes) dans le yoga. Sur la base de ces empreintes précoces, nous choisissons notre (nos) partenaire(s) plus tard à l'âge adulte en fonction de leur capacité à ré-infliger ces mêmes blessures, simplement parce qu'ils confirment nos préjugés existants. Ainsi, nos partenaires deviennent l'écran de réception de la projection de nos préjugés subconscients. Je les désignerai simplement par le terme "projections".

Ces préjugés peuvent impliquer des croyances telles que la vie est douloureuse ou complexe, que nous ne valons rien ou que nous sommes indignes, que les hommes ne sont intéressés que par le sexe, que les femmes ne sont là que pour l'argent et la sécurité, et bien d'autres encore. Notre subconscient a distillé ces croyances à partir de nos expériences de vie dans le but de survivre, et la plupart d'entre elles ont été développées pendant la petite enfance en imitant les personnes qui

---

6 Robert A. Johnson, *We : Understanding the Psychology of Romantic Love*, Harper One, 2009.

INTRODUCTION

s'occupaient de nous. Nous avons développé ces croyances en réaction à l'acceptation du comportement de nos proches et de tous ceux que nous avons rencontrés. À moins de s'engager dans un travail de transformation, ces préjugés et croyances subconscients ne sont généralement pas examinés à l'âge adulte, simplement parce qu'ils ont fonctionné dans le passé. C'est pourquoi, en yoga, nous désignons l'ensemble de ces croyances par le terme de "programmation robotique".

Nous avons tendance à choisir nos partenaires, non pas en fonction de ce qu'ils sont réellement en tant qu'individus, mais en fonction de leur aptitude à recevoir notre projection. Le moment où nous nous réveillons après avoir projeté des besoins subconscients sur notre partenaire est souvent celui où la relation amoureuse se brise. À ce moment-là, nous cherchons généralement un nouveau partenaire pour devenir le prochain réceptacle de notre projection. En revanche, lorsque nous décidons consciemment d'aimer notre partenaire sans projeter sur lui, notre amour peut prendre une dimension spirituelle. Dans ce cas, l'objectif de la relation passe de la réception de ce dont nous avons besoin de la part de notre partenaire à ce que nous sommes prêts à donner. C'est le point de départ de la transformation de l'amour humain en amour divin. En fin de compte, l'amour divin nous demande de voir et d'expérimenter chaque personne comme une incarnation de Dieu. Pour beaucoup d'entre nous, commencer par son partenaire est le point de départ naturel de ce voyage.

L'amour que nous portons à nos enfants peut constituer une source de projection similaire. Les personnes modernes qui ne suivent pas une religion ou un chemin spirituel particulier nourrissent souvent l'espoir ou la croyance inconsciente d'atteindre une forme d'immortalité en continuant à vivre via leurs enfants. Lorsque j'étais enfant, je luttais contre la façon parfois obsessionnelle de ma mère de s'identifier à moi. Lorsque j'ai demandé à mon père de me conseiller sur la manière de gérer cette situation, il m'a répondu que je devais comprendre que ma mère était athée. Comme tous les athées, disait mon père, elle voyait ses enfants comme une continuation d'elle-même et son billet pour l'immortalité. De telles croyances inconscientes et non examinées peuvent apparaître dans des déclarations aussi simples que "Je ne veux pas que mes enfants souffrent des mêmes privations ou difficultés que moi", ou "J'ai toujours voulu faire ceci ou cela, mais je n'ai jamais pu. Maintenant, je fais en sorte que mes enfants puissent le faire". Il se peut aussi que nous ayons voulu devenir médecin, chanteur à succès ou athlète, mais que cela n'ait jamais fonctionné. Nous pouvons maintenant tenter d'atteindre ce succès par l'intermédiaire de nos enfants en les plaçant dans une position qui nous permette d'apprécier et de consommer leur succès par procuration. Une telle attitude est présente dans la mesure où nous essayons de pousser nos enfants dans une direction particulière.

Bien sûr, ici aussi, une évolution peut avoir lieu. C'est particulièrement évident lorsque nous commençons à aimer nos enfants non pas pour ce qu'ils peuvent être pour nous, mais simplement pour ce qu'ils sont actuellement, même si ce n'est pas nécessairement la personne que nous attendions. En particulier si notre enfant a ce que nous pourrions appeler un destin problématique, et que nous continuons à l'aimer et à le soutenir de manière désintéressée ou que nous apprenons progressivement à le faire, alors notre amour commence à évoluer vers l'idéal de la *bhakti*, l'amour divin.

INTRODUCTION

LA DIFFÉRENCE ENTRE L'AMOUR HUMAIN ET L'AMOUR DIVIN

L'amour humain est un amour dans lequel nous nous concentrons sur l'obtention d'un état d'euphorie hormonale lorsque nous sommes ensemble avec la personne aimée. Une fois que notre amour a mûri au point de se concentrer sur notre capacité à aimer, indépendamment des qualités de l'objet de l'amour, nous pratiquons déjà un préétat *de bhakti*. La différence essentielle est le passage du désir de recevoir de l'amour au désir de donner de l'amour. Plus cet amour est mûr, plus il est indépendant du comportement réel du destinataire. Cela apparaît clairement dans notre image de l'amour maternel idéal, dans lequel la mère aime son enfant inconditionnellement, même si l'enfant continue à avoir un comportement et des choix malheureux.

Il n'est donc pas faux de dire que nos familles constituent le premier terrain d'entraînement à l'exercice de la *bhakti*. Si nous développons une qualité d'amour mature envers notre conjoint, nos enfants et nos parents, nous pouvons étendre cet amour à tous les enfants de Dieu, qu'ils soient humains ou non. Il s'agit d'une étape importante, car notre famille fonctionne souvent comme une extension de notre ego. Bien que l'amour mûr envers les membres de sa famille soit un pas en avant significatif, on ne peut pas dire qu'il s'agisse d'une véritable *bhakti* s'il n'est pas dirigé vers l'ensemble de la création. Il en est ainsi parce que l'ensemble de la création est le corps cristallisé du Divin. Le Divin n'est pas un homme blanc barbu dans le ciel. Au contraire, le Divin consiste en.. :

- un aspect transcendantal (diversement appelé l'Absolu sans forme, la conscience infinie, le Dao, le Père, le *nirguna* Brahman, etc,)

- un aspect immanent (appelé intelligence cosmique, force créatrice divine, Shakti, Mère, Shekhinah, etc,)
- toute la matière comme le corps du Divin,
- une infinité d'êtres dans lesquels le divin pénètre en devenant lui-même en tant qu'eux,
- et une infinité d'objets, dans lesquels le Divin pénètre en leur donnant leurs caractéristiques.

Vous n'avez pas besoin de mémoriser la liste ci-dessus ; je la répéterai souvent dans ce texte. Elle constitue la clé de la véritable *bhakti*. Le *Bhagavata Purana* affirme que nous devons méditer sur chaque aspect du Divin individuellement, puis sur toutes les parties ensemble.[7]

Lorsque nous voulons vraiment aimer Dieu, nous devons aimer chaque être et chaque atome de cet univers et tout ce qui se trouve au-delà. Le premier chapitre de ce texte est consacré à ce sujet, car une véritable compréhension de ce qu'est le Divin constitue le fondement de la *bhakti*. Voir tout en tant que Dieu ne signifie pas que nous acceptons tout comme parfait ou que le monde que l'humanité s'est créé soit parfait. Bien au contraire. Cela signifie toutefois que nous devons devenir des agents du changement, non pas à partir d'une position de frustration, de colère ou de peur face à la situation actuelle, mais à partir d'une position d'amour.

La bhakti est parfois appelée le yoga des émotions ou l'acte de tourner ses émotions vers Dieu. Aucune de ces affirmations n'est fausse, mais elles nécessitent une explication. Ces affirmations ne signifient pas que nous devrions être émotifs ou que les émotions sont plus proches du Divin que les pensées. Les émotions sont des sentiments basés sur des empreintes passées. Si j'émets, je réagis en fonction de conditions passées. Un moyen facile de

---

[7] *Bhagavata Purana* III.33.22

INTRODUCTION

comprendre cela est de regarder notre réaction par rapport à quelque chose que fait notre partenaire. S'il déclenche une réaction basée sur le moment présent, on peut dire que notre réaction provoque en nous un sentiment. Par exemple, nous pourrions être tristes, inquiets ou craintifs face à ce que notre partenaire dit ou fait. Dans un cas comme dans l'autre, nous sommes capables d'exprimer nos sentiments sans que notre voix ne soit trop chargée d'émotion. Nous pourrions dire qu'il nous serait utile que notre partenaire modifie son comportement pour telle ou telle raison.

La situation serait bien différente dans le cas d'une émotion. Dans ce cas, nous ne répondrions pas à notre partenaire en fonction des sentiments qui se manifestent dans l'instant. Nous réagirions plutôt sur la base d'émotions liées au passé. Ces émotions sont souvent liées à des situations similaires que nous avons vécues avec un parent ou un aidant. En tant qu'enfants, nous sommes généralement impuissants pour réagir de manière adéquate sur le moment ; par conséquent, une charge émotionnelle, telle que celle liée à l'humiliation, s'accumule progressivement au fil du temps. Ces charges peuvent alors se déclencher des décennies plus tard, et nous pouvons manifester une explosion émotionnelle qui semble disproportionnée par rapport à ce que notre partenaire vient de nous communiquer. Une émotion est donc un sentiment accumulé à partir d'expériences, de réactions et d'empreintes passées.

Si nous appelons *bhakti* le yoga des émotions, ou si nous parlons de tourner ses émotions vers Dieu, ce que nous voulons dire en réalité, c'est que *la bhakti* traite de la purification de nos émotions en les tournant vers Dieu. Prenons par exemple les émotions de peur et de haine. Il est impossible d'aimer Dieu et de haïr l'un de ses enfants. Haïr quelqu'un revient à haïr

Dieu. Dans ce cas, tourner ses émotions vers Dieu signifie qu'il faut abandonner la haine, car la haine de quelqu'un équivaudrait à la haine de Dieu. En ce qui concerne la peur, Shri Krishna déclare dans la *Bhagavad Gita* que Ses fidèles sont ceux qui ne craignent personne et qui ne causent de la peur à personne.[8] Ils agissent ainsi parce qu'ils voient en toute chose une manifestation de Dieu. Bien sûr, il serait insensé de dire que *la bhakti* empêchera tout sentiment de peur. Par exemple, si nous traversons une rue et qu'un gros camion fonce sur nous à grande vitesse, il est sain de ressentir de la peur. La peur mobilisera l'adrénaline, qui nous aidera à nous précipiter à une vitesse incroyable du danger de la route vers la sécurité du trottoir. Mais *la bhakti* nous aidera à surmonter l'état plus ou moins permanent d'anxiété inconsciente que beaucoup connaissent aujourd'hui. Notez ici encore la différence entre un sentiment lié au moment présent et une émotion accumulée depuis longtemps. Nous pouvons donc généraliser en disant que les émotions ne peuvent continuer à exister qu'en l'absence d'amour divin. En présence de l'amour divin, elles fondront et seuls les sentiments liés au présent subsisteront.

QU'EST-CE QUE L'AMOUR DIVIN ?

Il est difficile d'écrire ou de théoriser sur l'amour divin parce qu'il fait taire l'esprit dès qu'on le ressent. C'est pourquoi on l'appelle aussi la voix du cœur. Mais je dois écrire sur ce sujet parce que l'amour divin, la *bhakti*, est une discipline spirituelle. Il ne vient pas automatiquement ou spontanément, mais c'est une réponse apprise, une pratique spirituelle, une *sadhana*, comme nous l'avons vu dans l'exemple de Hafiz et de beaucoup d'autres. L'étude et la pratique de cette discipline peuvent apporter plus d'amour dans le monde. Nous pouvons

---

8 *Bhagavad Gita* XII.15

également aider Dieu, le Divin, à nous traverser davantage qu'il n'est possible actuellement.

L'amour divin est un amour pur. L'amour pur est un amour purifié de notre émotivité, de nos besoins et de notre besoin d'être nécessaire. L'amour est le rayonnement central de notre être. C'est ce qui rayonne de notre cœur, de notre *atman*, de notre conscience, de notre âme, vers notre personnalité de surface. Le *bhakta* tente de rendre la personnalité de surface translucide comme un cristal ou un diamant afin que l'amour rayonnant au cœur de notre être puisse briller.

L'utilisation métaphorique d'un cristal ou d'un diamant est constructive car tous deux ont besoin d'être polis et taillés pour révéler leur éclat et leur luminosité. Un diamant peut être caché à l'intérieur d'une pierre, et peu de choses peuvent être visibles à la surface. Le travail et l'expertise en matière de polissage et de taille sont nécessaires pour faire ressortir son plus grand potentiel. De même, la pratique de la *bhakti* requiert du travail et de l'expertise pour faire ressortir l'éclat de notre *atman*, le soi, la conscience.

L'amour est un aspect de notre conscience, du moi et du Divin. De même, comme notre conscience est consciente de tout sans rien omettre, elle aime également tout et tout le monde de la même manière. La pratique de la *bhakti* consiste à faire ressortir cette capacité. Si nous parvenons à faire émerger cette qualité, elle nous comblera. Nous pouvons alors aller au-delà du besoin de recevoir, de prendre et d'être dans le besoin. La véritable *bhakti* doit toujours impliquer des degrés de connaissance de soi, de connaissance du Divin et de volonté de porter son amour dans le monde en servant le Divin et tous les êtres. Shri Aurobindo dit que l'amour sans connaissance peut être passionné et intense, mais souvent aveugle, grossier et même dangereux. C'est un grand pouvoir mais aussi une pierre d'achoppement.[9] L'amour, limité dans la connaissance [du Divin et du soi], se condamne lui-même dans sa ferveur à l'étroitesse. L'amour combiné à la connaissance, selon Aurobindo, n'est pas incompatible avec les œuvres divines, mais s'y jette au contraire avec joie, car il aime Dieu et ne fait qu'un avec Lui dans tous ses êtres. Travailler pour le monde, c'est ressentir et réaliser son amour pour Dieu. Nous ne devrions donc pas craindre que notre pratique de la *bhakti* nous conduise à devenir distants, sectaires ou désintéressés du monde. Au contraire, *la bhakti* nous permettra d'agir avec beaucoup de joie et de compassion au service du Divin et de tous les êtres.

Puisque le Divin est pur amour, nous ne pouvons pas vraiment le ressentir à moins de devenir pur amour. Ce devenir n'implique pas un changement, mais plutôt un abandon des aspects destructeurs de notre personnalité de surface. Nous ne pouvons pas être un pur amour si nous n'abandonnons pas et ne laissons pas tomber l'inimitié, la haine et l'antagonisme. Cette triade est représentative d'un conflit intérieur extériorisé. Le conflit intérieur extériorisé signifie que nous rejetons les aspects de nous-mêmes qui sont trop douloureux à regarder et à reconnaître. Nous refoulons donc ces aspects dans les profondeurs de notre inconscient et les combattons en les extériorisant, c'est-à-dire en les reconnaissant, en les combattant et en tentant de les détruire chez les autres en projetant sur eux le conflit refoulé.

En développant la qualité de l'amour divin pur, nous pouvons reconnaître les aspects nuisibles, destructeurs et douloureux de notre psyché et les abandonner au Divin. Outre la reconnaissance des éléments douloureux et destructeurs

---

[9] Sri Aurobindo, *The Synthesis of Yoga*, Sri Aurobindo Ashram, Pondicherry, 1948, p. 548

de notre psyché, ce processus implique également de nous pardonner de les avoir hébergés. Dans la mesure où ce pardon est mis en œuvre, il s'étend également aux autres pour leurs défauts. Cela met fin au conflit intérieur et à sa répression. L'externalisation de ce conflit perd alors sa nécessité.

En d'autres termes, pour vraiment ressentir Dieu, nous devons en fin de compte mettre fin à tout conflit en nous-mêmes, nous aimer et nous accepter. Lorsqu'il est mené correctement, ce processus a pour effets secondaires significatifs de nous débarrasser des attitudes négatives et de développer la gratitude et le pardon. Nous entravons notre évolution et nous nous retenons en gardant des attitudes négatives à l'égard de la vie, du monde et des autres. Nous développons ces attitudes pour nous protéger de l'adversité, mais elles entravent la satisfaction et le bonheur que nous retirons de la vie. Ces attitudes négatives sont généralement fondées sur des expériences douloureuses, parfois traumatisantes, vécues dans le passé. En réalisant le Divin, en comprenant que la nature du Divin est l'amour et en nous mettant à son service, ces expériences douloureuses perdent leur raison d'être et peuvent être progressivement abandonnées.

Pour se débarrasser des expériences douloureuses, il faut d'abord prendre conscience de l'effort et de l'énergie viscérale et neurologique que nous investissons en les conservant. Une fois cette prise de conscience effectuée (et seulement à ce moment-là), nous pouvons nous défaire de cette énergie et l'utiliser à des fins plus créatives et d'affirmation de la vie. Dans ce contexte, les affirmations (*sankalpas*) et la culture de modèles de pensée en alignement avec le Divin (*bhavanas*) que j'ai décrits et énumérés dans mon texte de 2020, *Comment trouver le but divin de votre vie*, sont utiles et essentiels. Avec plus de 100 pages, le sujet est trop vaste pour être traité ici.

Un sujet crucial lié à ceci, également décrit dans ce livre, est la pratique du pardon. Ici aussi, la manière la plus simple de pardonner est de réaliser que tous les êtres sont des émanations et des enfants du Divin. Ils peuvent être blessés, déformés et, en raison de leur longue, douloureuse et traumatisante histoire d'erreurs, peuvent même commettre des actes malveillants et sadiques. Même alors, à leur manière déformée, ils sont sur le chemin du bonheur, de l'amour et de la liberté. Eux aussi finiront par atteindre leur destination, même si c'est probablement par des voies détournées. Ils atteindront également la même destination, à savoir devenir des connaisseurs et des amoureux du Divin. En attendant, nous devons leur pardonner et, si nécessaire, corriger leur comportement avec compassion, sans en tirer une quelconque satisfaction égoïste d'avoir raison, d'être meilleurs ou plus vertueux.

Le pardon ne signifie pas que nous laissons quelqu'un d'autre s'en sortir, car son *karma* le rattrapera. Le pardon est une pratique de purification de notre propre subconscient. Les rancunes auxquelles nous nous accrochons empoisonnent notre subconscient. Notre subconscient ne peut pas distinguer si nous en voulons à quelqu'un d'autre ou à nous-mêmes. C'est pourquoi Jésus-Christ a dit : "Ne jugez pas, car vous serez jugés de la même manière que vous jugez".[10] Dans la mesure où nous abandonnons les attitudes négatives et où nous pardonnons, le thème dominant de notre vie deviendra la gratitude et l'amour. La gratitude est l'un des sentiments les plus guérisseurs que nous puissions éprouver. La gratitude authentique d'être en vie et que le Divin s'exprime à travers nous ne peut pas exister dans le même espace que l'anxiété, la dépression et les traumatismes. Ils ne peuvent pas non plus exister dans le même espace que la gratitude authentique.

---

10 Matthieu 7:1-2

INTRODUCTION

La chose la plus surprenante que l'on découvre en plongeant de plus en plus profondément dans le *bhakti* yoga est que la conscience (*purusha, atman,* brahman) n'est pas simplement une conscience froide, détachée et incolore, mais qu'en son centre même, en son cœur, elle est de la nature de l'amour pur. C'est pourquoi il est juste de dire que Dieu est amour et que la pratique de la *bhakti*, d'une part, peut conduire à la connaissance, mais aussi que, d'autre part, la pratique du *Jnana* Yoga (le yoga de la connaissance) peut conduire à la *bhakti*. Ce n'est qu'ensemble qu'ils sont complets. En sanskrit, les termes *hrt* et *hrdaya* signifient tous deux cœur, noyau et centre. *Le chakra du* cœur est le centre des sept *chakras* principaux. C'est dans ce *chakra* que l'on entend le son non frappé (*Anahata*), qui est la syllabe primordiale OM. C'est à partir de ce son que tous les autres modèles vibratoires ont émergé. C'est pourquoi il est juste d'appeler le OM l'équivalent du Big Bang dans la philosophie indienne. En astrophysique, le Big Bang est l'onde originelle, le premier modèle vibratoire à partir duquel tout émerge.

La Chandogya Upanishad dit du cœur qu'au centre de la poitrine se trouve un petit sanctuaire avec une petite flamme (l'*atman*, le soi). À l'intérieur de ce sanctuaire se trouve miraculeusement ce vaste univers avec toutes ses planètes, ses étoiles, ses océans, ses continents, ses chaînes de montagnes, ses rivières et ses êtres.[11] Ce passage reflète un état mystique dans lequel le voyant a compris que la création entière provient de l'Absolu sans forme par l'intermédiaire du cœur dans un état d'amour pur. La conscience se révèle aux yogis, qui sont centrés sur le cœur, comme étant de la nature de l'amour pur. Pour ce faire, nous nous concentrons sur *le chakra du* cœur tout en restant dans un état de pure

---

11 *Chandogya Upanishad* 8.1.1-3

conscience, une technique de méditation avancée. Cette expérience a alors le potentiel de rayonner et de nous guérir, ainsi que notre attitude à l'égard du monde. Nous pouvons pousser cet état jusqu'à ce qu'il n'y ait plus que de l'amour pur, rien d'autre. Il n'y a pas de sens du moi, du corps, de l'esprit ou de la séparation, et au départ, il n'y a pas non plus de perception de quoi que ce soit d'autre que l'amour - un état profond de beauté, de liberté, de paix et d'expansion. Nous pouvons alors laisser cet amour rayonner dans le monde, en devenant un véhicule de cet amour divin.

Pour que nous puissions transmettre cette flamme curative de l'amour divin, le moi de surface (le complexe égoïque corps-esprit) doit être nettoyé et transformé par l'expérience de l'amour pur. Cela ne peut se produire que si nous abandonnons tout conflit et toute lutte avec nous-mêmes. Ce conflit avec nous-mêmes semble parfois ancien, presque éternel. Depuis une éternité, nous nous sommes définis par la guerre que nous nous sommes livrée à nous-mêmes, y compris l'adversité, l'antagonisme, l'ambition, la compétition, les degrés de violence domestique et les conflits armés entre les cultures. Nous pouvons surmonter ces tendances en redécouvrant l'amour divin. Cet amour ne se soucie pas de recevoir. Il est tellement débordant qu'il veut toujours donner, il doit donner.

Malgré toutes les adversités créées par l'humanité elle-même, nous devons redécouvrir que nous sommes des cristallisations de l'amour divin et que notre nature essentielle est l'amour. Le but du *Bhakti* Yoga est que cette qualité interne d'amour rayonne à travers notre être dans le monde, apportant la guérison aux autres et un sens à notre vie. Pour ce cœur, il n'y a qu'un seul but dans la vie : apporter une contribution valable à la vie des autres.

Chapitre 1
QUI ET QU'EST-CE QUE LE DIVIN ?

Comme tous les yogas, le *Bhakti* Yoga ne doit idéalement pas être pratiqué seul, mais en conjonction avec tous les autres yogas. De cette manière, il est beaucoup plus efficace. Le *Bhakti* Yoga est le yoga de l'amour divin ou l'abandon au Divin. Avant d'entrer dans les détails des méthodes de *bhakti*, nous devons comprendre à quoi nous nous abandonnons ou ce que nous aimons. Notre amour pour le Divin sera compromis si, au fond de nous, nous croyons que le Divin est anthropomorphique, c'est-à-dire un homme géant dans le ciel.

Dieu n'est pas un homme. Dieu n'est pas non plus un humain et il n'a pas d'ego pour infliger des punitions à certains et en refuser à d'autres, qui lui sont plus chers. Imaginez un instant que Dieu soit un être humain. Comment cela affecterait-il la volonté de l'évolution de développer des formes de vie plus avancées que l'humanité ? Ou voulons-nous honnêtement nous accrocher à la croyance que l'humanité est le couronnement de la création et que l'évolution s'arrête là ? Les derniers siècles de l'histoire de l'humanité, y compris la guerre quasi permanente de l'humanité contre elle-même et contre la nature, ont montré que l'évolution a un besoin urgent d'évoluer vers une biologie post-humaine.

Dans les pages suivantes, j'explorerai la manière dont nous pouvons faire l'expérience du Divin. Il y a une certaine séquentialité à cela, bien que cela ne signifie pas que les aspects du Divin doivent être expérimentés dans cet ordre. Cependant, les premiers aspects sont généralement plus apparents et plus accessibles que les derniers. En fin de compte, un *bhakta* s'efforcera d'avoir tous ces points de vue et peut-être d'autres que j'ai omis d'énumérer par ignorance.

LE DIVIN EN TANT QUE SOI

La Bhagavad Gita dit dans la strophe VI.29 qu'une personne sage voit le soi résidant dans tous les êtres et tous les êtres comme reposant dans le soi. Voir les deux est une expérience que nous pouvons faire après avoir progressé dans la méditation et le yoga et qui est accessible à tous. Veuillez noter que, sauf indication contraire, j'utilise le terme yoga pour désigner l'ensemble des disciplines spirituelles, y compris les pratiques physiques, respiratoires, mentales et spirituelles (*sadhanas*). Pour désigner l'aspect exclusivement physique du yoga, j'utiliserai le terme *asana* (posture).

Au début du processus de yoga et de méditation, nous pouvons commencer par le concept que nous sommes le corps, car c'est ce que la société moderne nous enseigne. Après quelques progrès, nous nous rendons compte que le corps et la manière dont nous le ressentons (parfois appelée conscience du corps) changent constamment. Un jour, nous nous sentons fatigués ; un autre jour, nous nous sentons énergiques. Un jour, nous nous sentons raides et endoloris, un autre, fluides et forts. En fin de compte, nous remarquons que les sensations de notre corps changent quotidiennement et progressivement au fil du temps. Cela signifie que le corps n'est pas le soi, car le soi est un état permanent (je l'expliquerai plus tard plus en détail). Cependant, après un certain temps, nous découvrons

CHAPITRE 1

une entité plus profonde en nous, qui regarde et observe le corps. Cette entité reste la même ou change beaucoup plus lentement, de sorte que nous ne la remarquons pas au début. En méditation, nous apprenons à observer cette entité et à l'isoler du corps. Isoler signifie que nous pouvons à tout moment différencier si ce que nous observons est un signal du corps ou de cette nouvelle entité.

Les personnes issues d'une société influencée par l'Occident appelleraient cette nouvelle entité l'esprit. Je renonce à ce stade à l'idée que quelqu'un issu d'un milieu indien traditionnel puisse intercaler entre le corps et l'esprit ce que l'on appelle le soi *pranique* ou la gaine *pranique*, que Shri Aurobindo appelle le soi vital. Que nous interposions cette couche ou non ne changera pas le fonctionnement du processus dans son ensemble. Après une certaine période d'observation de l'esprit, nous remarquons qu'il change constamment, non seulement d'un jour à l'autre ou même d'une heure à l'autre, mais aussi progressivement, au fil du temps, la façon dont notre esprit se sent change. Cela inclut également ce que l'esprit nous dit de nous-mêmes, de notre image de soi ou de notre identité.

Il y a ce que l'on pourrait appeler l'esprit de surface, qui s'occupe des questions de survie et des tâches quotidiennes, et l'esprit profond qui contient notre sens de soi, nos valeurs de longue date et nos croyances sur ce que nous sommes. En yoga, l'esprit de surface ou sensoriel est appelé *manas* (les termes anglais man, human et woman sont dérivés du sanskrit *manas*). Par souci de simplicité, nous utiliserons l'abréviation anglaise "mind".

La couche profonde de l'esprit qui contient notre sens du moi à long terme, nos valeurs et nos croyances en yoga est appelée *ahamkara* ou *asmita*. Ces termes peuvent se traduire par "je suis", "sens du moi", "faiseur de moi" ou "ego". Le terme ego est le plus courant, mais nous devons nous rappeler que nous utilisons ce terme sans aucun jugement de valeur. Il ne s'agit pas de savoir si quelqu'un a un ego important ou pathologique. Il s'agit simplement de ce qui forme et façonne notre sentiment de soi et notre identité à un niveau plus profond.[12]

Après avoir isolé le corps de l'esprit et, plus tard, l'ego de l'esprit, on peut finir par remarquer que même l'ego se sent différent chaque jour. En outre, il évoluera progressivement sur une période plus longue, bien que généralement plus lentement que le corps et l'esprit de surface. Après avoir observé l'évolution de l'ego sur une période plus longue, nous finissons par prendre conscience d'un niveau de conscience plus profond auquel les changements du corps, de l'esprit de surface et de l'ego sont liés. Certaines écoles de yoga interposent encore un ou deux niveaux supplémentaires, mais d'autres acceptent que nous puissions passer directement de notre ego à ce que l'on peut appeler la conscience pure. La conscience pure signifie ici que l'on est attentif et conscient, indépendamment de tout contenu de la conscience.

Par exemple, nous pouvons ressentir de la honte, de la joie, de l'embarras, de la douleur, de l'envie ou de la peur, mais ce ne sont que des contenus de la conscience. Dans le yoga et la méditation, nous nous entraînons à devenir conscients de l'entité même qui est consciente, totalement indépendante de la sensation dont on est conscient. Être conscient de cette entité est un état irrésistible. *La Bhagavad Gita* dit d'elle : "celui qui est le même dans la gloire et la honte". La gloire, la honte et d'autres sensations tentent

---

12 Une discipline avancée du yoga consiste à réduire l'ego à la pure pensée du moi. Le *Yoga Sutra* répertorie cette discipline sous le terme *asmita-samadhi*.

de nous emporter, de nous éloigner de notre centre et semblent nous forcer à une réaction immédiate. Comment réagissez-vous à cette gloire ou à cette honte ? Quelle est votre position ? À quoi vous identifiez-vous ? Si nous restons conscients, nous pouvons découvrir une couche de notre personnalité, notre moi profond, qui reste inchangée quoi qu'il arrive à notre moi de surface.

Les Upanishads appellent généralement ce moi profond l'*atman*. Les *Yoga Sutra* l'appellent le *purusha* (la conscience), les religions abrahamiques l'appellent l'âme et la *Bhagavad Gita* l'appelle généralement le *jiva* (l'esprit individuel). Dans le prochain chapitre, je définirai chacun de ces termes et expliquerai leurs différences. Ils sont tous utiles dans certaines circonstances et moins dans d'autres. Mais revenons à l'affirmation de la *Bhagavad Gita* selon laquelle un sage voit le soi résider dans tous les êtres et tous les êtres reposer dans le soi. Lorsque nous méditons suffisamment longtemps sur la conscience pure, nous réalisons qu'elle est sans contenu, ce qui signifie qu'elle peut être consciente de tout ce vers quoi nous l'orientons, mais que le contenu ne lui colle pas à la peau. Les contenus ou objets de la conscience perlent de la conscience comme de l'eau. Ils sont comme la boue qui ne colle pas à une feuille de lotus ou, plus vulgairement, comme l'huile de cuisine qui ne colle pas à une poêle anti-adhésive. Cette conscience que nous percevons au plus profond de nous-mêmes est également infinie, ce qui signifie qu'elle s'étend spatialement dans toutes les directions, et éternelle, ce qui signifie qu'elle s'étend temporellement dans le passé et l'avenir. Tout le monde peut confirmer ces deux faits en pratiquant la méditation et le yoga sur le long terme.

Mais parce que cette conscience, notre moi profond, est éternelle et infinie, elle est la même dans tous les êtres, où qu'ils soient et qu'ils existent maintenant, qu'ils aient existé dans le passé ou qu'ils existeront dans le futur. C'est pourquoi la *Gita* nous exhorte à voir "le moi unique qui réside dans tous les êtres". Mais la *Gita* ne s'arrête pas là. Elle affirme ensuite que tous les êtres résident dans le soi. Comment cela est-il possible ? Ce deuxième dicton nous oblige à plonger beaucoup plus profondément dans l'expérience du soi. Si nous parvenons à maintenir notre attention sur le soi pendant de longues périodes, nous finissons par voir, avec la *Chandogya Upanishad*, que dans l'espace du cœur, dans le soi, se trouve mystérieusement tout ce vaste univers avec tous ses corps célestes, ses continents, ses océans, ses chaînes de montagnes, ses rivières, ses forêts et ses êtres.

Mystérieusement, Dieu n'est donc pas seulement dans le cœur de chacun d'entre nous, mais collectivement, ce moi profond nous contient tous, ainsi que l'univers tout entier. Pour utiliser un terme de géométrie et de mathématiques, le divin est de nature fractale. Cela signifie que chaque fois que nous zoomons sur des détails (comme le moi de l'individu qui médite), la nature de l'ensemble est à nouveau révélée. C'est cette nature fractale de l'esprit que le Bouddha désignait lorsqu'il a dit que [la couche la plus profonde de] l'esprit contient le monde et tous les êtres.

La forme divine qui nous parle à travers la *Gita*, Shri Krishna, dit dans la strophe VI.30, qui me voit dans tous les êtres et tous les êtres en moi, pour lui je ne suis jamais perdu, et il ne l'est pas non plus pour moi. Décortiquons cette affirmation. Tout d'abord, notre moi profond est identifié à un être conscient avec lequel nous pouvons ressentir et communiquer et qui, à son tour, peut ressentir et nous parler. Dans les prochaines sections sur la réalisation de Dieu (*vijnana*) et l'Être suprême

(Purushottama), je détaillerai ce point. Notons que le fait de voir le Divin dans tous les êtres est suggéré ici comme une forme de pratique. Il nous est demandé d'aller au-delà du point où nous ne pouvons voir le Divin que dans un moment d'exultation, dans une épiphanie, une révélation, et d'en faire une vision constante. Cette vision continue devient cruciale, en particulier lorsque nous avons une relation problématique avec quelqu'un. C'est alors que notre résolution doit tenir notre capacité à voir le même moi que nous connaissons en nous, également en lui.

Nous pourrions objecter : pourquoi ne se comportent-ils pas comme Dieu si Dieu est en eux ? De même, nous n'agissons pas toujours comme Dieu, même si, dans les moments d'exaltation, nous avons vu le Divin en nous. Si quelqu'un nous assaille de négativité, nous devons signaler intérieurement au Divin : "Tu fais un excellent travail en te cachant dans cette personne, mais je t'ai quand même reconnu". Notez que je ne conseille pas de communiquer directement cette prise de conscience à nos adversaires. S'ils ne peuvent pas voir Dieu en eux, il est inutile de leur dire que nous le voyons. En revanche, nous pouvons changer leur comportement en ne nous laissant pas entraîner dans l'adversité. Nous ne pouvons pas communiquer ce changement par des mots, mais il doit se manifester par notre attitude pacifique et non menaçante. Il doit rayonner à partir du cœur et être visible dans nos actions et nos attitudes.

La Gita poursuit en conseillant de voir le Soi divin dans tous les êtres et tous les êtres dans le Soi divin, alors pour nous, le Divin n'est jamais perdu, ni nous pour le Divin. L'image ici est similaire à la relation d'une cellule individuelle avec notre corps. Notre conscience inclut cette cellule ; d'autre part, la cellule est incluse dans notre corps.

La Gita nous demande de rendre cette relation consciente, ce qui signifie que nous réalisons d'une part que c'est la totalité du Divin qui s'exprime à travers notre moi microscopique (et des trillions d'autres moi microscopiques également), tout en étant conscients que nous jouons un rôle dans le plan de jeu plus vaste d'une entité infinie. L'art de la vie consiste à créer une boucle de rétroaction consciente, une voie de communication entre le moi cosmique et notre propre moi individuel, qui est toujours à portée de vue.

Examinons maintenant quelques références textuelles dans le *Bhagavata Purana*, un texte parfois appelé *Shrimad Bhagavata*. Il s'agit de l'un des 36 *Puranas*, qui signifient "Anciens", un groupe de *shastras* (écritures) qui traitent principalement de matériel mythologique. Le *Bhagavata* est le *Purana* le plus dévotionnel. Dans le *Bhagavata Purana*, le Divin déclare que sa présence dans tous les êtres doit être reconnue.[13] Dans le prologue de Swami Tapasyananda au Vol.3 du *Bhagavata Purana*, nous trouvons une élaboration détaillée de l'adoration du Divin dans tous les êtres et de l'importance de la pratique du *"vandana"*, c'est-à-dire la salutation de Dieu dans tous les êtres et toutes les choses.[14] Dans un passage ultérieur, le *Bhagavata Purana* nous demande de réaliser que l'Être suprême est logé dans le cœur de tous les êtres.[15] Pourquoi la même injonction est-elle répétée ad nauseam dans la *Bhagavad Gita* et dans le *Bhagavata Purana* ?

La réponse est que de nombreuses personnes ont un premier aperçu du Divin en étant témoins de la conscience au cœur de leur être. J'utilise ici le terme "conscience" dans le

---

[13] *Bhagavata Purana* III.29.16

[14] Swami Tapasyananda, *Srimad Bhagavata*, Sri Ramakrishna Math, Chennai, 1981, vol.3, p. 29

[15] *Bhagavata Purana* XI.29.47

CHAPITRE 1

sens des *Yoga Sutra*, où il désigne ce qui est conscient, c'est-à-dire le siège de la conscience, plutôt que ce dont nous sommes conscients (c'est-à-dire le contenu de l'esprit). C'est dans ce dernier sens que le mot est aujourd'hui utilisé en psychologie occidentale. Dans le yoga, il a le premier sens.

Une fois que nous avons reconnu la conscience, le soi, le témoin, l'attention en nous, il est concevable de la réaliser également dans tous les autres êtres sensibles. *La Gita* et le *Bhagavata Purana* insistent toujours sur le fait que le même soi doit être vu dans tous les êtres. Cette vision doit être acquise en raison du pouvoir de transformation de cette expérience et de cette vision, qui changera notre éthique et nos interactions avec tous les autres. Le concept même d'autrui cessera d'exister puisque tous les autres êtres sont inclus dans notre sens du soi une fois que nous réalisons notre propre soi, la conscience, en eux aussi. En particulier dans les situations de conflit, nous devons nous rappeler que le même moi, Dieu, regarde le monde à travers tous les êtres.

Dans la vie de tous les jours, nous pouvons supposer que nous pouvons externaliser le démérite vers "l'autre" et, par ce biais, éviter de démériter nous-mêmes. Une fois que nous réalisons que tous les êtres ont le même moi, nous nous rendons compte que dans les situations de conflit, nous devons négocier pour que tout le monde partage le démérite de manière égale. Grâce à cette compréhension, nous désamorçons automatiquement les conflits. Les règles éthiques sont fondamentales tant que nous n'avons pas réalisé le même soi dans tous les êtres. Une fois que nous aurons atteint cette réalisation, il nous sera difficile d'agir de manière contraire à l'éthique, car nous ressentirons automatiquement la douleur de tous les êtres. *La Gita* soutient ce fait en affirmant que les plus grands yogis sont ceux qui ressentent la joie et la souffrance des autres comme s'il s'agissait des leurs, parce qu'ils reconnaissent que tous les êtres partagent le même *atman*.[16]

La *Gita* affirme également à plusieurs reprises que nous devons combiner la réalisation du même soi dans tous les êtres avec la réalisation de tous les êtres contenus dans le même soi. Dans les *Upanishads*, cette affirmation est parfois appelée l'unité ou l'identité de la conscience pure (*atman*) et du soi cosmique (Brahman). Cela peut être vu et expérimenté dans les moments où nous nous dissocions de notre personnalité de surface et de l'identification avec le corps-esprit égoïque et où nous descendons dans la couche la plus profonde de notre psyché, la conscience, notre attention. Dans la mesure où nous pouvons, grâce à nos compétences en matière de méditation et de yoga, maintenir la dissociation avec notre personnalité de surface et notre corps-esprit égoïque, nous pouvons rester absorbés dans le moi profond/la conscience. Si nous restons dans cet état pendant de longues périodes, il peut s'élargir et s'approfondir jusqu'à la réalisation du Soi cosmique, le Brahman. Cette réalisation est ce que la *Gita* appelle "voir tous les êtres dans le soi".

Pour des raisons d'hygiène spirituelle, je tiens à souligner que si, par grâce, nous faisons l'expérience de cet état, nous ne devrions pas en sortir en déclarant : "Je suis le Brahman". Nous pouvons faire l'expérience du Brahman à un moment où l'identification au "je" et au corps est abandonnée. Lorsque l'on est conscient du corps-esprit égoïque, l'identité avec le Brahman est impossible. Lorsque l'on quitte l'état *brahmique*, un souvenir persiste,

---

16 *Bhagavad Gita* VI.32

et ce souvenir est vital pour l'intégration spirituelle. Cependant, au moment où nous utilisons notre esprit linguistique et notre boîte vocale pour intoner une phrase telle que "Je suis le Brahman", l'ego et la conscience du corps sont nécessaires et, par conséquent, techniquement, l'état de brahmanité n'est plus présent (à l'exception de son souvenir). C'est pourquoi les textes yogiques disent souvent que lorsque le Brahman apparaît, la conscience du monde (et du corps) disparaît, et que lorsque la conscience du monde (et du corps) disparaît, le Brahman apparaît. C'est pourquoi le mystique bengali Shri Ramakrishna a fait remarquer qu'après une expérience de révélation divine, nous devrions dire que nous sommes un enfant du Divin plutôt que de revendiquer une identité avec le Divin. Il notait que l'affirmation de l'identité et l'identification avec le Divin sont incorrectes tant que nous sommes incarnés. Cette différenciation délicate et essentielle est nécessaire pour éviter de développer un ego spirituel, qui peut être aussi problématique et répandu qu'un ego matérialiste.

DIVINITÉS ET FORMES DIVINES

Une autre façon pour beaucoup d'entre nous d'accéder au Divin est de passer par des divinités, des formes du Divin ou des *avatars*, des incarnations du Divin dans l'homme, comme Jésus-Christ ou Shri Krishna. Je traiterai des *avatars* dans une section spécifique du chapitre 10 et des divinités maintenant. L'avantage des divinités est qu'elles offrent au chercheur individuel une voie d'accès au Divin. Le problème avec les divinités est qu'une fois qu'un tel accès est possible, il peut facilement conduire au sectarisme. Un exemple serait la croyance que ma divinité est supérieure à la vôtre simplement parce que je peux la comprendre, alors que je ne peux pas comprendre la vôtre.

Un autre exemple serait la croyance que je suis supérieur parce que j'ai maintenant une ligne directe avec le Divin. Cependant, si nous voulons pratiquer le véritable *Bhakti* Yoga, nous devons réaliser qu'aucune déité n'est supérieure à une autre et qu'aucun dévot n'est supérieur à un autre simplement parce qu'il a une meilleure déité. La comparaison, la compétition et la recherche de l'avantage sont des traits communs à l'humanité, mais nous devons les rejeter par-dessus bord lorsque nous nous engageons sur la voie de la *bhakti*, le service au Divin. Cette voie consiste à servir le Divin à travers tous les êtres et toutes les formes divines. Pour que cela soit clair, le *Bhagavata Purana* dit, par exemple, que l'adoration de Vishnu est l'adoration de tous les êtres.[17] Cette strophe nous rappelle qu'il ne sert à rien d'adorer le Divin si cela ne se traduit pas par de l'humilité, de l'amitié et du service envers tous. Supposons que nous ayons des difficultés à reconnaître le Divin, le Brahman, dans une divinité ou un être humain particulier. Nous devons admettre qu'il s'agit de notre propre limitation et jamais de la leur.

La *Bhagavad Gita* dit que quel que soit l'aspect du Divin que nous désirons adorer avec conviction, l'Etre Suprême renforcera notre conviction.[18] L'idée ici est qu'une certaine forme d'adoration est préférable à aucune, même pour un aspect limité du Divin. La raison en est évidente pour ceux qui ont déjà adoré dans leur méditation l'Absolu sans forme (appelé en sanskrit le Brahman *nirguna*). Parce

---

17 *Bhagavata Purana* IV.31.14
18 *Bhagavad Gita* VII.21

que l'Absolu sans forme est sans forme, nous ne pouvons le visualiser d'aucune manière ni le représenter par une symbologie auditive (son, langage, etc.) ou visuelle. Or, l'esprit humain ne peut penser et donner du sens qu'à l'aide de symboles visuels et auditifs. En pratique, l'adoration ou la concentration sur l'Absolu sans forme, parce qu'il n'y a pas d'objet reconnaissable, est une non-adoration ou une non-concentration. C'est une façon noble de dire que c'est une perte de temps, à moins que quelqu'un ne soit très avancé en yoga. Krishna l'affirme dans la strophe XII.4 de la *Gita*.

Dans ma propre pratique de méditation, j'utilise une large gamme de divinités et de formes divines pour vénérer le Divin. Mais chaque fois que je le fais, je me rappelle que la forme divine n'est qu'un pointeur vers un principe abstrait (l'Absolu sans forme), que je ne pourrais pas représenter autrement. La relation entre l'Absolu sans forme ou l'Être suprême et une divinité ou un symbole divin est similaire à celle d'une icône sur votre bureau d'une part et d'une application informatique de plusieurs gigaoctets d'autre part. L'icône ne contient que 18 kb, mais elle ouvre une application relativement colossale si vous cliquez dessus. L'icône n'est qu'une voie d'accès à l'application. De même, nous utilisons des formes divines et des divinités pour accéder au Divin, à l'Être suprême. Oublier que l'icône n'est pas l'Être suprême conduira au fondamentalisme et au sectarisme.

La *Bhagavad Gita* dit que si vous vénérez une déité particulière, vous obtiendrez les résultats d'un tel culte accordé par l'Être suprême seul.[19] C'est une autre façon de dire qu'il n'y a qu'un seul vrai Dieu, et que toutes les divinités et formes divines sont des émanations

---

19 *Bhagavad Gita* VII.22

dépendantes et des symboles rayonnant à partir de ce Divin. Mais cela dit aussi qu'elles sont toutes des moyens viables d'accéder à l'unique vrai Dieu. Cette strophe dit ensuite que si c'est là que vous vous trouvez, l'Être suprême sera heureux de vous y rencontrer et de vous aider. Mais dans la strophe suivante, le Divin dit que si les fruits obtenus en vénérant des divinités sont limités, les fruits obtenus en vénérant directement les Êtres suprêmes sont infinis (je dois aussi m'empresser de souligner que c'est d'autant plus difficile que nous devons constamment admettre que nous comprenons rarement complètement ce que c'est).[20] Ainsi, l'Être Suprême dit ici que l'adoration des déités est acceptable pour l'instant, mais que si vous souhaitez vraiment comprendre qui Je suis, l'Être Suprême, faites des recherches et approfondissez vos connaissances. Cette déclaration nous indique qu'il existe plusieurs niveaux de compréhension de la profondeur de l'Être suprême. Plus nous pouvons en comprendre, en faire l'expérience et les apprécier, plus notre pratique sera profonde. J'explorerai plusieurs d'entre elles dans les sections suivantes.

L'un des résultats cruciaux d'une connaissance et d'une compréhension étendues des nombreux aspects du Divin est le maintien de cette connaissance au moment de la mort. Dans une strophe ultérieure de la *Gita*, l'Être suprême déclare que ceux qui ont compris qu'Il est le pouvoir qui soutient toutes les manifestations physiques du Divin et toutes les divinités continueront à Le connaître comme tel, même au moment de la mort.[21] Pour que cela se produise, nous nous référons à nouveau au *Bhagavata Purana*, où

---

20 *Bhagavad Gita* VII.23
21 *Bhagavad Gita* VII.30

nous constatons que le dévot doit réaliser que les déités ne sont que des émanations du Brahman Suprême. En d'autres termes, elles n'ont ni pouvoir ni indépendance propres. Nous devons réaliser et nous souvenir que lorsque nous adorons une divinité, cette adoration devient une adoration du Brahman, de la Conscience infinie, de l'Être suprême. Le *Purana* poursuit en affirmant que le nom réel de Brahman est Sat-Chit-Ananda. Le mystique indien Shri Aurobindo utilise également ce terme pour désigner le nom de Dieu. Sat-Chit-Ananda est un composé souvent mentionné dans les *Upanishads*, le texte source ultime de la plupart des enseignements mystiques provenant de l'Inde. Sat est un terme qui se traduit par "vérité" ou "existence", c'est-à-dire ce qui existe vraiment. *Chit* signifie conscience et *ananda* signifie extase. Le terme *sat* fait référence à l'aspect immanent du Divin, l'élément qui est ici avec nous et que nous pouvons observer, ce qui aboutit finalement à l'idée que tout est Dieu. *Chit*, en tant que conscience, est l'aspect transcendantal du Divin, transcendantal parce qu'il n'est pas reconnaissable par les sens. *Ananda* est l'extase qui résulte de l'interaction des deux. C'est aussi la joie et l'extase que ressent le *bhakta*, qui est témoin de l'interaction des deux et en devient le vecteur.

Dans le *Bhagavata Purana*, nous trouvons la déclaration énigmatique selon laquelle le Dieu constitué de Sat-Chit-Ananda est le culte qui convient au *Krta Yuga* (âge d'or, souvent appelé *Satya Yuga*, âge de la vérité).[22] Si vous pensiez que le paragraphe précédent sur l'extase qui s'ensuit lorsque le Dieu Transcendant et le Dieu Immanent se rencontrent était un peu exagéré, alors vous n'êtes pas le

---

22 *Bhagavata Purana* III.21.8

seul. Le *Bhagavata Purana* affirme que si, en fin de compte, nous voulons tous revenir à ce niveau, il s'agit d'une forme de spiritualité courante et en vogue à une époque depuis longtemps révolue, le soi-disant âge d'or des *Védas*. Que nous croyions ou non à un tel âge d'or, pour la plupart d'entre nous aujourd'hui, il est plus facile de commencer par des concepts plus simples du Divin, tels que le soi ou les formes divines et les divinités, avant de passer à des concepts plus complexes. Dans une section ultérieure, j'explorerai l'interaction entre les aspects transcendantal et immanent du Divin, également appelés le Père divin et la Mère divine. Pour l'instant, terminons notre discussion sur les formes divines en revenant au *Bhagavata Purana*, qui dit que l'adoration du Divin doit se faire à travers l'adoration de toutes les déités et de l'univers tout entier.[23] Il s'agit là encore d'une affirmation complexe. Shri Aurobindo a dit qu'un yogi devrait être capable d'adorer toutes les divinités, mais au début, ne vous laissez pas submerger et commencez par une ou quelques divinités, et ne laissez jamais un sectaire vous dire que vous devez vous en tenir à la même. Comme nous le savons tous maintenant, elles ne sont que des représentations de l'Être suprême sans nom.

Comment trouver la divinité qui nous convient ? Le *Yoga Sutra* dit qu'en lisant les textes sacrés, nous pouvons découvrir quelle forme du Divin nous convient.[24] Pour simplifier, chaque fois que vous avez une réaction intensément positive à l'égard d'une description du Divin, celle-ci mérite d'être étudiée. Imprimez une image de la forme et méditez-la en pratiquant *Trataka* (regard yogique)

---

23 *Bhagavata Purana* IV.31.14
24 *Yoga Sutra* II.44

sur elle et peut-être même pendant *kumbhaka* (rétention du souffle yogique dans le contexte du *pranayama*, la respiration yogique).

Avant de terminer la section sur les formes divines, je voudrais parler brièvement de l'anthropomorphisme. Alors que les Écritures affirment que la forme humaine a été créée à l'image et à la ressemblance du Divin, nous avons créé de nombreuses images divines à notre propre image. Sans vouloir heurter la sensibilité de qui que ce soit, imaginez un instant qu'une autre espèce ait une religion ; comment imaginerait-elle Dieu ? À un humain ? Non, plus probablement, leur Dieu leur ressemblerait exactement, mais il serait agrandi à des proportions gigantesques, doté de toute-puissance et situé au paradis. Je dis que le fait d'imaginer que Dieu vous ressemble est probablement un état évolutif par lequel passe une espèce jusqu'à ce qu'elle connaisse mieux. Il s'agit d'une forme de spécisme, la croyance que notre espèce est meilleure que les autres, suivie d'actions de discrimination à leur encontre.

Croyez-le ou non, il existe dans de nombreuses cultures une longue histoire d'accusations d'athéisme à l'encontre des mystiques qui refusaient de décrire le Divin en termes anthropomorphiques. En d'autres termes, si vous ne croyez pas en l'homme géant, blanc, barbu et né dans les airs (ou toute autre apparence préférée), vous êtes, par définition, un athée. Selon ce point de vue, l'auteur de ce livre serait, aux yeux de beaucoup, une sorte de crypto-athée. Je voudrais renverser toute l'argumentation et suggérer que la *Gita* et le *Bhagavata Purana* décrivent un Être cosmique complexe, à plusieurs niveaux, qui, parce qu'il est trop difficile à comprendre pour notre intellect humain limité, peut, entre-temps, être adoré sous une forme humaine. Cela est d'autant plus compréhensible si l'on considère que ceux qui témoignent d'une compréhension avancée de cet Être suprême sans nom (mais en même temps, tous les noms désignant le Divin sont les siens) sont toujours exclusivement humains. C'est pourquoi nous avons appris à les vénérer en tant qu'*avatars*.

Il semble y avoir un lien entre la croyance spéciste en la suprématie humaine, la représentation anthropomorphique exclusive du Divin sous la forme d'un homme géant dominant les nuages et régnant depuis le ciel et la destruction de notre environnement naturel, les mauvais traitements infligés aux animaux, aux forêts, aux océans et à l'atmosphère. Comme je l'ai décrit dans mon livre précédent, *How To Find Your Life's Divine Purpose (Comment trouver le but divin de votre vie)*, l'injonction religieuse "fais de la Terre ta domination" a été absorbée sans conteste par la science occidentale et constitue aujourd'hui son fondement philosophique. Au cours de ses 300 premières années d'existence, la science occidentale a été exclusivement promue par des religieux, dont Bacon, Copernic, Newton, Galilée et Descartes, qui croyaient en un Dieu supra-naturel essentiellement différent de la nature. La nature n'était donc pas divine et pouvait être exploitée à volonté. Je suggère ici que la *Bhagavad Gita*, le *Bhagavata Purana* et des mystiques comme Ramakrishna et Aurobindo considèrent le monde comme un aspect intégral de Dieu. Ces autorités soulignent la nécessité de considérer la matière, la nature et tous les êtres comme des aspects essentiels de Dieu. Si nous intégrons ce principe dans la science, nous pourrons développer une science qui n'améliore pas quelque chose au détriment d'autre chose. En d'autres termes, j'adopte une approche mystique de ce que feu le biologiste James Lovelock a appelé la théorie Gaïa, aujourd'hui appelée sciences des systèmes terrestres.[25] Ici, nous considérons le monde et tout ce qu'il contient comme un ensemble connecté et peut-être comme un superorganisme dans lequel tous les individus jouent des rôles comme les cellules individuelles dans un corps. En tant que mystique, je me concentre sur l'expérience directe de l'intelligence et de l'être de ce superorganisme. Une telle expérience, si elle est suffisamment solide et détaillée (car il y a des couches à l'expérience, qui émergeront progressivement dans ce texte), nous empêchera d'agir de manière contraire à l'éthique, d'exploiter les ressources et d'agir d'une manière écologiquement incorrecte. À l'heure actuelle, le mouvement écologique tente de nous convaincre intellectuellement qu'il est dans notre intérêt de changer notre comportement, avec un succès plutôt limité. Si, au contraire, nous voyons l'Être suprême dans sa totalité, comme l'a fait Aurobindo, un comportement conflictuel et préjudiciable n'est plus possible.

Je reviendrai plus tard sur ce sujet, mais pour l'instant, revenons à la raison pour laquelle les images anthropomorphiques sont si populaires : les images anthropomorphiques du Divin, c'est-à-dire celles qui ont des caractéristiques humaines, fonctionnent, et je les utilise moi-même. Elles constituent un raccourci heuristique que nous pouvons et devons utiliser lorsqu'il n'est pas possible de se rappeler tous les nombreux aspects de l'Être suprême dans leur intégralité. Mais en fin de compte, nous devons réaliser qu'il s'agit d'une étape dans l'évolution de notre spiritualité et que nous devons enfin nous ouvrir à des représentations non humaines du Divin. Dans une section intitulée "Les

---

25 James Lovelock, *Gaia : A New Look at Life on Earth*, Oxford University Press, 2016.

gloires du divin", la *Bhagavad Gita* dit : "Parmi les divinités, je suis Krishna, parmi les humains, je suis Arjuna, parmi les étendues d'eau, je suis l'océan, parmi les montagnes, je suis l'Himalaya, parmi les arbres, je suis le pipal (*Ashvatta* ou *ficus religiosa*, appelé arbre de *la bodhi* par les bouddhistes) et parmi les animaux, je suis le lion, etc."[26] Cette section nous encourage à voir, reconnaître et vénérer le Divin partout et en tout. Par exemple, la forme la plus élevée du *samadhi* yogique est parfois comparée à l'extase océanique ou simplement à l'expérience océanique. De l'endroit où je tape ce livre, j'ai une vue imprenable sur l'océan Pacifique. Chaque fois que mes yeux se fatiguent ou que j'ai besoin d'inspiration, je lève les yeux et je prends conscience de cette vaste présence océanique. L'océan a quelque chose d'éternel, de numineux, de révélateur et d'inspirant. Nous pouvons voir Dieu dans l'océan si nous y sommes ouverts. Il en va de même pour les chaînes de montagnes, les montagnes sacrées, les lacs, les rivières, les forêts, le soleil et la lune, le ciel étoilé, les arbres sacrés tels que le pipal ou le banian et, bien sûr, les animaux. La question n'est pas tant de savoir si Dieu est en eux. Dieu l'est en effet, car il n'y a rien d'autre que Dieu. La question est de savoir si un objet ou une forme particulière vous permet de voir Dieu en lui. Utilisez-le ensuite sur votre chemin vers la capacité à voir Dieu en toute chose. Bien que cela exige en fin de compte un haut degré de maîtrise, il faut bien commencer quelque part.

DIEU EN TANT QU'UNIVERS

Un autre aspect du Divin que beaucoup d'entre nous peuvent comprendre et auquel ils peuvent accéder est

---

26 *Bhagavad Gita* stances X.19-41

CHAPITRE 1

Dieu en tant qu'univers. Je ne veux pas dire par là que Dieu et l'univers sont identiques (c'est ce qu'on appelle le panthéisme), mais que l'univers est le corps cristallisé de Dieu (c'est ce qu'on appelle le panenthéisme), de la même manière que mon corps physique est la forme humanoïde dans laquelle je me déplace actuellement. Le point de vue selon lequel l'univers fait partie du Divin mais que le Divin est plus grand que l'univers est énoncé *dans la Bhagavad Gita*, où Krishna dit : "Tout cet univers est imprégné par Moi, l'Être transcendantal. Tous les objets sont soutenus par moi, mais je ne suis pas en eux".[27] Cette déclaration clarifie le fait que le Divin est en toute chose mais que certains aspects du Divin ne font pas partie de l'univers physique. Plus tard, Krishna approfondit cette pensée en déclarant : "Avec moi comme chorégraphe témoin, la force créatrice divine projette cet univers puissant de parties mobiles et immobiles et continue à le faire tourner".[28] Le concept de chorégraphe témoin implique que l'univers n'est pas un événement aléatoire mais une expression dirigée de la créativité du Divin, c'est-à-dire son extension physique. Nous trouvons que l'univers est régit par des Lois parce qu'il exprime le Divin et son caractère légal est la nature du Divin.

Être capable de voir le Divin en toute chose est le fondement d'une vie dévotionnelle. Si nous avons une idée abstraite du Divin comme d'une entité lointaine quelque part dans le ciel ou le néant, il est peu probable que cela change notre comportement ici et maintenant. Mais le concept du *Bhakti* Yoga est de voir et de reconnaître le Divin dans tout ce que nous regardons et, par la suite,

---

27 *Bhagavad Gita* IX.4
28 Bhagavad *Gita* IX.10

d'être capable de reconnaître, de louer et d'aimer le Divin en toute chose.

Au chapitre 13 de la *Gita*, Krishna déclare qu'un véritable voyant est celui qui reconnaît l'Être suprême partout et en toute chose.[29] Le théologien indien médiéval Ramanuja a clairement développé ce point de vue à travers la philosophie dite *Visishtadvaita*, selon laquelle l'univers est le corps de Dieu et n'est pas séparé du Divin. Ramanuja était le grand adversaire du philosophe *Advaita Vedanta* Shankara, qui enseignait que le monde est une illusion. Le fait que le monde soit une illusion n'est pas le point de vue du Krishna de la *Bhagavad Gita* et Shankara, à bien des égards, doit déformer le sens des paroles de Krishna pour les rendre conformes à sa philosophie, ce que l'on appelle l'eiségèse. Je reviendrai plus tard sur ce sujet.

L'univers est le corps de Dieu et il doit commencer par une compréhension intellectuelle, mais il ne peut rester à ce niveau. Dans le chapitre 11th de la *Gita*, Arjuna dit à Krishna qu'il l'a compris intellectuellement mais qu'il a besoin d'une vision mystique de ce que Krishna a dit plus tôt. Lorsque Krishna s'exécute et révèle Sa forme universelle (*vishvarupa*), Arjuna voit un éclat semblable à celui d'un millier de soleils brûlant simultanément dans le ciel.[30] Mais ce n'est qu'une introduction au fait qu'Arjuna voit l'univers entier comme une multiplicité apparaissant unifiée comme le corps du Dieu des dieux.[31] La formulation de cette strophe est essentielle. Premièrement, elle confirme que l'univers est bien le corps du Divin. Deuxièmement, elle

---

29 *Bhagavad Gita* XIII.27
30 *Bhagavad Gita* XI.12
31 *Bhagavad Gita* XI.13

développe l'idée de la multiplicité comme unité. Si nous observons l'univers physique et l'évolution de la vie, nous constatons qu'il s'agit d'une course à la multiplicité et à la complexité. Mais derrière cette complexité, nous pouvons facilement reconnaître l'intelligence unificatrice qui donne naissance à tout cela et, surtout, qui s'exprime de manière créative à travers cette multiplicité. Pour comprendre l'Être suprême, il faut garder les deux simultanément à l'esprit.

L'esprit humain a désespérément besoin de simplicité, un besoin presque pathologique de tout réduire au plus petit dénominateur unique. En tant que dévots du Divin, nous devons réaliser que le Divin possède un intellect d'une puissance de feu infinie et qu'il n'a donc pas besoin de se limiter à la simplicité. Le Divin est à la fois unité et multiplicité infinie. C'est pourquoi nous nous trouvons souvent complètement déconcertés lorsque nous étudions côte à côte des sciences complexes telles que l'histoire, l'économie ou les sciences des systèmes terrestres. Tout semble si compliqué. Pourquoi cela ne peut-il pas être plus simple ? Sachez que le Divin n'est pas déconcerté par ces sciences, mais que cette déconcertation n'est que le reflet de notre intelligence insuffisante.

Passons au *Bhagavata Purana* pour voir ce qu'il dit à ce sujet. *Skanda* II, chapitre 5 du *Bhagavata*, traite de l'univers en tant que forme extérieure du Divin et introduit un concept divinisé de la nature pour la méditation. Quelques pages plus loin, le *Purana* suggère d'effectuer *dharana* (concentration) sur cet univers en tant que forme du Divin.[32] Nous aborderons plus tard une section du chapitre XII de la *Gita* où Krishna déclare que le Divin sans forme, souvent appelé l'Absolu sans forme ou le Brahman *nirguna*, est

---

32 *Bhagavata Purana* II.2.23ff

beaucoup plus difficile à concentrer et à comprendre. Le fait de considérer l'univers comme la forme du Divin (*saguna*) élimine cette difficulté. Cela nous montre clairement que nous sommes, comme le dit la Bible, en train de vivre, de bouger et d'être dans le Divin.[33] Tout comme la *Bhagavad Gita*, le *Bhagavata Purana* dit dans le passage ci-dessus que l'Être suprême imprègne cette forme cosmique universelle [c'est-à-dire l'univers] de ses cinq éléments.

Quelques strophes plus loin, le *Bhagavata Purana* conseille au dévot de se concentrer exclusivement sur l'univers en tant que corps brut de Dieu, en dehors duquel il n'y a rien.[34] L'expression "en dehors duquel il n'y a rien" signifie qu'il n'y a que Dieu. Il n'y a rien dans l'univers qui ne soit pas Dieu, c'est-à-dire rien qui ne soit pas sacré, qui ne doive pas être vénéré et rien qui ne doive être profané, qui ne doive pas être adoré ou qui ne doive pas être extériorisé par rapport à Dieu. Notre société moderne a constamment besoin de décharges de déchets toxiques, de décharges nucléaires et d'endroits où nous pouvons couler des plates-formes pétrolières obsolètes ou des réacteurs atomiques navals brûlés. En économie, nous appelons ce processus l'externalisation du démérite et nous le pratiquons pour laisser quelqu'un d'autre payer la note et les factures afin que nos installations de production puissent rester rentables. L'externalisation du démérite est un processus clé qui rend notre culture non durable.

Dans l'enseignement de la *bhakti*, il n'y a pas d'endroits où nous pouvons externaliser les déchets, car tout est Dieu. De même, notre société définit des individus ou des groupes sociaux comme des personas non grata, une

---

33 Actes 17:28

34 *Bhagavata Purana* II.2.38

personne ou des personnes qui ne sont pas les bienvenues. Cela permet d'externaliser les démérites vers ces personnes afin d'essayer d'effacer les démérites et les personas non grata de nos bilans. Même dans les sociétés qui ont, dans une certaine mesure, surmonté le racisme, le démérite est encore souvent externalisé vers les femmes (par exemple, par des salaires inférieurs ou en attendant automatiquement qu'elles s'occupent des personnes âgées) ou d'autres espèces en détruisant leur habitat pour faire de la place à l'exploitation agricole et aux installations industrielles.

Dès le début du *Bhagavata Purana*, nous constatons que l'univers entier est l'expression de la pensée créatrice du Divin.[35] Le fait que la pensée créatrice soit à l'origine de l'univers devrait nous faire douter du lieu commun du New Age selon lequel la plupart des problèmes personnels sont dus au mental et que nous pourrions résoudre nos problèmes en cessant de penser. Comment peut-on s'attendre à ce que le Divin ait donné naissance au monde ? En retroussant ses manches, en prenant une pelle et en commençant à construire ? Non, le Divin est l'Intelligence cosmique et la Loi divine, deux de ses aspects. Parce qu'il est l'unique sans second, que rien ne peut s'opposer à lui et qu'il est omnipotent, tout ce qu'il contemple (c'est-à-dire pense) se cristallisera et se condensera dans l'existence. Il est donc juste de dire que l'univers est l'expression de la pensée créatrice du Divin ou que le Divin a pensé le monde pour qu'il existe. Le but du *bhakta* n'est pas d'arrêter complètement le mental, mais de penser en alignement avec le Divin. J'ai abordé ce sujet dans mon livre précédent, *How To Find Your Life's Divine Purpose (Comment trouver le but divin de votre vie)*, mais ce concept sera également abordé dans le présent texte, dans la section consacrée au *karma* yoga.

---

35 *Bhagavata Purana* II.5.3 et 11

Au début du volume 2 du *Bhagavata Purana*, l'univers entier est comparé à un *yantra*.[36] Un *yantra* représente une géométrie sacrée sur laquelle nous méditons pour comprendre le principe qui la sous-tend. Le principe qui sous-tend l'univers est l'Être suprême. L'univers n'est pas séparé du Divin mais sa forme brute, c'est-à-dire son corps cristallisé. En méditant sur la beauté, l'unicité, l'intelligence et la sagesse inhérentes à l'univers, nous développons un sentiment d'émerveillement et de crainte qui nous aide à comprendre les qualités de l'êtreté qui lui a donné naissance. J'utilise ici le terme êtreté au lieu d'être parce que, dans la langue française, nous utilisons le terme être pour désigner une entité séparée de tout ce qui l'entoure et limitée dans l'espace et le temps. Même en plaçant suprême devant être, il est encore difficile pour certains de ne pas penser à un homme géant et barbu dans le ciel. L'utilisation du terme "êtreté" nous aide cependant à comprendre que nous parlons du principe à la base de tous les êtres, de ce qui s'exprime à travers tous les êtres et à travers ce magnifique et miraculeux univers dans lequel nous vivons. Nous sommes des fractions (*amshas*) ou des étincelles (*jivas*) du Divin, vivant en son sein, c'est-à-dire dans l'univers.

Il est à nouveau important de souligner que la prise de conscience que l'univers est divin n'est pas une réalisation abstraite ou intellectuelle qui n'a pas d'impact sur notre vie. Le regretté fondateur de la philosophie du processus, Alfred North Whitehead, a déclaré que nous ne parvenons pas à la paix en entretenant plus ou moins intensément des croyances cognitives particulières, mais en comprenant notre relation avec

---

[36] Swami Tapasyananda, Srimad Bhagavata, vol.2, p. 2

le fait que l'univers est divin.[37] Whitehead affirme que l'univers est l'expression d'une créativité, d'une liberté et de possibilités infinies, mais qu'il est impuissant à devenir réel sans l'harmonie idéale achevée qu'est Dieu. Il est important de comprendre cela car, sans cette compréhension, nous retomberions dans le panthéisme, c'est-à-dire la croyance que l'univers dans sa totalité est Dieu et qu'il n'y a rien de divin au-delà de l'univers. Je crains que ce ne soit la base philosophique de la platitude spirituelle "l'univers s'occupe de tout". Cette affirmation réduit l'univers à un gigantesque centre commercial qui, pour une raison ou une autre, doit répondre à tous les caprices que notre esprit et notre ego peuvent imaginer. Cependant, le *bhakta* médite sur l'univers pour comprendre l'intelligence gargantuesque qui l'a contemplé jusqu'à l'existence, réalisant que l'univers ne serait rien sans le Divin.

VIJNANA, RÉALISATION DE DIEU

Nous avons maintenant terminé notre enquête sur les concepts ou aspects simples du Divin, ceux du Divin en tant que soi, en tant que déités et en tant qu'univers. Ces concepts nous apparaîtront généralement en premier sur le chemin de la *bhakti*, car ils sont plus faciles à comprendre et à appréhender. Les concepts suivants sont plus avancés, mais ils sont très importants et, en fin de compte, le *bhakta* doit les intégrer tous. Même si cela prend du temps, l'amour de Dieu n'est pas complet tant que nous ne comprenons pas Dieu aussi profondément que possible, un processus que la *Gita* appelle *jnana yajna* - l'offrande de la connaissance.

---

37 John B. Cobb, *A Christian Natural Theology*, Westminster John Knox Press, 2007, p. 62

Les six premiers chapitres de la *Gita* sont relativement introductifs, les concepts les plus avancés étant introduits dans les 12 derniers chapitres. Malheureusement, de nombreux lecteurs limitent leur analyse à ces six premiers chapitres introductifs. Mais le septième chapitre, dès son introduction, présente l'un des concepts les plus essentiels de la *Gita*, en juxtaposant les termes *jnana* et *vijnana*. Le terme *jnana* est généralement identifié comme faisant référence à la connaissance de soi ou à la réalisation de soi. Le préfixe *vi* dans *vijnana* désigne l'élargissement ou l'extension. Il s'agit donc d'une forme de super-connaissance, plus complète que la simple réalisation de soi. Shri Ramakrishna a été le premier à souligner l'importance du terme *vijnana* et il a enseigné qu'il signifiait la réalisation de Dieu, consistant en la réalisation combinée du Divin avec forme (*saguna* Brahman) et de l'Absolu sans forme (*nirguna* Brahman).[38]

Shri Aurobindo a repris le flambeau de Ramakrishna et a développé le concept de *vijnana*. Aurobindo traduit généralement *vijnana* par supermind, c'est-à-dire l'intelligence du Divin.[39] Aurobindo définit également le supermind comme l'Être suprême se connaissant lui-même dynamiquement en tant que temps.[40] Pour aller plus loin, Aurobindo a également décrit le supermind comme l'aspect volonté-connaissance créative du Suprême.[41]

Il est important de comprendre que la pratique et l'effort d'Aurobindo tout au long de sa vie consistaient à

---

[38] Sw. Tapasyananda, Shrimad Bhagavata, Vol 3, p.9
[39] Debashish Banerji, *Seven Quartets of Becoming- A Transformative Yoga Psychology Based on the Diaries of Sri Aurobindo*, Nalanda International, Los Angeles, 2012, p. 157
[40] Debashish Banerji, *Seven Quartets of Becoming*, p. 187
[41] Debashish Banerji, *Seven Quartets of Becoming*, p. 277

s'aligner sur le supermind divin, ce qu'il appelait "l'appel du supermind". Il était important pour Aurobindo de se concentrer non seulement sur la conscience transcendantale, l'immobilité, le vide et le néant du Divin, mais aussi sur son expression créative et intelligente.

Aurobindo a développé la terminologie supermind au début du 20th siècle et aujourd'hui, plus de 100 ans plus tard, le terme semble dépassé, car nous l'associons plus facilement à la technologie de l'information et à l'intelligence artificielle (ou plus profanement à des choses telles que Superman ou supermarché). Je propose plutôt les termes "intelligence immanente à Dieu" ou "intelligence cosmique" et le lien entre les deux est exploré dans la section suivante. Je ne veux pas être irrespectueux lorsque je semble améliorer le langage d'Aurobindo. Je considère Aurobindo comme le plus grand titan intellectuel et mystique du 20e siècle et je suis tout sauf cela. Mais la langue anglaise vieillit vite, ce dont Aurobindo n'était que trop conscient. À l'inverse du Sanskrit, où le sens des mots est prédéfini dans d'anciens textes sur la grammaire, en anglais, les définitions des mots sont dérivées de conventions. Elles changent donc si suffisamment de personnes changent d'avis sur ce qu'elles signifient.

Examinons le passage mystérieux, souvent négligé et mal interprété de la *Gita* qui introduit le terme *vijnana*. Après que Krishna, dans les six premiers chapitres de la *Bhagavad Gita*, a enseigné à Arjuna le *karma*, le *jnana*, le *samkhya*, le *buddhi* et le *raja* yoga, il prononce les mots puissants suivants : "Je vais maintenant vous transmettre la connaissance essentielle (*jnana*, c'est-à-dire la réalisation de soi) et la connaissance globale (*vijnana*, c'est-à-dire la réalisation de Dieu) après laquelle tout ce qui doit être connu est connu".[42] Ramakrishna et Aurobindo considéraient tous deux qu'il s'agissait de la strophe centrale de la *Gita*. Le terme *jnana* fait généralement référence à la réalisation de la conscience pure, le témoin qui demeure dans notre profondeur, que Patanjali appelle *purusha*, notre véritable nature, et que les *Upanishads* qualifient d'*atman*, le moi profond. Cette réalisation implique généralement que nous nous plongions au cœur de notre être et que nous y reconnaissions une présence infinie, éternelle, immuable et inconditionnelle, c'est-à-dire qu'elle ne change pas, quelle que soit l'expérience que nous vivons. Parce que cette expérience (en fonction de sa durée) peut conduire à une désidentification et à une prise de distance par rapport au moi de surface, le corps-esprit égoïque, elle est souvent appelée "réalisation de soi".

De nombreuses écoles considèrent cette réalisation de soi comme le but et la fin du chemin spirituel et certains affirment que l'école de yoga de Patanjali, qui met l'accent sur le *samadhi* sans objet, le *samadhi* de la conscience pure, fait partie de ces écoles. Selon un autre point de vue, le yoga de Patanjali, avec son enseignement sur les *siddha* (êtres immortels libérés qui restent actifs) dans le troisième chapitre du *Yoga Sutra*, va plus loin, mais il n'entre pas dans le cadre de ce livre de discuter de ce sujet vital. Krishna enseigne cependant dans le septième chapitre de la *Gita* que derrière la réalisation de soi, il y a l'ouverture plus large de la réalisation de Dieu, qui consiste, comme l'a enseigné Ramakrishna, en la réalisation intégrée du *nirguna* et du *saguna* Brahman, du Divin avec forme et de l'Absolu sans forme, qui sont tous deux bien plus vastes que le moi individuel.

---

42 *Bhagavad Gita* VII.2

CHAPITRE 1

Une petite excursion dans la théologie indienne : le point de vue que je viens d'exposer est, bien entendu, inconciliable avec l'enseignement de Shankara (le principal défenseur de l'*Advaita Vedanta* et de l'idée que le monde est une illusion), mais il s'accorde avec la doctrine de l'identité dans la différence de Ramanuja (Ramanuja était le grand adversaire de Shankara), comme nous aurons plus de temps pour l'expliquer plus tard. Je mentionne souvent ces éléments parce que l'*Advaita Vedanta* domine tellement l'impression occidentale de la philosophie indienne que les Occidentaux semblent souvent penser que tout le monde en Inde croit que le monde est une illusion. Le point de vue défendu dans le chapitre sept de la *Gita* correspond également aux expériences de Shri Aurobindo dans la prison d'Alipore, où il a été incarcéré avant d'être jugé pour sédition et pour avoir organisé la résistance armée contre le Raj britannique en Inde. Faisant bon usage de son séjour en prison, Aurobindo fit d'abord l'expérience de la vaste tranquillité et du vide du soi, une expérience qu'il qualifia plus tard de liberté et de *nirvana*, puis de la réalisation du Soi cosmique, lorsque tout ce qui l'entourait, les murs de la cellule, sa couverture et son lit, ses gardiens et ses codétenus, se fondait dans le Divin, en l'occurrence, Krishna.

Dans les quelques strophes qui suivent, Krishna décrit lui-même ce qu'il entend par *vijnana* ; bien qu'il ne s'agisse que du septième chapitre de la *Gita*, il ne révèle pas tout ici. Il divulgue des faits encore plus profonds dans les chapitres 15 et 18. Dans la strophe VII.4 de la *Gita*, il déclare que sa nature inférieure (*apara prakriti*) est octuple, comprenant les cinq éléments, le mental (*manas*), l'intelligence (*buddhi*) et le je suis (*ahamkara*). Examinons d'abord le terme *prakriti*. Ce terme est plus facilement traduit par nature, procréativité ou procréatrice. Nature est, bien sûr, le terme le moins encombrant, mais nous devons, dans ce contexte, comprendre la nature comme la force qui fait naître toute chose.

Dans le *Sutra* de Patanjali, les évolutions de la *prakriti* sont des choses auxquelles nous devons nous désidentifier pour que la conscience individuelle pure devienne libre, isolée, indépendante et qu'elle se révèle dans sa propre splendeur. Cette dernière expression peut sembler difficile, mais elle décrit précisément ce que l'on ressent lorsque la conscience pure se tient par elle-même sans entrave et n'est pas affaiblie par une quelconque identification avec le moi de surface, le corps-esprit égoïque. Ce fait est également magnifiquement exprimé et confirmé dans l'histoire des deux oiseaux de la *Mundaka Upanishad*.[43] Ici, nous apprenons que deux oiseaux, de bons amis, sont assis sur le même arbre de vie. Le premier oiseau, qui représente le moi de surface, lié à la *prakriti*, mange les fruits de l'arbre de vie: le plaisir et la douleur. En raison des montagnes russes constantes, de l'impermanence et des hauts et des bas du plaisir et de la douleur, le premier oiseau finit par se décourager et par tomber dans le désespoir. Le *Mundaka* conseille alors au premier oiseau, le moi de surface, de se détourner des fruits de l'arbre de vie et de regarder son ami, le second oiseau. Le second oiseau représente le *purusha* des *Yoga Sutra*, la conscience pure qui demeure dans le *samadhi* (ravissement) sans objet, libre de *prakriti* et de ses nombreux enfants que sont l'identification mentale et l'expérience sensorielle.

Bien que cela soit simpliste, nous pourrions réduire le conseil donné ici à demeurer dans le *purusha/conscience* et éviter *prakriti* et ses évolutions. Et c'est précisément le point

---

43 *Mundaka Upanishad* III.1

de vue que nous pouvons adopter lorsque nous pratiquons exclusivement le *Jnana*- et le *Raja* Yoga, que la *Gita* a couvert dans les six premiers chapitres. Mais Krishna nous conduit maintenant plus loin vers le *vijnana* en disant que la *prakriti* est sa force créatrice divine. C'est un terme qu'il utilisera à plusieurs reprises dans la *Gita*, faisant de la *prakriti* sa Shakti, son pouvoir. Cela contraste avec le yoga de Patanjali, qui nous exhorte à nous isoler de la *prakriti* (bien qu'il aille au-delà de cette position en introduisant le *siddha* sans ego).

Avant de passer à la strophe suivante, permettez-moi de commenter brièvement la liste de Shri Krishna des huit constituants de la *prakriti* inférieure, les cinq éléments, le mental, l'intelligence et l'ego. La liste complète donnée dans le *Samkhya Karika* est, bien sûr, de 23 éléments, y compris les quantums ou éléments subtils (*tanmatras*), les cinq organes d'action (*karmendriyas*) et les cinq organes des sens (*jnanendriyas*). Krishna a cependant déjà parlé de façon exhaustive de la philosophie *Samkhya* dans le deuxième chapitre. Le terme *Samkhya* signifie énumération et l'une de ses principales caractéristiques est l'énumération et la liste de toutes les catégories de *prakriti*. Ici, dans la *Gita*, Krishna ne donne qu'une liste restreinte des catégories essentielles, car l'important n'est pas de savoir combien de catégories de *prakriti* il y a au total, mais le fait que la *prakriti* est la force par laquelle Il fait bouger le monde, plutôt que d'être une force mécanique agissant indépendamment d'elle-même.

Un autre point important est que *la prakriti* est double, une supérieure et une inférieure. Dans la *Gita*, Krishna nous exhorte à reconnaître que sa nature supérieure, la *para prakriti*, est à l'origine de tous les *jivas*, les esprits individuels et qu'elle est le support de l'univers tout entier.[44] Dans un

---

[44] *Bhagavad Gita* VII.5

chapitre ultérieur, j'isolerai les uns des autres des termes tels que *jiva* (esprit individuel), *purusha* (conscience), *atman* (moi profond ou moi sacré), etc. Ils ont tous des connotations similaires, mais aussi des différences essentielles qu'il convient de comprendre. Cependant, l'inclusion du terme *jiva* ici nécessite un aperçu de sa signification. Le *jiva* est souvent appelé le moi de surface ou le moi individuel. Il s'agit d'une étincelle du feu du Divin. Comme expliqué plus en détail dans le sous-titre suivant, le Divin a deux aspects principaux : *saguna* (avec forme ou Dieu immanent) et *nirguna* (Dieu transcendant, conscience infinie, Absolu sans forme). Le présent passage ne traite pas de l'aspect transcendantal du Divin, qui est analysé au chapitre 15 de la *Gita*, mais de l'aspect immanent, c'est-à-dire du Divin qui est ici avec nous, qui est perceptible. Ce Dieu immanent lui-même se compose des principaux éléments suivants :

- l'intelligence cosmique qui pense et contemple tout ce qui existe selon la loi divine,
- l'univers matériel, y compris tous les objets, qui sont le résultat de la *prakriti* inférieure
- tous les êtres qui sont le résultat de la prakriti supérieure.

Comment comprendre cela ? Imaginez l'aspect être du Dieu immanent comme un être infini avec une infinité de permutations, d'individuations, de chemins et de calculs de ce qu'il pourrait apparaître dans le monde. Dans l'ensemble, ces éléments représentent son potentiel infini. Cependant, il n'a pas d'ego. Le *Bhagavata Purana* confirme cette absence d'ego.[45] Étant sans ego, le seul moyen pour le Dieu immanent d'individuer et d'incarner les infinis aspects, personnalités

---

45 *Bhagavata Purana* III.12.38

et individualités qu'il pourrait potentiellement être est de devenir chacun d'entre eux. Chacune d'entre elles est dotée d'un corps, d'une conscience, d'un esprit et, surtout, d'un ego. L'ego est un logiciel psychologique qui lie la conscience, le corps et l'esprit dans un sentiment individuel de soi, c'est-à-dire qu'il nous permet de dire que ceci est mon corps, mon esprit et ma conscience. Nous considérons que cela va de soi, mais c'est une opération extrêmement complexe qui rend cela possible. Si notre "je suis" ou notre "sens du moi" est endommagé par le *karma*, la maladie mentale (comme la schizophrénie ou le trouble de la multipersonnalité) ou l'utilisation de psychédéliques, nous pouvons soudain réaliser à quel point le lien entre le moi profond (la conscience) et le moi de surface (le corps-esprit égoïque) est précaire et ténu.

Parce que le Divin, qui est sans ego, ne peut pas devenir un individu, il doit s'individuer à travers un nombre infini de moi individuels, nous, pour agir au niveau de l'individu. Le Divin est cosmique ; il est tout et ne peut donc pas être un individu. Il ne peut être que la totalité de tous les moi individuels simultanément. Le Divin doit s'individuer à travers nous pour agir et expérimenter au niveau individuel. Un individu a un ego et, par conséquent, il peut se limiter dans le continuum espace-temps, c'est-à-dire qu'il peut dire que je suis ici maintenant et non ailleurs et à d'autres moments. Puisque le Divin n'a pas d'ego, il ne peut pas être un individu. L'absence de personnalité individuelle et d'ego permet au Divin d'être simultanément partout et à tout moment. Puisque le Divin a un potentiel illimité, il contient un nombre infini de permutations individuelles. C'est pourquoi nous voyons une multitude d'êtres à travers tous les temps et tous les lieux. Ce sont tous des étincelles (*jivas*) et des fractions (*amshas*) du Divin, c'est-à-dire des voies possibles que le Divin peut emprunter, limitées dans l'espace et le temps par leur ego.

Le Divin ne peut pas s'individualiser s'il n'utilise pas des êtres individuels dotés d'un ego qui les limite dans le continuum espace-temps. L'ego permet à un être d'être quelque chose ou quelqu'un avec des caractéristiques spécifiques par rapport à quelqu'un avec d'autres caractéristiques. Le Divin possède toutes les caractéristiques simultanément tant qu'elles s'alignent sur la loi divine, un aspect essentiel du Divin.

Pourquoi le Divin s'est-il divisé en une infinité d'étincelles divines sans que son intégrité et son unité ne soient affectées ? Sans devenir une multiplicité infinie d'êtres, le Divin transcendant, la conscience infinie, ne serait conscient de lui-même qu'en tant que Divin immanent, intelligence cosmique et de son incarnation, l'univers et tous les êtres, sous une forme générale, mais pas en particulier. En devenant une multiplicité d'êtres, le Divin peut maintenant faire l'expérience de lui-même à travers la multiplicité des êtres qui poursuivent son programme. Ce programme pourrait être appelé *lila*, le jeu divin. Une autre façon de comprendre cela est que le divin immanent est un potentiel et une créativité infinis, et qu'il est l'Un sans second, c'est-à-dire que rien ne l'empêche de se manifester. Cela signifie que tout ce qui peut être doit être.

Aurobindo a décrit l'agenda du Divin comme le processus, long d'un milliard d'années, d'élévation de toute matière et de toute vie à la conscience divine. Le mathématicien et philosophe britannique Alfred North Whitehead a décrit le programme du Divin comme un programme de nouveauté et d'intensité. Je reviendrai plus loin sur cette affirmation. Krishna lui-même en a parlé comme de son *yoga-maya*, son pouvoir mystérieux. L'utilisation du terme "pouvoir mystérieux" implique que nous ne comprenons peut-être pas vraiment ce qu'il fait. Nous devons néanmoins faire de notre mieux si notre objectif est d'atteindre le sommet du *vijnana*.

Il est essentiel de ne pas laisser ces explorations de côté comme une explication certes intéressante mais théorique et finalement futile du fonctionnement du Divin. Au contraire, comprendre et connaître le Divin est le secret du *bhakta* qui réussit. Lorsque nous sommes amoureux d'un autre être humain, plus nous le comprenons et le connaissons, plus notre relation a de chances de durer. C'est encore plus vrai dans notre relation avec le Divin. Nous devons réaliser que nous vivons à l'intérieur du Divin sous la forme de l'univers en tant que corps cristallisé de Dieu. Nous sommes les organes sensoriels avec lesquels le Divin, en tant que conscience infinie (*nirguna* Brahman), fait l'expérience de lui-même en tant que force créatrice divine. Cette Shakti s'incarne dans tous les êtres et dans l'intelligence qui les anime. Si le *bhakta* voit consciemment tous ces aspects, il vit, se déplace et a son être dans le Divin. Cette prise de conscience est le fondement d'une vie divine, sans laquelle il n'est pas facile de la concevoir.

Krishna poursuit son élaboration de la connaissance globale en révélant qu'il est la genèse et la source de l'univers et de tous les êtres[46] et il promulgue également que tous les univers sont retenus sur lui comme des perles sont enfilées sur un fil.[47] Il n'est pas question ici d'un

---

46 *Bhagavad Gita* VII.6
47 *Bhagavad Gita* VII.7

univers irréel qui nous trompe comme un illusionniste. Il ne s'agit pas ici d'un mirage, d'une imagination ou d'une illusion, d'une simple vue de l'esprit. Au contraire, nous sommes introduits dans un univers réel, qui est le corps de Dieu, peuplé d'êtres réels, tous les aspects et permutations du même Divin unifié, qui sont ici dans un but particulier, un rôle à jouer dans l'agenda du Divin pour s'exprimer à travers sa créativité illimitée.

Nous jouons déjà ces rôles, mais de manière inconsciente. *La bhakti* est une invitation à le faire consciemment, à participer au jeu créatif et à l'opus magnum du Divin, et à le voir comme tel. *Vijnana* signifie que Dieu est devenu les *jivas*, les esprits individuels, l'univers, qu'il s'exprime dans le jeu divin et qu'il est encore l'océan de la conscience infinie, l'Absolu immuable et sans forme, le Dieu transcendant. C'est pourquoi Shri Aurobindo, dans *Essais sur la Gita*, appelle *vijnana* la conscience spirituelle directe de l'Être suprême.[48]

TRANSCENDANT ET IMMANENT, PÈRE ET MÈRE, NIRGUNA ET SAGUNA

Dans notre quête pour comprendre ce qu'est le Divin, nous avons maintenant dépassé les premières réalisations de Dieu en tant que soi, divinité anthropomorphique et totalité du cosmos. Nous commençons maintenant à comprendre que la réalisation de Dieu n'est pas un acte ou une expérience unique dont nous nous sommes débarrassés une fois pour toutes, mais un processus à multiples facettes. Nous allons maintenant poursuivre la déclaration de Shri Ramakrishna selon laquelle *vijnana* (la réalisation de Dieu) consiste en la

---

48 Sri Aurobindo, *Essais sur la Gita*, Sri Aurobindo Ashram Trust, Pondichéry, p. 266.

réalisation séparée du Divin en tant que *saguna* (avec forme) et *nirguna* (sans forme). Il n'existe aucun moyen valable d'aborder les deux expériences en même temps. Elles sont si fondamentalement différentes qu'il est impossible de les vivre simultanément. Pour donner un exemple qui peut élucider la question, il est impossible d'escalader une montagne et de naviguer sur l'océan en même temps. Mais nous pouvons faire les deux de manière séquentielle et, par la suite, garder la conscience des deux.

Il en va de même pour l'expérience de Dieu en tant qu'immanent et de Dieu en tant que transcendant. Selon Shri Aurobindo, nous devons donc séparer l'expérience de l'immanence de Dieu en nous de celle de la transcendance de Dieu. Il est clair ici qu'il admet une variété d'expériences spirituelles,[49] et, ce faisant, il met également en garde contre une simplification excessive consistant à réduire toutes les expériences mystiques à un seul type, l'écueil le plus profond sur le chemin mystique. Pourtant, à moins qu'un mystique ne possède les deux (le *saguna* et le *nirguna* et d'autres encore, comme nous le verrons plus loin), il reste voué à tomber dans certains pièges.

Dans la *Bhagavad Gita*, Krishna dit qu'il est le père de tous les êtres et leur mère.[50] Il s'agit d'une déclaration fondamentale à prendre en compte dans notre quête de compréhension du Divin. Que voulait-il dire ? Les termes père et mère sont utilisés de la même manière que le tantrisme utilise les termes Shiva et Shakti. Le père, dans le *tantrisme*, est appelé Shiva et représente la conscience pure. Dans *les Upanishads*, le père est appelé *nirguna* Brahman

---

49 Sri Aurobindo, *Essays on the Gita*, p. 315
50 *Bhagavad Gita* XIV.4

(l'absolu sans forme), et en philosophie, nous utilisons le terme Dieu transcendant ou l'aspect transcendant du Divin. Transcendant signifie au-delà, c'est-à-dire la partie du Divin qui est au-delà de la perception sensorielle et de l'expérience directe. Transcendant dénote une conscience infinie, ce qui signifie, dans ce contexte, l'entité consciente plutôt que ce dont nous sommes conscients. C'est ainsi que le terme est souvent utilisé dans la psychologie moderne, où il s'applique au contenu de l'esprit. Toutefois, le sens du terme utilisé ici est différent. Dans l'Ancien Testament, nous trouvons la belle phrase : "Sois tranquille et sache que je suis Dieu".[51] Cette phrase fait référence à l'aspect transcendantal du Divin, c'est-à-dire à la conscience infinie. Elle ne peut être vue lorsque le mental est actif. Les pensées recouvrent la conscience comme les nuages recouvrent le bleu du ciel un jour de pluie. C'est pourquoi le Yahvé biblique, le Père, nous demande de "rester tranquilles" afin de pouvoir le contempler. Gardons cela à l'esprit chaque fois que nous utilisons le terme de conscience dans le contexte du yoga.

Patanjali, l'auteur des *Yoga Sutra*, dit : "Le yoga est l'apaisement de l'esprit. Ensuite (lorsque l'esprit est calme), la conscience demeure en elle-même".[52] Remarquez les similitudes entre les descriptions. Il est également intéressant de noter que la phrase biblique dit : "Sachez que je suis Dieu". C'est une formulation exacte car, à proprement parler, l'aspect transcendantal du Divin est au-delà de la perception et de l'expérience. C'est pourquoi Yahvé ne dit pas : "Percevez et expérimentez que Je suis Dieu". Cela se répercute à l'autre bout du monde dans les

---

51 Psaume 46:10
52 Yoga Sutra I.2- I.3

CHAPITRE 1

écrits du philosophe indien Shankaracharya, qui dit dans son *Brahma Sutra Bhashya* (commentaire sur les *Brahma Sutras*) que la conscience (Brahman) ne peut être perçue et expérimentée ; elle est seulement connue.

La Chine ancienne met également l'accent sur l'aspect transcendantal du Divin. Dans le *Tao Te King*, le sage Lao-tseu déclare : "Ce que l'on peut dire du *Dao* (la conscience) n'est pas le *Dao*". Remarquez encore une fois que la conscience est au-delà de la perception et de la description. Lao-tseu affirme également que le transcendantal ne peut être décrit par le langage. La prière indienne au Nagaraj, le serpent de l'infini, illustre le même concept de Dieu transcendant. Ici, la conscience est identifiée à un serpent à mille têtes, les mille têtes émergeant du même tronc. Le tronc lui-même est silencieux ; il n'a pas de bouche pour parler. Le tronc représente le Brahman, la conscience infinie. Les mille têtes qui sortent du même tronc parlent toutes des langues différentes, représentant différents systèmes de philosophie, de science et de religion. Mais la vérité ultime ne se trouve que dans le tronc, qui lui-même n'a pas de langage, car la vérité absolue est au-delà des mots. Bien que chaque tête puisse enseigner un système cohérent en interne qui ne peut être réfuté lorsqu'on le laisse partir de ses propres prémisses, les têtes se contredisent toutes les unes les autres. Chaque tête peut offrir une interprétation viable de la vérité, mais jamais la vérité elle-même, qui est indicible.

Étant donné que tout ce que nous avons entendu jusqu'à présent sur le transcendantal n'est pas concret, la plupart des traditions ont tendance à l'anthropomorphiser (c'est-à-dire à lui donner des caractéristiques humaines), ce qui peut s'avérer utile dans une certaine mesure. Par exemple, dans l'Ancien Testament, le Dieu transcendant est appelé Yahvé, dans le Nouveau Testament, le Père, et en Inde, le plus souvent Shiva ou Vishnu. On pensait que Yahvé et Shiva résidaient inactifs au sommet des montagnes, regardant le monde de loin. Cette résidence doit bien sûr être comprise comme une métaphore. En Inde, par exemple, la montagne sur laquelle Shiva est assis est appelée *Meru, en* référence au mont Kailash dans l'Himalaya. Cependant, *Meru* est également utilisé pour désigner la colonne vertébrale humaine et l'axe du monde. La signification mystique du nom Shiva est la conscience. Selon le yoga, la conscience est expérimentée lorsque la force vitale est transportée le long de la colonne vertébrale et retenue dans le *chakra de* la couronne au sommet de la colonne vertébrale (*Meru*). De ce point de vue, la conscience ne ressemble pas à un homme à la peau bleue et aux dreadlocks, brandissant un trident assis sur une peau de tigre (comme le Seigneur Shiva). Mais il peut s'agir d'une métaphore utile pour se la représenter au quotidien et pour la pratique de la dévotion, *bhakti*.

Mais qu'en est-il du second aspect du Divin, la Mère ? Elle est manifestement absente des religions abrahamiques, ou du moins nous l'avons déresponsabilisée. Cette déresponsabilisation est le résultat de milliers d'années de patriarcat. Aurobindo dit que la nature supérieure (*para prakriti*) de l'Être suprême représente sa Shakti, la force créatrice qui est la matrice de l'univers et de tous les êtres.[53] Aurobindo déplore que notre concept de spiritualité ait créé une séparation entre l'aspect actif et dynamique du Divin, la Mère/le Dieu immanent/la Shakti, et son côté passif et statique, l'Absolu sans forme nirvanique et transcendant, le Père.[54] Pour surmonter ce gouffre, nous devons réaliser ce qu'Aurobindo appelle l'intégration

---

[53] Sri Aurobindo, *Essays on the Gita*, p. 268
[54] Debashish Banerji, *Seven Quartets of Becoming*, p. 282-3

volontaire du Dieu transcendant/Père/conscience d'une part et du Dieu immanent/ Shakti/Mère Divine d'autre part.[55] Contrairement aux *Yoga Sutra*, Aurobindo adopte un point de vue *tantrique* et appelle la *para prakriti*, la Shakti consciente de l'Être suprême, la Devi (Déesse), la Mère.[56]

Outre l'aspect transcendantal du Divin, la Mère est immanente, c'est-à-dire ici avec nous, quelque chose que nous pouvons percevoir, expérimenter et toucher. Malheureusement, la religion a été tellement obsédée par l'aspect transcendantal du Divin que nous avons souvent ignoré et oublié l'élément immanent et féminin. Un passage passionnant du *Brahma Sutra* Commentary de Shankara dit : "La conscience [le Dieu transcendant], semblable à un miroir, est de la qualité de la réflexion. S'il n'y avait rien à refléter, la conscience ne pourrait pas exercer sa qualité de réflexion". Qu'est-ce que cela signifie ? Essayez d'imaginer un miroir géant flottant dans l'espace vide. Rien ne pourrait se refléter dans le miroir, puisque rien d'autre n'existe. Cela signifie que le miroir ne pourrait rien refléter. Mais puisque le miroir n'est pas un miroir en dehors du fait qu'il est réfléchissant, il ne serait pas un miroir. Il est important de comprendre cela, et il en va de même pour la conscience. La conscience (le siège de l'attention) n'est conscience que s'il existe un monde dont on peut être conscient.

En pratique, cela signifie que l'aspect transcendantal du Divin, la conscience, est toujours conscient de l'aspect immanent. L'aspect immanent est le cosmos, le monde de la matière et de l'énergie, l'univers tout entier. Tout ce que vous voyez, sentez et percevez est Dieu. Le cosmos tout entier n'est rien d'autre qu'une cristallisation du Divin.

---

55 Debashish Banerji, *Seven Quartets of Becoming*, p. 116-7
56 Debashish Banerji, *Seven Quartets of Becoming*, p. 294

Il n'y a pas de lieu, de temps, de particule, d'énergie, de rayonnement ou de modèle d'onde qui ne soit pas Dieu. Le monde matériel tout entier est le corps cristallisé du Divin. C'est pourquoi la Bible dit : "En Lui, nous nous mouvons, nous vivons et nous avons notre être".[57] Vous ne pouvez pas vivre, vous déplacer et avoir votre être dans quoi que ce soit d'autre parce qu'il n'y a rien d'autre.

Nous avons cherché le Divin partout sans le trouver ; nous agissons ainsi comme des poissons qui cherchent l'océan. Pour un poisson, il n'y a rien d'autre que l'océan ; pour nous, il n'y a rien d'autre que Dieu. Où que l'on se tienne, on se tient sur Dieu. Tout ce que vous regardez est Dieu. On ne respire rien d'autre que Dieu et on ne pense rien d'autre que Dieu. C'est pourquoi, dans la *Gita*, le Seigneur Krishna dit : "Toutes les actions sont accomplies par ma *prakriti* - seul un fou croit en être l'auteur".[58] Dans cette phrase de *la Gita*, Krishna laisse entendre : "Vous ne respirez pas vous-même, mais c'est moi qui vous respire grâce à la force créatrice divine. Ce n'est pas vous qui battez votre cœur, mais le Dieu immanent qui le bat à travers vous. Pouvez-vous ordonner à votre bras de se lever ? Non, c'est Moi qui pense la pensée, qui envoie des impulsions à travers vos neurones et qui alimente vos muscles. Pouvez-vous transformer la nourriture en énergie par le biais de votre métabolisme ? Non, c'est moi, en tant que Dieu immanent, qui le fais. Pouvez-vous écrire votre ADN, créer des protéines, alimenter les cellules par les mitochondries, récolter la lumière du soleil par la photosynthèse et la transformer en protéines ? Non, tous

---

57 Actes 17:28

58 *Bhagavad Gita* III.27

ces processus miraculeux, le Dieu immanent les accomplit à travers nous sans que nous ayons à faire quoi que ce soit. C'est pourquoi Krishna dit : "Seul un fou croit être celui qui fait". Notre folie consiste à nous désigner comme étant les faiseurs, alors que ces actions s'expriment à travers nous sans que nous en soyons conscients.

Cela m'amène au concept probablement le plus important lié au Dieu immanent, l'intelligence cosmique. Si l'on se réfère au paragraphe précédent, on ne peut nier que le cosmos lui-même est intelligent puisqu'il peut produire quelque chose d'aussi miraculeux que la vie, et une vie exceptionnellement complexe qui plus est. Nous avons souvent considéré la matière comme muette, morte et inerte, mais l'ensemble du cosmos matériel est un incubateur intelligent de vie intelligente conçu pour incarner l'intelligence cosmique et co-créer avec elle. Cette même intelligence s'est cristallisée dans la matière, dans le cosmos et en nous. Il n'y a pas de différence entre l'intelligence, l'esprit et le Dieu immanent d'une part et la matière d'autre part. La matière est l'intelligence et l'esprit cristallisés. La matière est le corps cristallisé de Dieu. La matière fait partie de Dieu. Qu'elle soit présente sous forme d'ondes, de particules ou d'énergie, la matière est un aspect essentiel du Dieu immanent. Le philosophe néerlandais Spinoza n'avait pas tort d'affirmer que Dieu est une substance, bien que l'on puisse soutenir que cette affirmation laisse de côté l'aspect transcendantal du Divin.

Aurobindo a également identifié le Dieu transcendant et le Dieu immanent comme étant l'être et le devenir.[59] La spiritualité et la religion conventionnelles se concentrent

---

59 Debashish Banerji, *Seven Quartets of Becoming*, p. 172

excessivement sur l'aspect être de Dieu (la conscience), ce qui conduit à une spiritualité statique, à l'état solide. C'est pourquoi le yogi idéal est souvent représenté comme un homme seul, assis immobile au sommet d'une montagne, l'esprit et les pensées arrêtés, ayant fait abstraction du monde entier. Il pourrait tout aussi bien être déjà mort, et en fait, certains mouvements spirituels visent quelque chose de proche de l'auto-anéantissement spirituel.

Cependant, l'aspect "devenir" du Divin nous sauvera de ce cul-de-sac. L'aspect "devenir" du Divin est l'aspect de Dieu qui évolue, grandit, se développe et va de l'avant en permanence. C'est ce que le mathématicien et philosophe britannique Alfred North Whitehead appelait le processus. Personne en Occident n'a compris le Dieu immanent aussi profondément que Whitehead. Whitehead a enseigné que ni Dieu ni l'univers n'atteignent un achèvement statique, car tous deux représentent l'avancée créative vers la nouveauté.[60] Whitehead a également adopté le terme freudien "Eros" (la pulsion créatrice et l'envie de créer de la beauté) pour désigner la nature primordiale de Dieu, qui est la force de l'univers qui pousse à la réalisation des idéaux. Ne croyez pas que le terme Eros se réduise ici à l'érotisme. Ce n'est qu'un aspect infime. Certains chercheurs ont remarqué la convergence des idées d'Aurobindo et de Whitehead (et même des pensées de Ramanuja et de Whitehead). Aurobindo pensait que l'idéal et le but de Dieu étaient la divinisation de toute vie et de toute matière dans l'univers, et que c'est pour soutenir ce but que le *bhakta* doit s'engager. Whitehead pensait que l'âme individuelle pouvait établir avec le Divin

---

60 Alfred North Whitehead, *Process and Reality*, Free Press, 1979, p. 349

une relation particulièrement intense.[61] Le *Bhagavata Purana* l'affirme également. Par exemple, dans le *Bhagavata Purana*, Krishna déclare que le dévot est Son cœur même et qu'Il est effectivement le cœur du dévot.[62] Il va même jusqu'à se déclarer esclave du dévot sans aucune liberté. Il déclare ensuite que son cœur est sous l'emprise du *bhakta*, dont il est l'amant. C'est ici qu'apparaît la "relation particulièrement intense" dont parlait Whitehead. En tant que *bhaktas*, nous ne devons pas nous demander comment établir une relation d'amour avec Dieu. Nous devons nous mettre à l'écoute du fait que le cœur de Dieu est déjà sous l'emprise du nôtre et que nous n'avons qu'à lui rendre l'amour qui nous est adressé. Ce retour d'amour est, bien sûr, un défi au début. Whitehead parle également de Dieu comme de la conscience universelle, qui est individuelle en nous, et de Dieu comme de l'amour universel qui englobe tout, qui est partiel en nous. Nous devons faire en sorte que l'amour qui est partiel en nous soit global et universel, comme l'amour que Dieu nous porte. Cela signifie qu'il faut aimer Dieu dans tout ce que nous voyons et dans tous ses enfants.

LE MYSTÈRE DE L'ÊTRE SUPRÊME

Ayant compris que nous devons nous mettre au service d'un Divin qui a deux aspects significatifs, l'un statique, solide et transcendant, qui est la conscience infinie (Shiva, le père, *nirguna* Brahman et être), et l'autre dynamique, immanent et fluide, qui est l'intelligence cosmique et la force créatrice divine (Shakti, la mère, *saguna* Brahman et devenir), nous sommes maintenant prêts à contempler le mystère de

---

[61] Alfred North Whitehead, *Adventure of Ideas*, Free Press, 1967, p.267
[62] Swami Tapasyananda, Srimad Bhagavata, vol.4, p. 227

l'Être suprême (*purusha* + *uttama* = Purushottama). Dans la *Bhagavad Gita*, Krishna réévalue l'enseignement du *Samkhya* et du Yoga sur le *purusha* (conscience), dont les deux systèmes disent que chaque individu a son propre *purusha* et que Dieu en a un séparé, différent de tous les autres en ce qu'il est éternellement libre.[63] Krishna enseigne qu'il n'existe qu'un seul *purusha*, bien qu'il soit composé de trois couches ou stades différents. Au départ, il révèle seulement qu'il existe deux stades de *purusha*, le périssable (*kshara*) et l'impérissable (*akshara*). Le périssable comprend tous les *jivas* (esprits individuels) incarnés, qui s'identifient à leur moi de surface et vivent dans un monde en perpétuel changement. Le *purusha* impérissable est constitué de la communauté des *jivas* libérés, à l'abri du monde en perpétuel changement (Patanjali les appellerait *siddhas*). Cette déclaration reconnaît que, bien que la conscience soit toujours consciente, lorsqu'elle est incarnée et identifiée au corps-esprit égoïque, elle est colorée par cette identification et agit différemment.

Cependant, dans les deux strophes suivantes, Krishna révèle qu'il existe encore un autre *purusha*, l'Être suprême (Purushottama), la plus haute de toutes les formes de conscience, qui imprègne tous les mondes et tous les êtres et les soutient.[64] Il déclare que sous cette forme de Purushottama, Il est supérieur à la fois au périssable (*kshara*) et à l'impérissable (*askshara*). Cette déclaration rejette clairement le point de vue de Shankara selon lequel le moi individuel et le Brahman (le moi cosmique) sont identiques. *La Gita* soutient cependant la doctrine de l'identité dans la différence (*beda-abeda*) de Ramanuja, qui déclare que nous sommes identiques au Divin en ce sens que nous sommes *purusha* (conscience), mais

---

[63] *Bhagavad Gita* XV.16

[64] Bhagavad Gita XV.17-18

que nous sommes différents en ce sens que nos pouvoirs, notre intelligence et nos corps sont limités, alors que ceux du Divin ne le sont pas. Un être sensible peut évoluer d'un être périssable à un être impérissable en reconnaissant qu'il n'est pas le corps-esprit égoïque mais qu'il s'identifie à la conscience éternelle, infinie et immuable qui l'habite. Mais au-dessus des deux se trouve et restera toujours, comme l'a dit Krishna, l'Être suprême, le Purushottama, sur lequel tous les êtres et les mondes sont enfilés comme des perles.

L'attitude correcte à l'égard de l'Être suprême est différente de l'identification. Nous ne devrions pas parcourir le monde en proclamant que nous sommes un ou identifiés à Dieu (comme l'a fait, par exemple, Manjour al Hallaj). Mais, comme l'affirme ensuite Krishna[65] si nous comprenons le Divin comme étant à la fois immanent et transcendant, père et mère, être et devenir, comme la totalité de l'univers matériel, de l'espace et du temps, incluant en Lui-même tous les êtres liés et libérés, et au-delà même comme une entité mystérieuse, super-intelligente et super-consciente, qui soutient, nourrit et supporte tout, dépassant tout dans son immensité, alors notre attitude envers cette entité, le Purushottama, ne peut être qu'une attitude d'amour, d'adoration et de service de tout notre être.

Dans la dernière strophe de ce passage, il nous est dit que cette doctrine spirituelle est la plus profonde de tous les enseignements sacrés.[66] Si nous la comprenons bien, nous ne pouvons qu'atteindre la plénitude. Il en est bien ainsi ! À ce stade, il est à nouveau tentant de réduire le Purushottama, l'Être suprême, à l'Absolu sans forme, le Brahman *nirguna*, le *nirvana*. Au contraire, l'Absolu sans forme et le *nirvana* ne sont

---

65 *Bhagavad Gita* XV.19
66 *Bhagavad Gita* XV.20

que quelques-uns des aspects intégraux du Purushottama. Le Purushottama est une entité mystérieuse qui comprend l'Absolu sans forme, le vide, le néant, l'être et le devenir, tous les êtres sensibles, toute la matière et tous les univers, mais il est bien plus que cela. Le Purushottama est dans tous les êtres et les rend vivants et réels, mais toutes les choses et tous les êtres sont également en lui et contenus en lui. Le Purushottama comprend également toutes les déités et les formes divines. Mais le Purushottama est bien plus que cela ! C'est une intelligence cosmique vivante et sensible, capable de nous répondre, de nous guider et d'avoir une relation personnelle intime avec chacun d'entre nous.

Ne confondons pas cette capacité avec le fait que Dieu est un individu, car Dieu n'est pas une personne, mais il nous est personnel, il n'est pas un individu, mais toutes les existences personnelles et individuelles font partie de Lui.[67] Cette relation particulière, intense, intime et personnelle que nous pouvons développer avec l'Être Suprême est le but du *bhakta* et le sujet de ce texte.

LES ÉTAPES DE LA RÉALISATION DE DIEU

Il est désormais clair qu'il n'existe pas d'expérience mystique qui, une fois obtenue, nous enseigne tout sur le Divin, mais plutôt une variété d'états mystiques. Plus nous en atteignons, plus notre abandon au Divin est authentique et complet, et plus notre pratique de la *bhakti* peut devenir authentique et complète. Shri Ramakrishna enseignait déjà que le Divin doit être expérimenté de plus d'une manière, et au début du chapitre 7th de la *Gita*, Krishna fait référence à l'atteinte d'autres vues du Divin plutôt qu'au *jnana* essentiel, en tant que

---

[67] Sri Aurobindo, *Essays on the Gita*, p. 573

CHAPITRE 1

vijnana, la connaissance globale. Shri Aurobindo a écrit que la *Gita* décrit quatre types différents de réalisations de Dieu[68]

1. L'aspect transcendant, supra-cosmique du Divin, le Père, l'Absolu sans forme, est partout mais au-delà de tout ce qui est manifesté. La *Gita* insiste sur le fait que c'est l'aspect du Divin que nous devons toujours garder à l'esprit, même si nous avons déjà atteint les autres points de vue.
2. Le Dieu immanent, la Shakti et la *prakriti*, le Divin en tant qu'univers et agent actif en toute chose. Dieu en tant que processus espace/temps, la force intelligente et créatrice qui déploie l'univers et l'évolution pour s'y incarner. Ramakrishna et Aurobindo ont tous deux enseigné que c'est à cet aspect du Divin que nous devons nous abandonner dans notre vie quotidienne.
3. Dieu comme l'habitant de tous les corps, le soi dans le cœur de tous les êtres, l'*atman* conscient. Nous devons réaliser la signification divine de tous les êtres vivants ; nous devons voir que toutes leurs vies sont des expressions spirituelles de Dieu, c'est-à-dire qu'elles expriment toutes un aspect du Divin et sont donc sacrées.
4. En outre, nous devons également réaliser que Dieu est présent dans toutes les choses, tous les objets, toutes les manifestations et tous les phénomènes. Cette prise de conscience fait référence aux nombreux *vibhutis* (pouvoirs) de Krishna, tels que "parmi les montagnes, je suis l'Himalaya, parmi les récipients, l'océan, parmi les animaux, je suis le lion et parmi les humains, le roi". Cet aspect du Divin est vénéré dans l'animisme et le chamanisme sous la forme d'esprits et d'éléments.

---

[68] Sri Aurobindo, *Essays on the Gita*, p. 316-7

Aurobindo soutient que ce n'est qu'en réalisant tous ces aspects du Divin que nous pouvons atteindre l'abandon complet, que Krishna demande à plusieurs reprises.[69] Tous ces aspects de Dieu doivent être connus et vus. Sinon, notre *bhakti* sera limitée et le mystère du Purushottama restera enfermé. En fin de compte, il nous est demandé de voir Dieu dans tout ce que nous rencontrons et rien d'autre que Dieu. Cependant, nous devons garder à l'esprit qu'il restera toujours des aspects du Divin que nous ne pouvons pas voir, comme l'aspect transcendantal du Divin. Plus nous verrons Dieu, plus nos actions seront informées par le Divin. Cela rendra le Divin plus tangible et plus concret dans notre existence incarnée et fera avancer le programme du Divin, qui est d'élever toute vie et toute matière à un niveau de conscience divine plus élevé que celui qui est actuellement disponible.

Le *Bhakti Sutra* de Narada énumère sept façons d'adorer le Divin.[70] J'ai choisi les noms des sous-titres de ce chapitre de manière à ce qu'ils suivent une trajectoire qui commence avec les quatre aspects de l'Être suprême tels qu'enseignés par Krishna dans la *Gita* et se poursuit à travers les étapes évolutives décrites par Narada. Les sept formes du Divin que Narada décrit et qui peuvent être adorées sont les suivantes :

1. Une déité et une forme personnelle du Divin comme Shiva, Vishnu, Shakti, etc. Les maîtres qui ont été mes guides spirituels, T. Krishnamacharya, Ramakrishna et Aurobindo, ont étendu cette liste à des formes non hindoues du Divin et n'ont jamais tenté de convertir qui que ce soit à leur religion. Au contraire, ils ont encouragé

---

69 Sri Aurobindo, *Essays on the Gita*, p. 333
70 Swami Tyagisananda, *Narada Bhakti Sutras*, Sri Ramakrishna Math, Chennai, 2001, p. 52

les individus à choisir les formes divines selon leur meilleure compréhension. C'est également mon point de vue, car je ne crois pas qu'il faille imposer ma religion aux autres, ni qu'il faille croire à la supériorité d'un système par rapport à un autre.

2. Une image matérielle du Divin, telle que décrite ci-dessus, dans le but d'un culte rituel. Pour la plupart des gens, une simple idée ou un concept du Divin, même personnel, ne suffit pas à nous le rappeler. Une image ou une statue sacrée représentant le Divin est souvent plus puissante.

3. *Un avatar*, une incarnation physique du divin, comme Jésus, Krishna, Moïse, le prophète Mahomet ou Bouddha. Pour beaucoup d'entre nous, même une image divine personnelle est encore trop abstraite, et nous aspirons à un Dieu qui se soit incarné. Il doit s'agir d'un personnage historique incontestable et non d'un chef de secte moderne.

4. Le guide spirituel de l'individu. C'est un risque dans l'environnement actuel, car de nombreux charlatans nous invitent à les considérer comme divins pour nous manipuler. Je considère Narada comme un personnage historique qui a vécu il y a des milliers d'années, et je me demande si, s'il avait vécu aujourd'hui et avait été témoin de l'industrie spirituelle actuelle, ce point aurait encore figuré sur la liste. Après tout, nous sommes dans le *Kali Yuga*. Nous y reviendrons plus tard.

5. L'ensemble de l'humanité et de la vie. Ce dernier point est d'autant plus important que la tendance spéciste de l'humanité à s'élever au-dessus des autres formes de vie a gravement endommagé

la biosphère. Le fait que Dieu soit toute la vie est également affirmé dans le *Bhagavata Purana*, un texte étonnamment cosmopolite.[71] Nous devons méditer sur l'ensemble des formes de vie sur la planète Terre en tant qu'unique "fils de Dieu" (ou peut-être enfant de Dieu pour dépasser le langage sexiste).
6. L'univers entier est le corps cristallisé de Dieu ; toute matière est divine. Ceci est également enseigné dans le *Bhagavata Purana*, qui excelle une fois de plus dans sa vision spirituelle.[72]
7. La conscience propre à chacun (*purusha*), le moi profond ou *atman*.

Bien qu'il importe peu, au départ, de savoir par lequel de ces aspects et formes du Divin nous commençons, en fin de compte, dans l'esprit de Ramakrishna et d'Aurobindo, nous voulons graduellement parcourir la liste et les embrasser tous pour atteindre le *vijnana* complet, *la* réalisation de Dieu et embrasser la totalité du Purushottama.

---

71 *Bhagavata Purana* III.29.21-34 et VII.14.34 -38
72 *Bhagavata Purana* XI.2.41

Chapitre 2
QUI SOMMES-NOUS ?

Dans ce chapitre, je vais tenter de clarifier les différents termes utilisés dans les *shastras* indiens pour désigner le soi, la conscience et l'esprit. Le chapitre précédent a établi la connaissance de ce qu'est le Divin. Dans ce chapitre, nous allons définir ce qu'est le *bhakta* individuel. Sur cette base, nous pourrons définir la relation entre les deux, ce qui est le sujet du troisième chapitre. Armés de ces connaissances, nous pourrons alors aborder les différentes méthodes de *bhakti* dans le quatrième chapitre, qui n'aurait que peu de sens si nous ne comprenions pas le sujet des trois chapitres précédents.

Nous avons établi précédemment que, par la méditation, un yogi fera l'expérience de différentes couches de la psyché humaine qui sont plus profondes que le corps et que les phénomènes bioélectriques et biochimiques qui se produisent dans le cerveau. De ce point de vue, le yoga est en contradiction avec la médecine occidentale et les neurosciences, qui soutiennent toutes deux que tout ce que nous appelons l'esprit n'est que le résultat de ces phénomènes bioélectriques et biochimiques dans le cerveau. Le yoga, quant à lui, propose non seulement un esprit plus profond que le corps, mais aussi diverses couches encore plus profondes que l'esprit (*manas*). En yoga, nous appelons ces couches plus profondes de l'esprit intelligence ou intellect (*buddhi*), je suis ou ego (*ahamkara* ou *asmita*), conscience (*purusha*) ou le moi profond (*atman*). Le terme *jiva* (esprit individuel) est un composé de plusieurs de ces catégories, tout comme le concept abrahamique d'âme. Je suppose que vous, cher lecteur, avez fait connaissance, même si ce n'est que provisoirement, avec l'aspect éternel de votre âme ou que vous avez l'intuition qu'il existe. J'en conclus que, dans le cas contraire, vous n'auriez probablement pas lu jusqu'à ce point. J'ai abordé la question de l'accès aux couches profondes de la psyché dans plusieurs de mes livres, notamment *Yoga Meditation, Samadhi The Great Freedom*, et *Chakras, Drugs and Evolution*. Je ne m'y attarderai *donc* pas ici. À ce stade, je vais citer quelques passages des Écritures qui établissent généralement qu'il existe un aspect éternel en nous, avant d'entrer dans ses différentes catégories.

Dans le deuxième chapitre de la *Bhagavad Gita*, Shri Krishna répond à Arjuna qui identifie les adversaires qu'il voit sur le champ de bataille de *Kurukshetra* avec leurs corps.[73] Krishna déclare qu'il n'y a jamais eu de moment où aucune de ces personnes n'existait, et qu'elles ne cesseront jamais d'exister. Krishna rappelle à Arjuna qu'il ne faut pas considérer les gens comme des corps, mais comme des êtres éternels et spirituels qui vivent actuellement une expérience physique. C'est à tort que nous regardons la vie de l'autre côté, nous croyant des êtres physiques à la recherche d'une expérience spirituelle.

Comme beaucoup d'entre nous, Arjuna est déconcerté par la question : Si le corps est si temporaire, comment le moi peut-il être éternel ? Krishna explique alors que, de la même manière qu'une personne jette ses vêtements usés dans le panier à linge le soir et en choisit un nouveau après s'être réveillée le matin, le moi profond se débarrasse d'un corps usé, qui a épuisé son *karma* actuel, au crépuscule

---

[73] *Bhagavad Gita* II.12

de notre vie, pour choisir un nouveau corps à l'aube de la suivante.[74]

Arjuna se demande alors en quoi ce soi est différent du corps, qui est si changeant et si fragile. L'*avatar* déclare alors que le soi est éternel, infini, immuable et inchangeable, car il ne peut être brûlé par le feu, noyé par l'eau ou emporté par le vent.[75] Cette strophe se retrouve presque à l'identique dans le *Yoga Sutra*, qui ajoute qu'il ne peut être transpercé par les épines et coupé par les lames. Le moi profond est donc indestructible et éternel, et c'est dans cette connaissance que nous voulons être établis à la suite de notre yoga, que ce soit par la *bhakti* ou autrement.

Arjuna se demande alors comment Krishna peut avoir toutes ces connaissances détaillées, alors qu'il semble n'avoir aucune connaissance de ces questions. Krishna précise que tous deux (et tous les autres aussi) sont passés par de nombreuses incarnations couvrant de nombreux âges du monde.[76] Mais, dit Krishna, " je me souviens de tous, mais pas toi ". Il exhorte Arjuna à comprendre que, même s'il a perdu la mémoire de ses naissances antérieures, elles n'en sont pas moins réelles. Une comparaison peut être utile ici. Notre situation s'apparente à celle d'un coupable qui, par suppression de la mémoire consciente ou par ivresse, peut prétendre être innocent d'un acte qu'il a commis mais dont il ne se souvient pas. Un tribunal le condamnera non pas en fonction de sa mémoire, mais sur la base de faits établis. Lors de la mort et de la renaissance, nous perdons la plupart des souvenirs des naissances précédentes pour

---

[74] *Bhagavad Gita* II.22
[75] *Bhagavad Gita* II.24
[76] *Bhagavad Gita* IV.4

nous concentrer sur le *karma* associé à notre corps actuel. Certains souvenirs peuvent revenir dans des rêves ou des aperçus soudains, mais nous pouvons aussi les retrouver grâce à des méthodes de yoga (bien qu'il faille se demander si l'effort récompense correctement le résultat). Ils sont toutefois relativement peu pertinents pour la pratique du yoga, car il n'y a pas de grande différence entre s'attarder sur le passé de sa vie actuelle et s'attarder sur les vies antérieures. Le yoga vise à vivre dans le moment présent afin que nous puissions concentrer nos énergies sur ce qui doit être fait maintenant pour créer un avenir divin.

Arjuna s'interroge alors sur le but de cette étrange installation, selon laquelle les êtres reviennent sans cesse pour vivre de nombreuses vies. Krishna explique alors que c'est lui qui, par sa force créatrice divine (Shakti ou *prakriti*), projette tous les êtres encore et encore. Ces êtres doivent subir ce processus mécaniquement car des forces subconscientes les contrôlent.[77] Ce processus présente un certain degré de similitude avec la compréhension qu'a Sigmund Freud des relations, bien qu'il ne l'applique, bien sûr, qu'à la vie présente. Freud a vu qu'une personne peut avoir été marquée négativement par un parent et qu'elle recrée une relation négative avec son partenaire. Elle peut ensuite mettre fin à une relation qu'elle juge insatisfaisante, puis retrouver le schéma inconscient négatif dans une relation future. Ce processus peut se répéter jusqu'à ce que le schéma soit reconnu et que l'on s'en libère. Cette répétition et cette résolution potentielle sont précisément ce que Krishna enseigne, à ceci près que son enseignement applique ces mêmes schémas freudiens à de nombreuses vies et non à une seule. Lorsque nous mourons alors qu'un schéma inconscient n'a pas été résolu, il refera

---

[77] *Bhagavad Gita* IX.8

CHAPITRE 2

surface dans la vie suivante, ou dans toute autre vie à venir, jusqu'à ce qu'il soit éliminé.

Arjuna se demande maintenant comment échapper à cette répétition mécanique de schémas inconscients. Krishna répond qu'une personne sage reconnaît le soi comme étant présent dans tous les êtres, mais qu'en même temps, ce soi est aussi mystérieusement le récipient qui contient le monde et tous les êtres.[78] Krishna répète cette affirmation et met également l'accent sur le soi à plusieurs reprises. C'est pourquoi ce chapitre se concentre sur l'établissement de ce qu'est réellement le soi.

Lorsque Krishna parle du moi de l'individu, il utilise différents termes, ce qui montre clairement que la psyché de l'individu n'est pas un simple noyau homogène ; diverses forces sont en jeu, qu'il nous faut comprendre. Krishna dit : "Sachez que je suis la semence éternelle de tout ce qui existe".[79] Shri Aurobindo fait remarquer que les graines peuvent devenir des plantes très différentes selon la qualité du sol, la quantité d'eau, d'engrais, etc.[80] Aurobindo confirme que nous sommes d'origine divine, mais la comparaison de Krishna avec une graine souligne que l'important est ce que nous faisons de notre potentiel.

LE JIVA, L'ESPRIT INDIVIDUEL EN PROIE À LA RENAISSANCE

Swami Tapasyananda, qui a réalisé des traductions de grande qualité de la *Bhagavad Gita* et du *Bhagavata Purana*, appelle les *jivas* des centres spirituels, des étincelles du

---

78 *Bhagavad Gita* VI.29

79 *Bhagavad Gita* X.7

80 Sri Aurobindo, *Essays on the Gita*, p. 273

feu du Divin.[81] Le terme *jiva* signifie étincelle. L'idée ici est qu'une étincelle a quelque chose de la nature d'un feu entier (par exemple, son éclat ou sa luminosité), mais dans une mesure bien moindre. Pour expliquer ce que signifient les centres spirituels individuels, nous devons recourir à l'image du Divin comme un vaste océan de conscience. Une goutte dans cet océan participe de la nature de la mer en ce sens qu'elle est de l'eau. Mais elle n'est pas identique à l'océan car elle n'est pas d'une étendue océanique. Le *jiva* peut temporairement vivre une expérience océanique (*samadhi*) en abandonnant son identification par la suspension de l'ego et du mental. Tant que le *jiva* existe en tant qu'esprit individuel doté d'un corps, il doit revenir à son identification en tant qu'esprit individuel limité pour fonctionner. Cependant, le souvenir de l'expérience océanique peut changer notre vision et notre éthique, et c'est ce que Krishna nous demande de faire.

Plus loin dans son commentaire de la *Gita*, Swami Tapasyananda affirme que le *jiva* est un composé du moi immortel (appelé *purusha* ou *atman* selon les écoles de pensée) et du corps subtil (*sukshma sharira*).[82] L'enseignement yogique parle de trois corps : le corps grossier (*sthula sharira*) de chair et de sang, le corps subtil (*sukshma sharira*) des *nadis*, des *chakras* et du *prana*, et le corps causal (*karana sharira*) de la connaissance de notre but divin individuel. Bien que Tapasyananda ne le dise pas explicitement, le *karana sharira* doit également être inclus dans le *jiva*.

---

[81] Swami Tapasyananda, *Srimad Bhagavad Gita*, Sri Ramakrishna Math, Chennai, 1984, p. 6

[82] Swami Tapasyananda, *Srimad Bhagavad Gita*, Sri Ramakrishna Math, Chennai, 1984, p. 74

Ainsi, nous constatons que le terme *jiva* n'exclut que le corps grossier, ce qui rend le *jiva* très similaire au concept abrahamique de l'âme, qui comprend le moi profond et le moi de surface. Le terme d'esprit individuel est donc tout à fait approprié. Comme nous le découvrirons plus tard, le moi profond (*atman, purusha*) ne contient pas en lui-même d'individualité. Il consiste uniquement en une conscience sans contenu et en une prise de conscience plutôt qu'en des informations qui font de nous un individu, comme la personnalité. Le fait que le corps *pranique* et subtil (*sukshma sharira*) survive à la mort est déjà affirmé dans la *Brhad Aranyaka Upanishad*, qui affirme que, comme une chenille qui, lorsqu'elle arrive au bout d'un brin d'herbe, le traverse et se traîne sur le brin suivant, le corps subtil migre à la fin de la vie d'un corps grossier à un autre.[83]

Passons maintenant aux strophes de *la Gita* qui définissent le *jiva*. Dans le passage qui décrit la *vijnana* ou connaissance globale du Divin, Krishna introduit le fait que la sienne n'est pas seulement la nature inférieure (*apara prakriti*, qui joue un rôle crucial dans la philosophie *Samkhya* et le *Yoga Sutra* de Patanjali) mais aussi la nature supérieure (*para prakriti*), qui est à l'origine de tous les *jivas* qui forment le support de l'univers tout entier.[84] Tout d'abord, cela confirme que le *jiva* n'est pas seulement la conscience (*atman, purusha*) mais aussi la *prakriti*, que nous pouvons, dans ce contexte, appeler la force matérielle. Deuxièmement, le *jiva* ou le collectif de *jivas* est appelé un aspect du Divin, qui est le Divin s'exprimant partiellement à travers la multitude d'êtres individuels. Le fait que

---

83 *Brhad Aranyaka Upanishad* IV.4.3
84 *Bhagavad Gita* VII.5

le collectif des *jivas* soit un aspect vital du Divin montre une fois de plus que considérer le monde et tous les êtres comme une illusion est une erreur. L'image dépeinte ici est que le collectif des centres de conscience individuels est une partie complexe de l'expression créative du Divin, un devenir en soi du Divin sans lequel le Divin ne serait pas complet. Nous pouvons comprendre cette complétude du Divin à travers les *jivas* par le fait que les *jivas* ont en effet un aspect matériel (la *prakriti* supérieure ou *para prakriti*), qui est toujours intrinsèquement divin et est lié au cosmos matériel, l'univers, qui fait également partie du jeu divin.

Mais que faut-il penser de l'affirmation selon laquelle les *jivas* constituent le support de l'univers matériel ? Nous pouvons le comprendre en recourant à la physique quantique. La physique quantique a découvert que lorsque la lumière est envoyée à travers une ouverture à double fente en l'absence d'un observateur, elle décrit un modèle d'onde. Lorsque, de l'autre côté, la lumière est projetée sur une plaque de bromure en présence d'un observateur, la lumière colore certaines particules de la plaque tandis qu'elle laisse les autres inchangées. Cela a donc permis d'établir que la lumière en l'absence d'un observateur possède des caractéristiques ondulatoires, alors qu'elle possède des caractéristiques particulaires en présence d'un observateur. Ce paradoxe implique qu'un observateur conscient (*jiva*) fait passer ce qu'il observe d'un simple potentiel ou d'une probabilité (onde) à une réalité concrète (particule). Le Divin est devenu une multitude de *jivas* afin que, en tant que cosmos matériel, il puisse devenir une réalité plutôt qu'un potentiel.

De cette façon, le Divin peut être témoin de cette réalité en tant que conscience infinie faisant l'expérience du monde à travers tous les *jivas*, les permutations du Divin. Dans sa totalité, ce processus est appelé le jeu divin (*lila*), sa compréhension est appelée *vijnana*, et le Divin en tant que les trois, les *jivas*, l'univers et la conscience infinie, comprend le mystère du Purushottama (l'Être Suprême). Ceux qui comprennent cela obtiendront le bonheur et la liberté grâce à l'importance qu'ils accordent à l'individu *jiva* pour Dieu. Cette compréhension globale constitue le fondement de notre relation personnelle et extatique avec le Divin.

L'une des strophes les plus critiques de la *Bhagavad Gita* dans son ensemble, mais concernant spécifiquement le *jiva*, est la strophe VIII.3. Rappelons rapidement qu'au chapitre 15, Krishna parle d'une conscience triple ou à trois niveaux (*purusha*), composée des êtres liés (*kshara*), des êtres non liés (*akshara*) et de l'Être suprême (Purushottama). En VIII.3 maintenant, Krishna dit que le Suprême en tant qu'*akshara* se contemple lui-même (le terme auto-contemplation signifie *svabhava*, l'un des concepts essentiels à comprendre dans le contexte de la *bhakti*) pour faire naître les *jivas* (esprits individuels) transmigrateurs et incarnés, qui à leur tour font naître tous les objets (en les faisant passer de l'état d'onde à l'état de particule). Cet acte créatif (qui consiste à faire naître toutes les choses) est appelé *karma* (action).

Je sais que c'est un peu long, mais c'est toute la philosophie de la *Gita* qui est ici résumée. Bien que l'énoncé ci-dessus soit complexe, sa compréhension marque l'élucidation du mystère de la vie et de notre relation étroite avec Dieu, qui est le secret de la *bhakti*. Pour simplifier, Dieu se compose de trois niveaux, dont celui du milieu est appelé conscience non liée - *akshara purusha*. Cet *akshara purusha*, par un processus d'auto-contemplation (*svabhava*), se recrée sous la forme d'une multitude d'êtres (appelés *jivas* - esprits individuels) qui actualisent (concrétisent) l'univers matériel en le faisant passer de l'état d'onde à celui de particule. Cet acte créateur (qui se réfère à la fois à l'acte de la conscience - *purusha* - et à celui des esprits individuels - *jivas* -) est appelé travail *karmique*.

Karma signifie généralement travail (dérivé de la racine sanskrite *kr* - faire), mais son utilisation ici forme un double sens. *Le karma* en tant que travail implique que ce que les *jivas* font dans le monde est un travail pour le Divin, le *karma* yoga. Mais il fait également référence au fait que leurs actions sont guidées par la loi de cause à effet (également appelée *karma* ou loi du *karma*), et qu'à moins de s'éveiller, ils accompliront des actions moins qu'idéales, sujettes à des résultats moins qu'idéaux, qui, soumis à la loi de cause à effet, conduiront à de mauvais résultats plus tard.

Le *Bhagavata Purana* exprime une idée correspondante. Nous y apprenons que pour créer la forme matérielle de l'Être cosmique (l'univers en tant que corps de Dieu), le Divin a dû éveiller les tendances karmiques des *jivas* (c'est une autre façon de dire que le Divin a dû créer des êtres et les envoyer sur leur chemin).[85] Grâce à ce processus, les constituants de l'univers ont pu s'assembler en combinaisons significatives, faisant passer l'univers de l'état d'onde et de probabilité à l'état de particule actualisée. Les tendances karmiques latentes dans les *jivas* sont une autre expression du résultat de l'auto-contemplation du Divin. Elles indiquent ce que le Divin veut devenir à travers chaque individu, ce qui est en contradiction avec ce qu'Il veut devenir à travers tous les autres individus. Dans l'ensemble, cependant, ils s'alignent sur le Divin en tant que loi divine, créativité infinie et potentiel. En fin de compte, cela signifie que ce n'est qu'en devenant les êtres que le Divin a fait passer l'univers d'un simple potentiel, d'une graine, à une réalité concrète et manifestée.

---

85 *Bhagavata Purana* III.6.3

CHAPITRE 2

Avant de revenir au sujet du *jiva*, j'exposerai brièvement la voie de la liberté pour le *jiva*, le *karma* yoga, décrit plus en détail au chapitre 5 de ce livre. Le *jiva* doit utiliser le même processus que celui par lequel l'Être suprême l'a fait naître, à savoir la contemplation de soi (*svabhava*). Grâce à ce processus, chaque *jiva* réalise quel aspect du Divin il représente. En fonction de cette réalisation, nous prenons conscience de notre propre devoir (*svadharma*), c'est-à-dire de l'œuvre que Dieu veut accomplir à travers nous et de l'œuvre que nous devons accomplir pour servir Dieu. Shri Aurobindo le confirme en disant que le chemin de la sécurité consiste à suivre la loi de son être (*svadharma*) en développant l'idée de son être (*svabhava*), qui ensemble forment le processus de notre devenir.[86]

Je résumerai à nouveau cette philosophie, car il faut parfois du temps pour la comprendre. Le Divin nous crée par la pensée en se contemplant lui-même. Nous devons ensuite nous contempler nous-mêmes (*svabhava*) pour découvrir notre essence divine et la mettre en œuvre (*svadharma*). C'est ainsi que nous devenons réels. Là encore, il s'agit d'une conception de la spiritualité très différente de celle qui consiste à méditer jusqu'au *nirvana* et au néant, et le dernier à quitter le monde éteint la lumière. Un individu obtient la liberté en devenant ce que le Divin veut devenir à travers lui, c'est-à-dire en cédant et en coopérant avec la pulsion créatrice divine, Eros, pour qu'elle s'exprime à travers nous. L'accomplissement de son *svadharma* (son propre devoir) est le processus du *karma* yoga. Je l'ai décrit en détail dans mon précédent texte *Comment trouver le but divin de votre vie*.

Poursuivant sur le sujet du *jiva* dans la *Gita*, nous trouvons Krishna proclamant qu'une portion immortelle

---

[86] Sri Aurobindo, *Essais sur la Gita*, p. 520

(*amsha*) de Sa personne est devenue le *jiva* dans le monde des êtres vivants, attirant à lui un corps, un esprit, des sens, etc. avec lesquels il agit.[87] Cette déclaration confirme que le cœur de chaque être est divin, une portion de Dieu, mais ce que nous en faisons est laissé à notre choix. L'essentiel est de comprendre cet héritage divin inhérent à chacun d'entre nous, de laisser cette compréhension rayonner à la surface et d'informer la qualité de nos décisions, de nos expressions et de nos actions. Au stade actuel de l'histoire de l'humanité, ce processus n'a guère été réalisé ou transformé en réalité. Nous ne sommes encore qu'un potentiel. C'est pourquoi l'histoire de notre espèce est faite de guerres, d'atrocités, de conquêtes et d'extermination de nous-mêmes et d'autres espèces, qui sont aussi nos frères et sœurs. Si nous voyons cet héritage divin en chacun de nous, notre histoire changera enfin pour le meilleur.

PURUSHA, LA CONSCIENCE INCARNÉE

Purusha est un terme utilisé dans les *Védas* et les *Yoga Sutra*. Dans le *Purusha Sukta* du *Rig Veda*, chaque aspect du monde est associé au corps d'un être cosmique ; il représente donc la conscience incarnée. Ce fait devient évident dans la philosophie *Samkhya* et dans les *Yoga Sutra*, qui sont basés sur le *Samkhya*. Les deux systèmes attribuent une conscience distincte à chaque être incarné. Au début, cela semble gênant. Le yogi découvre en méditant qu'il existe au fond de nous une entité témoin et consciente, plus profonde, plus proche de nous et plus essentielle que le corps, le mental sensoriel, l'ego et l'intelligence. Le yoga appelle cette entité la conscience parce qu'elle est ce qui est conscient, plutôt

---

[87] *Bhagavad Gita* XV.7

que le contenu de l'esprit, qui consiste principalement en données inconscientes. Utilisons la métaphore de l'écran de télévision, d'ordinateur ou de cinéma pour expliquer la conscience. Nous pouvons voir projetés sur le même écran le journal télévisé, un documentaire, des publicités et un long métrage, mais l'écran n'a les caractéristiques d'aucun d'entre eux. Le contenu des projections perle sur l'écran comme l'eau perle à la surface d'une poêle antiadhésive ou d'une feuille de lotus. De la même manière, la conscience n'est pas affectée, empreinte ou souillée par ce que vous projetez sur elle. L'esprit et le subconscient sont affectés, mais la conscience reste toujours vierge et intacte.

Cette incapacité à s'imprégner d'un contenu signifie également que la conscience d'une personne ne peut être différenciée de la conscience d'une autre personne. C'est pourquoi les *Upanishads* et le système *Vedanta* ont proposé un moi unique, appelé *atman*, que tous les êtres partagent. Le yoga s'en est néanmoins tenu au concept des nombreux *purushas*, car il s'agit d'une psychologie *védique* appliquée. Il commence par analyser la psyché individuelle et propose ensuite des méthodes permettant aux individus de surmonter divers problèmes ou troubles mentaux (appelés *kleshas*, formes de souffrance). Dans cette approche, il ne serait pas utile de commencer la thérapie en suggérant aux clients novices qu'ils partagent tous la même conscience. D'un autre côté, le *Vedanta* commence avec un cahier des charges complètement différent. Une analyse du *Brahma Sutra*, le texte fondateur du *Vedanta*, révèle qu'il s'agit d'une philosophie mystique et non d'une psychologie.

La *Bhagavad Gita* aurait donc été assez radicale lorsque, au lieu de s'aligner sur la multitude de *purushas* selon les principes du *Samkhya* et du *Yoga*, elle a enseigné une conscience (*purusha*) unique mais à trois niveaux. Le premier niveau est constitué par le *purusha* lié (*kshara*), la conscience de tous les esprits individuels (*jivas*) dans l'existence dite transmigratoire, c'est-à-dire voyageant d'un corps à l'autre pour épuiser leur *karma*. Ces *jivas* s'identifient à leur corps. Le deuxième niveau du *purusha* de la *Gita* est le *purusha* non lié (*askhara*). Ici aussi, nous avons un collectif d'êtres, mais ils sont spirituellement libérés.

Il est intéressant de noter que la *Gita* insiste sur le fait que les êtres restent une collectivité plutôt qu'une masse unique et indifférenciée, c'est-à-dire que la conscience de soi n'est pas effacée par la libération. Le troisième et dernier niveau est celui de l'Être suprême (Purushottama), dont le corps est l'univers et tous les autres êtres. Les êtres libérés conservent donc leur conscience de soi car ils ne sont pas l'Être suprême mais des admirateurs, des amants et des serviteurs de celui-ci.

Le *Bhagavata Purana* affirme également que la conscience individuelle incarnée (*purusha*) n'est pas identique au Divin, et que l'univers est considéré comme le corps du Divin.[88] Ces deux concepts se retrouvent également dans le *Yoga Sutra*, qui affirme que le Divin est un *purusha* spécial, distinct de tous les autres,[89] et que le Divin projette le cosmos par la prononciation du *pranava* (le son OM - le Big Bang).[90]

Quelle est la relation exacte entre le *purusha* et le *jiva* ? Dans la *Bhagavad Gita*, il est dit qu'un *purusha* (conscience incarnée) devient le *jiva* (esprit individuel) en étant associé

---

88 *Bhagavata Purana* XI.4.3-4
89 *Yoga Sutra* I.24
90 *Yoga Sutra* I.27

à un aspect de la *prakriti* (nature, force créatrice divine).[91] Nous avons déjà parlé de la *prakriti* supérieure du Divin, la *para prakriti*.[92] Cette *para prakriti* est parfois aussi appelée la *prakriti jiva*. L'aspect de la *prakriti* auquel le *purusha* s'identifie est constitué des corps subtils et causaux, qui forment le mental, le *karma*, le *prana* et, en fin de compte, le corps grossier. Cette identification est confirmée, par exemple, dans le *Bhagavata Purana*, qui affirme que le *jiva* (esprit individuel) est le *purusha* (conscience incarnée) associé au corps subtil.[93] Une déclaration similaire dans le *Bhagavata Purana* appelle le *jiva*, l'esprit individuel, une émanation du *purusha* (conscience incarnée).[94] Le terme émanation fait référence à l'émission ou au rayonnement vers l'extérieur d'une source, c'est-à-dire l'esprit, qui comprend des aspects tels que le mental, le *karma*, etc, émis vers l'extérieur à partir de la conscience de l'individu. Plus généralement, chaque individu est une émanation, un rayonnement vers l'extérieur de notre source commune, le Purushottama, l'Être suprême.

L'ATMAN, LE MOI NON INCARNÉ ET LA CONSCIENCE PURE

L'atman représente un concept et une réalisation plus abstraits que le *purusha* (conscience incarnée). Il n'est pleinement réalisé que dans les moments où l'on est totalement désidentifié du corps. De nombreux textes

---

91 Swami Tapasyananda, *Srimad Bhagavad Gita*, p. 353
92 *Bhagavad Gita* VII.5
93 *Bhagavata Purana* III.31.43
94 *Bhagavata Purana* III.26.4-7

indiens insistent sur le fait que la conscience de l'*atman* n'apparaît que lorsque la conscience du corps disparaît, et que la conscience du corps n'apparaît que lorsque la conscience de l'*atman* disparaît. Nous pourrions donc traduire *atman* par "conscience non incarnée", mais ce terme est délicat car il évoque des images de poltergeist. C'est pourquoi les termes "moi non incarné" ou "conscience pure" permettent de le distinguer clairement du *purusha* (conscience incarnée). Le terme *atman* est très présent dans les *Upanishads*, et j'ai pris l'expression "moi non incarné" par exemple dans la *Chandogya Upanishad*, qui affirme que l'*atman*, la conscience pure et le moi non incarné de tous les êtres, est omniprésent comme l'espace et doit être réalisé en tant que Brahman (conscience infinie et réalité profonde).[95]

Il existe donc une trajectoire d'abstraction le long de la ligne *jiva-purusha-atman-Brahman*. Les quatre représentent la conscience dans une certaine mesure, mais le *jiva*, entièrement identifié au corps, est le plus sujet à la souffrance et à l'illusion. Les termes *purusha* et *atman* représentent des stations d'identification décroissante avec l'individualité actuelle. Au niveau du brahman, l'identité cesse définitivement et seule la conscience cosmique subsiste.

Le terme "*atman*" apparaît fréquemment dans la *Bhagavad Gita* et le *Bhagavata Purana*. Dans la *Gita*, par exemple, Krishna enseigne que les plus grands yogis sont ceux qui, voyant l'*atman* dans tous les autres, ressentent leur joie et leur souffrance comme ils le feraient eux-mêmes.[96] Nous comprenons maintenant combien il est important d'avoir un terme qui implique l'unité d'une conscience collective

---

95 *Chandogya Upanishad* 8.14.1
96 *Bhagavad Gita* VI.32

en chacun de nous. Si la *Gita* avait utilisé ici le terme *purusha* au lieu d'*atman*, il n'aurait pas véhiculé le même punch que *purusha*, qui contient les notions de plusieurs. Ayant établi qu'il n'y a qu'un seul *atman*, nous pouvons comprendre comment sa réalisation nous ferait ressentir la douleur des autres comme la nôtre, à savoir que nous avons un moi profond commun et communautaire. Soit dit en passant, selon le *Bhagavata Purana*, cela inclut les arbres puisqu'il déclare que les arbres ont aussi un *atman*.[97] Ce point de vue n'est cependant pas partagé par tous les *shastras*.

Je tiens également à souligner combien l'idée que Krishna se fait du yogi diffère de l'idée parfois lancée et vantée de "se couper du monde par un acte de volonté", qui ferait du yogi un personnage distant, insensible, sans compassion, qui s'est élevé au-dessus de tout. L'idéal du yogi de Krishna est tout le contraire. Son yogi n'est pas isolé au sommet d'une montagne de pure conscience tandis que les ignorants souffrent en bas dans la fange de l'expérience sensorielle. Au contraire, les yogis de Krishna ressentent toutes les joies et les souffrances comme si elles étaient les leurs. Être capable de le faire et ressentir de l'empathie et de la compassion sont quelques-uns des concepts clés de la *bhakti*. Premièrement, il n'y a rien de mal à faire l'expérience de la joie ou de la souffrance. Deuxièmement, le passage précise également que l'intensité est à l'ordre du jour du Divin. Krishna veut que nous fassions l'expérience de la joie et de la souffrance de tous les êtres. Il est plus juste de dire qu'en raison de notre *atman* (moi profond) commun et partagé, nous sommes tenus de tout partager, mais qu'en raison de notre conditionnement robotique,

---

[97] *Bhagavata Purana* I.21.5

nous nous sommes tellement engourdis que nous ne ressentons plus la souffrance et la douleur des autres. Par cet engourdissement, nous nous sommes appauvris et nous avons appauvri le Divin. L'Être suprême incarne le cosmos matériel et tous les êtres, qu'ils soient liés ou libérés. Parce que nous n'expérimentons pas le monde et la vie aussi intensément que possible, nous appauvrissons également le Divin qui ressent et expérimente le monde à travers nous. D'où l'intervention de Krishna.

Bien que le *jiva* soit une couche extérieure de la psyché par rapport à l'*atman*, le lien entre les deux est néanmoins fréquemment souligné. Le *Bhagavata Purana* affirme que le *jiva* n'est autre que l'*atman*, qui s'identifie au complexe égoïque corps-esprit.[98] En d'autres termes, la différence entre les deux est l'identification. L'identification lie le moi profond ou la conscience pure au moi de surface, le corps-esprit égoïque. Cette affirmation est en accord avec les *Yoga Sutra*, qui affirment qu'une désidentification complète (*paravairagya*) est nécessaire pour isoler la conscience du contenu de l'esprit.[99]

---

[98] *Bhagavata Purana* XI.28.16
[99] *Yoga Sutra* I.12

Chapitre 3
QUELLE EST NOTRE RELATION AVEC LE DIVIN ?

Après avoir acquis une compréhension pratique de ce qu'est le Divin et de ce que nous sommes, nous pouvons maintenant nous tourner vers notre relation réciproque. C'est en sachant ce que doit être notre relation avec le Divin et ce sur quoi elle repose que nous pouvons nous tourner vers la *bhakti*, le sujet du chapitre suivant. Certains pensent que la croyance, la foi, l'amour et la dévotion suffisent, mais sans compréhension ni connaissance, ces éléments conduisent souvent à un culte sectaire. L'importance de la compréhension et de la connaissance sera étudiée plus en profondeur au chapitre 6, qui traite de la relation entre *bhakti* et *jnana*, qui figure également en bonne place dans la *Gita*. Par exemple, si nous ne savons pas et ne comprenons pas que le Divin est aussi dans ceux que nous ne comprenons pas, nous pourrions rapidement devenir des guerriers sacrés ou du moins porter des jugements et manquer de compassion envers les autres.

C'est en comprenant que nous comptons pour le Divin que la *bhakti* peut réussir. Si nous pouvions comprendre notre importance pour le Divin et que nous faisons une différence pour lui, nous serions facilement incités à nous investir davantage dans notre pratique de la *bhakti*. Ce qui nous en empêche, c'est notre ancien malentendu selon lequel le Divin est comme un empereur, un pharaon ou un roi. Puisque

Dieu était censé être omnipotent, nous avons pris l'image la plus proche de l'omnipotence, celle d'un dirigeant impérial humain, le soi-disant "moteur immobile". Le pouvoir d'un empereur réside dans le fait qu'il peut appliquer son pouvoir à n'importe qui d'autre et le déplacer dans la direction ou la manière qu'il souhaite, mais il ne peut pas être déplacé lui-même parce que personne d'autre n'a le pouvoir de le faire. Malheureusement, nous avons transféré cette image au Divin et l'avons imaginé comme quelqu'un d'omnipotent et d'inamovible. Selon ce point de vue, tout ce que nous faisons ou ne faisons pas ne changera rien pour le Divin. Pourquoi se donnerait-on alors la peine d'agir mieux, à moins que quelqu'un ne nous convainque de le faire pour échapper à la punition ou à la damnation éternelle ? Malheureusement, la religion a encouragé cette relation punitive avec le Divin au lieu de la relation extatique sur laquelle nous aurions dû nous concentrer.

L'ABSENCE D'ÉGOÏSME DU DIVIN

L'erreur dans le concept ci-dessus du Divin est qu'un dirigeant humain a un ego, alors que le Divin n'en a pas. Le *Bhagavata Purana* confirme ce fait en affirmant que l'Être suprême est dépourvu d'ego.[100] Cette affirmation implique que le Divin n'a pas d'ego pour nous juger (c'est la loi mécanique du *karma* qui nous juge, qui, comme la loi de la gravitation, n'a pas besoin d'un exécutant humain pour être efficace) et qu'il n'a pas d'ego à qui refuser sa grâce. C'est nous qui nous privons de la grâce par nos choix et nos comportements erronés.

L'absence d'ego apparaît clairement dans le *Bhagavata Purana*, où le Divin, ici sous la forme du Seigneur Vishnu,

---

100 *Bhagavata Purana* III.12.37

déclare qu'il n'est pas libre mais plutôt soumis à ses dévots.[101] En raison de l'affection qu'il porte à ses dévots, son cœur est constamment sous leur emprise, dit le passage. Vishnu poursuit en déclarant qu'il ne se valorise pas lui-même, ni son épouse Lakshmi, autant qu'il valorise les *bhaktas* qui vénèrent le Divin comme leur but suprême. Vishnu déclare ensuite que *les bhaktas* accomplis forment le centre même de son être, et qu'il ne connaît rien d'autre qu'eux (et eux de lui).[102] Quelle déclaration d'amour plus extraordinaire que celle-ci, faite par le Divin à notre égard ? Ne tombez pas dans le piège de l'idée que nous ne comptons pas pour le Divin et que nous n'avons rien à apporter à Dieu. Nous comptons tous, et c'est à travers les êtres, les *jivas*, que Dieu devient lui-même. Les religions ont presque exclusivement décrit l'aspect "être" de Dieu, le transcendant, le Père. En revanche, elles ont peu développé l'aspect du devenir, l'immanent, la Mère.

La *Bhagavad Gita* corrobore le fait que Dieu ne porte pas de jugement et nous accepte tels que nous sommes. Le Divin, sous la forme de Krishna, y affirme que, quels que soient les défauts d'une personne et le chemin qu'elle emprunte pour L'adorer, Il l'accepte et la bénit.[103] Il ajoute qu'il est conscient que les gens suivent son chemin partout. Cette déclaration précise que la véritable adoration du Divin ne se limite pas à une religion particulière, à une déité particulière ou à un culte, ni à un pays, à une culture ou à un groupe ethnique, ce qui a également été précisé par Shri Ramakrishna et Shri Aurobindo, qui ont admis la même vérité dans toutes les religions.

---

101 Bhagavata *Purana* IX.5.63ff
102 *Bhagavata Purana* IX.5.68
103 *Bhagavad Gita* IV.11

Ce qui importe, cependant, c'est notre compréhension de ce qu'est le Divin. Nous devons reconnaître que l'Être suprême n'est pas seulement une représentation anthropomorphique de notre déité préférée, mais que l'adoration de l'Être suprême nous transforme en personnes qui soutiennent et respectent tous les êtres et toutes les formes de vie. Notre *bhakti* doit également nous amener à ne pas suivre nos propres desseins égoïstes, mais à faire le travail de Dieu à la place, afin d'être au service de l'intelligence cosmique.

Un passage important du chapitre sept de la *Gita* montre clairement que le Divin est ouvert à toutes les voies et formes d'adoration, pour autant qu'elles conduisent à une compréhension complète de tous les aspects de l'Être suprême. Krishna y proclame que, quelle que soit la voie par laquelle nous désirons l'approcher, il nous renforcera et nous soutiendra dans cette entreprise.[104] Il nous accueille quelle que soit la voie, la forme divine, la déité ou la religion par laquelle nous l'approchons et nous rencontre d'une manière et sous une forme que nous pouvons comprendre.

Dans la strophe suivante, il confirme que quelle que soit la divinité que nous adorons, nous obtiendrons les bienfaits que cette divinité peut accorder. Mais ces bienfaits, selon lui, ne sont pas accordés par la divinité, qui n'est qu'une représentation du Divin, mais par l'Être suprême lui-même, infini et éternel dans tous ses aspects.[105] Seule la réalisation complète de l'Être Suprême dans tous ses aspects, consistant en une conscience infinie, une intelligence cosmique, le Divin en tant que cosmos matériel, et en tant que tous

---

104 *Bhagavad Gita* VII.21
105 *Bhagavad Gita* VII.23

les êtres et objets, mène à la liberté complète. En d'autres termes, Il dit : "Je vous parle ici en tant que Krishna, mais je ne suis pas Krishna ; je suis tout et n'importe quoi, la forme universelle (*vishvarupa*)", qu'Il révèle à Arjuna dans le chapitre 11. Il est important de comprendre cela. Ce sont les sectaires qui sont obsédés par la forme extérieure que le Divin prend pour parler à travers nous. Mais le Purushottama est une entité sans nom, infinie et éternelle qui parle à travers nous par des milliers de voix et des voix sans voix également. C'est pourquoi Lao-tseu avait raison de dire que tout ce qui peut être dit sur le Dao n'est pas le Dao. Ce n'est qu'en additionnant toutes les voix du Divin et en y ajoutant le non-dit que l'on peut progressivement se faire une idée de ce qu'il est.

Le *Bhagavata Purana* confirme également que le Divin nous répond de la manière dont nous pouvons le comprendre et, par conséquent, adapte son approche pour répondre à nos besoins. Il proclame que chaque fois que l'esprit est fixé sur le Divin, quelle que soit la motivation, Il répond de manière appropriée à cette situation particulière.[106] C'est pourquoi nous voyons tous le Divin de tant de manières différentes. Nous avons tous la possibilité de voir autant que nous pouvons gérer et intégrer, ou un peu plus afin de transcender progressivement nos limites. Il serait imprudent que le Divin se montre d'une manière que nous ne pouvons pas comprendre, car cela nous choquerait probablement et nous pourrions réagir avec retard. En d'autres termes, ce que nous croyons et savons du Divin en dit plus sur nous et nos limites que sur le Divin lui-même. C'est presque mot pour mot ce que Niels

---

[106] Swami Tapasyananda, Srimad Bhagavata, vol.3, p. 13

Bohr, lauréat danois du prix Nobel et physicien nucléaire, a dit en 1908 à propos de la science. Dans ce qui est connu comme la déclaration de Copenhague, il a déclaré que nos lois scientifiques ne décrivent pas le monde en tant que tel, mais seulement notre connaissance du monde. Il en va de même pour la religion. C'est pourquoi il n'est jamais bon de faire la guerre à cause de sa religion ou de sa science.

Examinons de plus près comment le Divin adapte sa réponse à nous. Dans la *Gita*, Krishna dit que les dévots viennent à Lui pour quatre raisons principales : ceux qui cherchent la protection contre les épreuves, ceux qui cherchent des bienfaits et des formes de gain, ceux qui demandent la connaissance spirituelle et ceux qui ne demandent rien mais viennent seulement pour aimer. Krishna dit qu'il répond à tous en fonction de leurs besoins, mais la dernière catégorie comprend ses *bhaktas* les plus chers, ceux qui viennent uniquement par amour, qui viennent pour donner au lieu de recevoir. Le fait qu'il en soit ainsi montre clairement que le Divin, bien qu'omnipotent, infini, complet et éternel, est tout à fait disposé à recevoir de nous. Le fait que le Divin soit réceptif est à nouveau mis en évidence dans le *Bhagavata Purana*, où nous lisons que la *bhakti* intense et complète (appelée *priti bhakti*) évoque un type unique d'extase en Dieu.[107] Cela doit être entendu et compris. Le fait que nous puissions évoquer un type unique d'extase en Dieu est très éloigné du concept de moteur immobile et insensible. Dieu est en effet touché par tout ce que nous faisons, et toutes nos pensées, nos actions et nos paroles ont un impact sur lui.

Le passage suivant du *Bhagavata Purana* montre à quel point nous touchons Dieu. Pendant l'adolescence de Krishna,

---

[107] Swami Tapasyananda, Srimad Bhagavata, vol.3, p. 19

les vachères (*gopis*) de Vrindavan sont devenues si amoureuses de l'*avatar* qu'elles se sont éloignées de leurs maris et de leurs familles pour s'adonner à des ébats extatiques avec l'*avatar* pendant la nuit. Cette affection n'a cependant jamais été consommée charnellement car, selon l'enseignement du *Bhagavata*, quelle que soit l'attitude ou le désir qui nous amène au Divin, le Divin se convertira toujours en une dévotion désintéressée. Après que la communauté locale de Vrindavan ait lourdement censuré le comportement des *gopis*, le dernier message de Krishna à leur intention était que, même en les servant pour l'éternité, Il ne pourrait jamais les récompenser adéquatement pour leur glorieux acte d'abandon de soi et d'amour désintéressé, qui les a amenées à passer outre toutes les préoccupations mondaines.[108] Comme Il ne pourrait jamais rembourser la dette qu'Il avait contractée en recevant leur dévotion, Krishna proposa que l'acte généreux des *gopis* soit sa propre récompense.

Tel est l'amour du Divin pour tous ses enfants. Le Divin est entièrement conscient de ses propres pouvoirs et sait que le fait d'être parfait, aimant, connaissant, abandonné et beau n'a rien de spécial. Il faut s'y attendre. Mais si nous, les humains, malgré notre fragilité et nos limites, parvenons à être parfaits, aimants, connaissants, abandonnés et beaux, alors cela est noté par le Divin comme un acte qu'Il ne pourrait jamais accomplir, compte tenu de ses capacités. Par conséquent, nous pouvons créer en Dieu un type unique d'extase et d'intensité que Dieu lui-même ne peut pas produire.

Cette image de Dieu est très différente de celle de l'homme courroucé, irrité, jaloux, barbu, assis sur un nuage et lançant des éclairs, des inondations et des fléaux

---

[108] *Bhagavata Purana* X.32.22

sur nous. Voici une conscience divine qui montre qu'il n'est pas unique que Dieu puisse nous aimer totalement et parfaitement, puisque Dieu est perfection, amour et totalité. Ce qui est remarquable, c'est qu'un être humain imparfait, défectueux et en conflit puisse aimer Dieu totalement. Voici un Divin qui comprend qu'il n'y a rien de plus spécial dans ce vaste monde qu'un tel acte d'amour et d'abandon, et si nous y parvenons, le Divin nous est redevable.

Le fait que Krishna ne se considère jamais au-dessus du dévot apparaît clairement dans l'épisode suivant du *Bhagavata Purana*, qui se déroule peu avant la grande guerre du *Mahabharata*, cadre dans lequel se déroule la conversation de la *Bhagavad Gita*.[109] À l'époque, Krishna réside dans la ville de Dvaraka en tant que roi du clan *Vrishni*. Le sage Narada, l'auteur des *Bhakti Sutras*, lui rend visite pour lui témoigner son respect. Le Seigneur Krishna se lève immédiatement, s'incline, touche les pieds de Narada et les lave. Il fait ensuite asseoir Narada sur son propre trône et lui demande quel service il peut lui rendre. Krishna agit ainsi parce qu'il sait qu'il est beaucoup plus difficile pour un être humain que pour Dieu d'être un sage.

Krishna démontre constamment que pour Lui, il n'y a rien de plus élevé au monde que l'amoureux de Dieu, pas même Lui-même. Dans le *Bhagavata Purana*, Il l'affirme explicitement, en disant que même Lui n'est pas aussi cher à Lui-même que le sont Ses dévots.[110] Il montre également comment nous devrions interagir les uns avec les autres. Nos interactions devraient être déterminées par le fait que nous pouvons voir Dieu en chacun. Par conséquent, nos interactions devraient toujours être guidées par l'amour et

---

109 *Bhagavata Purana* X.69.13-16
110 *Bhagavata Purana* XI.14.15

CHAPITRE 3

le respect des uns et des autres. Cette attitude s'apparente à l'enseignement de Jésus-Christ, qui a déclaré que l'on pouvait reconnaître ses disciples à l'amour qu'ils avaient les uns pour les autres.[111]

Si cela n'est pas encore assez clair, nous trouvons dans le *Bhagavata Purana* la proclamation de Krishna que ni son frère Ananta (le frère de Krishna, Balarama, était considéré comme une incarnation du serpent de l'infini, Ananta), ni son épouse Lakshmi (elle est l'épouse de Vishnu, dont Krishna est un *avatar*), ni son fils Brahma (Brahma, le créateur, est né du nombril de Vishnu), ne lui sont aussi chers qu'un dévot et un *bhakta* accomplis.[112] Dans le *Bhagavata Purana*, l'Etre Suprême déclare être le dévot de ses propres dévots[113] et le dévot de ceux qui sont à son service.[114] Après de nombreuses déclarations explicites d'amour du Divin pour nous, l'adoption de la *bhakti* devrait maintenant présenter peu d'obstacles, voire aucun, pour chacun d'entre nous.

POURQUOI CETTE RELATION EST-ELLE SI IMPORTANTE POUR LA DIVINITÉ ?

Le *Bhagavata Purana* déclare que Dieu est l'unique désirant être le multiple.[115] Cette révélation est essentielle à comprendre car, dans de nombreux systèmes de spiritualité, Dieu n'est décrit que comme l'Unique avec lequel nous cherchons désespérément à ne faire qu'un.

---

111 Jean 13:35
112 *Bhagavata Purana* X.86.32
113 *Bhagavata Purana* X.87.59
114 *Bhagavata Purana* V.5.22-24
115 *Bhagavata Purana* II.10.13

En même temps, nous nous demandons comment nous pouvons être séparés de Dieu. Pendant tout ce temps, nous ignorons que Dieu lui-même désire être le plus grand nombre, souhaitant être nous.

Plus loin, nous entendons dire que celui qui réalise que le Divin s'est manifesté sous la forme de la multitude par son pouvoir mystérieux (*yogamaya*) a compris les *Védas*.[116] La question de savoir pourquoi il en est ainsi est justifiée, car si l'Un n'était pas devenu la multitude, la plupart des souffrances qui nous entourent n'auraient pas eu lieu. Mais ce n'est qu'en devenant nous que l'Un peut devenir conscient de lui-même dans toutes ses particularités et particules.[117] Sans devenir la multitude, l'Un ne serait conscient de lui-même qu'en tant qu'univers au sens général. C'est un peu comme si je regardais la Terre depuis l'espace. Oui, je peux comprendre qu'il y a une planète, mais seulement d'une manière générale. Mon expérience serait plus complète et totale si je pouvais simultanément faire l'expérience de la Terre à travers tous les organes sensoriels de tous les êtres, c'est-à-dire si je pouvais me trouver dans des lieux et à des moments particuliers. C'est ce que fait Dieu, ce qui précise que l'un de ses objectifs est l'intensité. Imaginez l'intensité de la vue, de l'ouïe, du toucher, du goût et de l'odorat de la planète Terre à travers les appareils sensoriels de billions d'êtres (y compris les animaux, les plantes, les champignons et les microbes).

Le désir de Dieu de devenir le plus grand nombre peut également être compris sous l'angle de la physique quantique. Comme nous l'avons déjà dit, ce n'est qu'en

---

116 *Bhagavata Purana* XI.12.23

117 Debashish Banerji, *Seven Quartets of Becoming*, p. 297

présence d'un observateur conscient qu'une potentialité (appelée fonction d'onde en physique) passe à l'état de particule et devient ce que nous expérimentons comme une réalité concrète. La réalité concrète (ce qui est) se cristallisant à partir d'une simple potentialité (ce qui pourrait être) est la condition de la *lila*, le jeu de la créativité divine, l'aspect processus de Dieu, la Shakti. Si Dieu ne devient pas multiple, il n'y a que le potentiel pour que l'univers ou, par exemple, notre planète devienne une réalité concrète. Ce que nous appelons la réalité (*sat*) n'est, jusque-là, qu'une probabilité ou une vraisemblance. Les physiciens quantiques ont souligné que même des objets complexes comme la Terre sont maintenus à l'état de particules et, par conséquent, empêchés de retourner à une fonction d'onde de probabilité uniquement parce que, à tout moment, certains observateurs en sont toujours conscients plutôt qu'endormis. En tant que collectivité, qui comprend des formes de vie non humaines, nous sommes un maillon essentiel du processus par lequel le Dieu immanent devient lui-même en se cristallisant sous la forme de l'univers matériel et en se multipliant sous la forme d'un collectif de témoins conscients, c'est-à-dire nous.

Dans son texte monumental *Process and Reality*, Alfred North Whitehead a introduit le terme de processus pour désigner Dieu. Hormis le terme d'intelligence cosmique ou de Shakti, je ne vois pas de terme plus approprié pour décrire l'aspect immanent du Divin. Cet aspect du Divin a été chroniquement sous-exploré et sous-décrit par toutes les religions. C'est probablement dû au fait que la plupart des autorités religieuses étaient des hommes, et que la nature masculine est plus attirée par la spiritualité à l'état solide, y compris des concepts tels que la conscience, le nirvana, le vide et leur incarnation humaine, l'immobile (qui est toujours un homme). Ils ont tous en commun d'être immuables et inchangeables, et de ne réagir en aucune façon à leur environnement.

Le terme processus, quant à lui, décrit l'aspect dynamique de Dieu (Shakti), qui est en flux constant, évolue constamment et se dirige vers un équilibre dynamique qui se recrée continuellement sans jamais devenir statique. Pour la plupart des mystiques masculins, ces idées sont difficiles à supporter car ils aspirent à quelque chose qui ne change jamais, comme l'aspect transcendant du Divin, la conscience pure. Les deux aspects du Divin sont réels et essentiels à expérimenter, à intégrer et à comprendre. Au cours des derniers millénaires, notre spiritualité et notre religion ont toutefois souffert du fait que la spiritualité du processus, le shaktisme ou la spiritualité basée sur la Terre ont toujours été persécutés ou, du moins, relégués à la marge.

Le but initial est l'étiquette qu'Alfred North Whitehead donne à la partie de nous que Dieu pense à l'existence. On l'appelle but initial parce que si Dieu vise à exprimer un nombre infini de permutations et de calculs de lui-même en les pensant tous à l'existence, ce que nous, en tant qu'individus, en faisons peut être très éloigné du but initial de Dieu. Nous sommes tous constitués au cœur d'un potentiel divin, mais nous sommes libres de tout gâcher glorieusement, pour utiliser une expression vulgaire. C'est pourquoi il est juste de dire que nous co-créons notre destin avec le Divin. Dieu nous envoie sur notre chemin à travers son objectif initial, son idée de l'aspect de Lui que chaque individu doit représenter. Mais puisque nous sommes faits à l'image et à la ressemblance du Divin, nous sommes libres, et la liberté inclut un niveau extrême de variation par rapport à l'objectif initial. Nous pouvons dépasser l'objectif initial, ne pas l'atteindre ou le manquer complètement. Le terme hébreu désignant le fait de manquer la cible a ensuite été traduit en grec par le terme anglais "sin" (péché). À l'origine, le péché signifiait que nous manquions la cible de ce que la Divinité essayait de réaliser à travers nous. Mais au lieu de pécher, nous sommes libres de dépasser de loin les attentes de Dieu.

Toutes ces voies nous sont ouvertes parce que le double objectif de la créativité de Dieu, selon Whitehead, est l'intensité et la nouveauté. J'ai déjà montré, à travers diverses citations, que le Divin fait l'expérience du monde à travers le collectif des âmes (*jivas*), et qu'elles rendent possible l'intensité avec laquelle le Divin fait l'expérience du monde. Voyons maintenant ce qu'il en est de la nouveauté. L'étude de l'astrophysique et de l'évolution biologique de la vie montre que ces deux processus sont générateurs de nouveauté. Chaque fois, par exemple, qu'apparaît un sous-produit métabolique qu'aucun des organismes existant sur Terre ne peut métaboliser, un nouvel organisme apparaît qui le peut. L'évolution biologique crée donc constamment de nouvelles variétés d'organismes. Il en va de même en astrophysique, où de nouvelles étoiles, planètes, galaxies et, très probablement, de nouveaux univers voient le jour. Même de nouveaux éléments et composés chimiques sont ajoutés en permanence.

Un processus similaire a lieu dans l'individuation. Parce que le Divin est le Cosmique, c'est-à-dire la somme totale de tout, y compris de tous les individus, il ne peut être lui-même un individu. Pour agir au niveau de l'individu, le Divin doit s'individuer à travers nous. Le processus d'individuation consiste pour le Divin à nous créer par la pensée en projetant un aspect de lui-même, un but initial. Chaque fois que Dieu crée l'un d'entre nous par la pensée en projetant un but initial, quelque chose ou quelqu'un de nouveau est créé, c'est-à-dire que la nouveauté est augmentée.

Cependant, l'objectif initial n'est pas un programme que nous suivons sans réfléchir, car cela ne créerait que peu d'intensité. C'est l'individu qui produit l'intensité, qui interprète l'objectif initial, qui se l'approprie, qui le met en œuvre et qui l'actualise à sa manière. L'intensité naît de la manière dont chacun d'entre nous incarne son objectif initial.

Bien sûr, nous pourrions dire que Dieu est dans une situation précaire. Pour paraphraser *le Bhagavata Purana*, chaque fois que nous dépassons les attentes de Dieu, un type particulier d'extase et de frisson est créé en lui. Mais en même temps, la grande liberté dont nous jouissons et notre capacité à co-créer notre destin nous donnent également l'occasion de décevoir Dieu.

Le terme "but initial" de Shri Whitehead est apparenté au terme yogique *karana sharira*, le corps causal. Selon l'enseignement yogique, le corps causal est le plus profond des trois corps : le causal, le subtil et le grossier. Il est le seul à survivre à la somme totale de toutes les incarnations. Le corps causal contient les idées que Dieu se fait de nous en tant qu'individus ; on pourrait donc l'appeler potentiel divin initial ou but initial.

Il existe un autre terme yogique auquel l'objectif initial est lié, à savoir le *Vijnanamaya Kosha*. Le *Vijnanamaya Kosha* (enveloppe de la connaissance profonde) fait partie des cinq enveloppes de la doctrine *panchakosha* de la *Taittiriya Upanishad*. Les trois enveloppes superficielles, le corps, l'enveloppe *pranique* et l'esprit, contiennent ce que nous appellerions le moi de surface. Les deux enveloppes intérieures nous relient au Divin. Le quatrième feuillet, *Vijnanamaya Kosha*, comprend l'objectif initial du Dieu

CHAPITRE 3

immanent. La cinquième enveloppe, la plus intérieure (*Anandamaya Kosha*, c'est-à-dire l'enveloppe de l'extase), nous permet de participer au Dieu transcendant, c'est-à-dire à la conscience pure. Comme le corps causal, le *Vijnanamaya Kosha* contient l'aspect du Dieu Immanent, de l'intelligence cosmique, que nous devons incarner, c'est-à-dire ce que le Dieu Immanent veut devenir en nous et à travers nous. Le *Vijnanamaya Kosha* n'est pas quelque chose de donné puis oublié, mais c'est le but divin vers lequel nous travaillons lorsque nous passons d'une incarnation à l'autre.

Les écritures mentionnent souvent cette relation complexe entre le Divin et ses enfants, les êtres. Par exemple, l'*Aitareya Upanishad* promulgue que le cosmos est extériorisé pour l'expérience de soi du *saguna* Brahman, le Divin avec forme.[118] Le Divin avec forme est souvent appelé le Divin personnel, un terme typiquement utilisé pour juxtaposer le Dieu Immanent au Dieu Transcendant, l'Absolu sans forme. Le terme "Divin personnel" n'implique pas d'anthropomorphisme, mais signifie que cet aspect du Divin est personnel à chacun d'entre nous. L'*Aitareya Upanishad* poursuit en déclarant que les êtres sont faits à l'image du Divin-avec-forme afin que leurs instruments de connaissance externe, c'est-à-dire les sens, le mental et l'intellect, puissent témoigner de la réalité propre du Divin. Cela signifie que Dieu s'exprime à travers ses êtres et que la boucle est bouclée lorsque les êtres font l'expérience de Dieu en toute chose, y compris eux-mêmes.

Du point de vue du Divin, nous faisons donc partie du Divin, et l'on comprend mieux pourquoi le Divin n'a pas besoin d'exercer un pouvoir de jugement ou une force pour

---

118 *Aitareya Upanishad* I.I.1-4

nous soumettre. Au contraire, le Divin fait tout pour favoriser notre divinisation, c'est-à-dire notre capacité à télécharger des capacités divines telles qu'une compréhension complète du monde et la capacité d'agir pour le Divin et tous les êtres. Par exemple, dans le *Bhagavata Purana*, nous constatons que le Divin se subordonne à ses *bhaktas*, bien qu'il soit éternellement libre et qu'il soit le maître de tous les mondes.[119] Ce point est approfondi dans un passage ultérieur du *Bhagavata Purana*, où nous constatons qu'à partir d'un certain point de développement du dévot, le Divin devient le serviteur du dévot.[120] Il en est ainsi parce qu'à ce stade, les dévots se sont engagés à être les serviteurs du Divin et n'ont plus d'agenda personnel. Le Divin soutient cette attitude en servant le dévot et en lui donnant les moyens d'agir.

Plus tôt dans le *Bhagavata*, nous apprenons que pour servir le Divin, nous devons servir tous les êtres avec l'attitude que le Divin réside en eux.[121] Il ne sert à rien de servir une image divine en privé tout en traitant les êtres de Dieu avec mépris et adversité. Quoi que nous fassions à tous les enfants du Divin, humains ou non, à travers eux, l'Être suprême en sera toujours le destinataire direct. En comprenant consciemment ce fait et en consacrant au Divin toutes nos relations avec les autres êtres, nous nous assurons que ce que le Divin reçoit à travers nos interactions avec les autres est digne du Divin.

C'est un point important ! Chaque fois que nous pratiquons des relations toxiques et que nous suivons des émotions toxiques, nous empoisonnons le Divin, bien que le Divin soit immuable et indestructible. Cependant, nous empoisonnons

---

119 *Bhagavata Purana X.10.19*

120 *Bhagavata Purana X.14.35*

121 *Bhagavata Purana VII.7.32*

le monde en ressentant et en mettant en œuvre des émotions toxiques. Dans ce contexte, Shri Aurobindo souligne que lorsque nous dépassons le stade des émotions et des désirs personnels, et que notre moi de surface ne détermine plus nos actions, alors le Divin peut manifester à travers nous son but dans le monde, qui est, selon Aurobindo, la divinisation de toute vie et de toute matière.[122]

COMMENT VOIR ET ADORER LE DIVIN

Nous sommes maintenant prêts à établir des lignes directrices concernant la manière dont le Divin doit être vu et vénéré. Nous pensons que le Divin est éloigné et difficile d'accès, mais c'est nous qui sommes éloignés et difficiles d'accès. Le *Bhagavata Purana* affirme donc qu'il n'est pas difficile de plaire à Dieu.[123] Elle est l'esprit le plus profond de tous les êtres et de toutes les choses et, par conséquent, on peut communiquer avec elle en tout lieu et en toute personne.

La *Bhagavad Gita* annonce que nous verrons tous les êtres entièrement dans le soi et aussi dans le Divin, déclarant ainsi l'unité du soi profond et du Divin.[124] Dans le sixième chapitre de la *Gita*, Krishna enseigne que la réalisation doit précéder l'action en disant que les yogis Le servent dans tous les êtres qui ont réalisé l'unité de toute existence.[125] Dans le chapitre 12th de la *Gita*, le chapitre sur la *bhakti*, Krishna déclare que celui qui est amical et compatissant envers tous, exempt d'adversité, de jalousie et d'arrogance, établi dans la méditation et le contentement, égal dans la gloire et la honte,

---

122 Sri Aurobindo, *Essays on the Gita*, p. 250
123 *Bhagavata Purana* VII.6.19
124 *Bhagavad Gita* IV.35
125 *Bhagavad Gita* VI.31

avec l'esprit et l'intellect établis en Lui, Lui est cher.[126] Ici aussi, il est clair que le Divin ne s'intéresse pas à quelqu'un qui vénère des images dans les temples mais qui est hautain et orgueilleux envers les autres êtres. Non, dit Krishna, la façon dont vous traitez les autres, c'est aussi la façon dont vous me traitez. C'est pourquoi Jésus-Christ a dit : " En vérité, je vous le dis, tout ce que vous faites au plus petit de mes frères et sœurs, c'est à moi que vous le faites "[127], et " En vérité, tout ce que vous n'avez pas fait à l'un de ces plus petits, c'est à moi que vous avez refusé de le faire ".[128]

Cette relation étroite avec le Divin existe quel que soit notre mode de vie, c'est-à-dire qu'elle n'est pas limitée aux puissants ou aux exaltés, mais qu'elle s'applique même dans la position la plus humble de la vie. Elle ne se limite pas non plus à cette vie. Dans le chapitre sept de la *Gita*, Krishna promet que tous ceux qui sont établis dans le fait que l'Être Suprême est le pouvoir qui soutient toute la matière, verront les capacités spirituelles et les actions volontaires centrés sur le Divin même à travers le processus de la mort.[129]

La compréhension et la connaissance plutôt que la croyance sont au cœur de la quête des *bhaktas* pour la proximité et l'intimité avec le Divin. Shri Aurobindo l'a compris lorsqu'il nous a demandé de nous remettre passivement entre les mains de Dieu.[130] Se remettre passivement entre les mains de Dieu ne se fait pas en faisant quelque chose ; cela se fait en réalisant que l'Être

---

126 *Bhagavad Gita* XII.13
127 Matthieu 25:40
128 Matthieu 25:45
129 *Bhagavad Gita* VII.30
130 Sri Aurobindo, *Essays on the Gita*, p. 559

suprême n'est pas séparé de nous, mais qu'il est notre moi le plus profond et celui de tous les êtres. En même temps, il est la conscience du monde et l'intelligence sensible qui s'est cristallisée sous la forme du cosmos matériel.

Le fait de contempler, de comprendre et de voir cela en profondeur nous permet en fin de compte de laisser cette réalisation rayonner dans nos actions. Si nous n'y parvenons pas, la réalisation n'a aucune valeur. La valeur d'une révélation mystique ne réside pas en elle-même, mais dans la mesure où elle fait de nous une personne changée. Une personne changée est plus aimable, plus humble, plus solidaire et plus compatissante envers les autres.

Voyons maintenant comment cela pourrait se passer. Dans le *Bhagavata Purana*, le Divin enseigne que lorsque nous sommes outragés, nous devrions nous souvenir du Divin dans le cœur de ceux qui nous outragent.[131] Au lieu de riposter au vitriol, nous devrions leur adresser des mots d'amour. Ce faisant, le Divin sera attiré vers nous, dit le *Purana*. L'injonction du *Bhagavata* correspond presque mot pour mot à l'approche de Jésus-Christ en matière de résolution des conflits. Bien qu'il s'agisse de la chose la plus sensée à faire, nous trouvons néanmoins cela difficile parce que nous sommes submergés dans une campagne millénaire d'adversité. Cet antagonisme a taché et souillé nos esprits, qui peuvent à peine fonctionner sans être stimulés par la compétition, l'ambition et la recherche d'avantages sur les autres. C'est pourquoi le *Bhagavata Purana* affirme que si, grâce à un esprit purifié, nous voyons le Divin dans notre cœur, nous atteindrons la liberté spirituelle.[132]

---

131 *Bhagavata Purana* III.16.11
132 *Bhagavata Purana* III.25.39

L'esclavage mental est l'aboutissement de l'esprit darwinien qui voit un concurrent dans chaque être que nous rencontrons et qui, par conséquent, élabore des plans sans fin pour les surpasser. Le seul résultat à long terme de cette attitude est que nous mourrons tous ensemble. Mieux que les darwiniens, le *Bhagavata* a compris l'évolution en affirmant que c'est une loi divine que toutes les formes de vie s'épanouissent par la coopération mutuelle et connaissent leur perte par l'antagonisme mutuel.

Plutôt que l'antagonisme, le fait de voir la parenté dans tout ce qui nous entoure, que ce soit en mouvement ou non, constitue la réalisation et l'adoration du Divin. C'est ainsi que le *Bhagavata Purana* affirme que l'adoration authentique du Divin consiste à voir tout, y compris les arbres, les montagnes, les forêts, les rivières, l'océan et l'atmosphère, comme étant habité par l'Être Suprême.[133] Par conséquent, le véritable *bhakta* éprouve de la révérence pour toute la nature et tous les êtres à tout moment, avec sincérité. Imaginez un instant comment progresseraient nos négociations de paix et nos tentatives de prévention de l'extinction massive des espèces, de l'holocauste environnemental et de l'écocide si nous mettions en œuvre cet appel. En tant que civilisation mondiale, nous sommes toujours sur la voie de la destruction parce que nous refusons de suivre cet appel, bien que des visionnaires spirituels de nombreuses cultures nous aient conseillé de le faire à travers les âges, mais en vain.

Le respect et l'amour de Dieu ne sont pas des concepts abstraits que l'on déclare dans une église, une mosquée, une synagogue ou un temple et que l'on n'applique pas ensuite à l'extérieur. Non, nous devons les mettre en pratique dans

---

[133] *Bhagavata Purana* III.12.41

la vie quotidienne. C'est ce que dit l'Être suprême dans le *Bhagavata Purana* : si vous voulez me conquérir comme une épouse loyale le fait pour un mari engagé [ou vice versa], alors montrez votre amour authentique pour moi en respectant ma présence dans tous les êtres et dans la nature.[134] Nous avons tendance à manifester un tel amour pour nos amis proches et les membres de notre famille, mais pas pour le reste de l'humanité. Nous pouvons le montrer à notre chat ou à notre chien, mais pas au reste du règne animal. Nous pouvons également le montrer à notre pelouse ou à quelques arbres et arbustes ornementaux dans notre jardin, mais pas au reste de la nature. C'est parce que nous avons tracé une ligne imaginaire entre "nous" et "l'autre". *Le bhakti* yoga consiste à effacer ces lignes imaginaires et à servir Dieu en toute chose, en particulier dans les endroits les plus inattendus, tels que nos ennemis imaginaires. Nous croyons à l'inimitié, à l'adversité et à l'antagonisme parce que nos conflits et nos rancunes passés sont profondément ancrés dans notre subconscient. Avec de l'entraînement, il est possible d'éliminer ces programmes de notre esprit conscient, mais l'esprit subconscient exige une attention beaucoup plus profonde. C'est pourquoi le *Bhagavata Purana* dit que nous devons toujours nous souvenir du Divin, lui abandonner notre esprit conscient et notre subconscient, et accomplir toutes nos actions consciemment comme des offrandes à l'Être Suprême.[135] L'accomplissement de nos actions en tant qu'offrandes ne peut avoir lieu que si nous reconnaissons le Divin comme l'esprit qui imprègne tous les êtres et tous les objets tout en les contenant comme un récipient.

---

134 *Bhagavata Purana* IX.5.66
135 *Bhagavata Purana* XI.29.9

COMMENT NE PAS VÉNÉRER LE DIVIN

La discussion du chapitre précédent sur la façon de reconnaître et d'adorer le Divin ne serait complète que si l'on examinait les pièges potentiels, c'est-à-dire la façon de ne pas l'adorer. Dans cette mesure, Shri Aurobindo a dit que ceux qui refusent de reconnaître le Divin personnel passent à côté de quelque chose de profond et d'essentiel.[136] Lorsqu'Aurobindo parle du Divin personnel, il n'invoque pas l'anthropomorphisme, c'est-à-dire la création d'un Divin à la ressemblance de l'humain. Il reconnaît néanmoins que le Divin est sensible, qu'il peut nous sentir et nous répondre personnellement, en ce sens qu'il répondra à un dévot différemment d'un autre (en fonction de la différence de l'objectif initial qui a donné naissance à la personne et aussi de ce qu'elle en fait). Dans ce sens, le terme "Divin personnel" est utilisé plutôt que de désigner le Divin en tant qu'individu. L'autre raison pour laquelle de nombreux mystiques indiens utilisent le terme "personnel" est de le juxtaposer à l'Absolu impersonnel, le Dieu transcendant. Le Divin est donc un être, non pas un être humain, mais un être cosmique. Nous pouvons également l'appeler Être, car il n'y a rien en dehors de cet être sensible infini.

Au début du chapitre 12th de la *Gita*, le chapitre sur le *Bhakti* Yoga, Arjuna demande à Krishna s'il est préférable d'adorer le Divin en tant que personne ou en tant qu'Absolu impersonnel. La réponse de Krishna est directe : il faut préférer l'adoration du Divin personnel dans un esprit d'amour et de dévotion[137] parce que les obstacles auxquels sont confrontés ceux qui adorent l'Absolu sans forme sont

---

136 Sri Aurobindo, *The Integral Yoga*, p.159
137 *Bhagavad Gita* XII.2

bien plus importants.[138] En effet, pour les êtres incarnés, il est difficile de suivre un idéal flou.

Vous pouvez en faire l'expérience si vous vous trouvez dans une situation de conflit complexe et que vous vous demandez quel conseil l'Absolu sans forme vous donnera pour vos actions. La réponse sera peu ou pas du tout. Au mieux, vous obtiendrez des conseils sur la façon d'être dans le moment présent. Mais le fait d'être dans le moment présent ne vous mènera pas loin lorsqu'il s'agit de guerres, de génocides, de victimes de viols, etc. Être dans le moment présent est trop souvent le privilège de la classe moyenne bourgeoise bien pourvue en ressources, bien connectée et bien éduquée des sociétés industrielles blanches. L'Absolu sans forme ne nous aidera pas à décider quand il faut descendre les nobles hauteurs de notre oreiller de méditation pour utiliser notre esprit afin de déterminer ce qui est bien ou mal et si les auteurs doivent être arrêtés et les victimes protégées. C'est le Divin avec forme, le Divin personnel, le Dieu immanent, qui donne ces instructions.

Je vais vous donner un exemple qui illustre le problème. Je me souviens avoir été déconcerté lorsque l'un de mes élèves m'a dit qu'il ne voyait pas l'intérêt de rejeter Adolf Hitler puisque Dieu était aussi en lui. L'affirmation selon laquelle Dieu est aussi dans Hitler est, à première vue, correcte. Le Dieu transcendant, l'océan de la conscience infinie, l'absolu sans forme, est en Hitler et Hitler en lui, et dans cette mesure, Hitler ne diffère d'aucun autre être ou objet de l'univers. Mais l'affirmation selon laquelle Dieu est en Hitler n'a aucune valeur en ce qui concerne les considérations éthiques. L'expression "sans valeur" est une

---

138 *Bhagavad Gita* XII.5

autre façon de dire "sans intérêt". Le fait que Dieu soit dans tous les êtres ne dispense aucun d'entre eux de se conduire selon les règles du *dharma* (actions justes, droiture, devoir). Il ne dispense pas non plus les spectateurs de rétablir le *dharma* s'ils constatent qu'il est bafoué. Cependant, des concepts métaphysiques abstraits (tels que l'absolu sans forme) sont parfois utilisés pour s'exonérer du devoir, un processus appelé contournement spirituel.

C'est pourquoi Krishna dit que pour un être incarné, il est difficile de comprendre une idée floue.[139] La conscience pure et ininterrompue, le *nirvana* et le vide sont des idéaux flous. L'avantage du Divin personnel est qu'il s'accompagne d'idéaux et de règles éthiques évidents, tels que la protection des victimes, la justice pour tous, la correction des coupables et le maintien de l'ordre public. C'est ce que dit, par exemple, Arjuna à Krishna dans la *Gita* : "Je vois que vous êtes Dieu et que vous avez tout pouvoir. Ce que je ne comprends pas, c'est que vous soyez si préoccupé par le respect d'un nombre apparemment incalculable de règles et par le maintien d'une bonne conduite..." À l'époque, Krishna était le roi d'une dynastie auxiliaire, tandis qu'Arjuna était le troisième héritier du trône impérial de l'Inde. Krishna rappelle à Arjuna que les gens ordinaires se tournent vers des personnages exceptionnels, comme eux deux, pour s'inspirer d'une conduite correcte. Même si Lui, Krishna et Arjuna pouvaient contourner les règles et s'en tirer pendant un certain temps, s'ils le faisaient, la population en général prendrait cela comme une invitation à le faire aussi. C'est pourquoi les sages, comme Krishna,

---

139 *Bhagavad Gita* XII.5

donneront toujours un exemple impeccable et se conduiront selon les règles les plus strictes.

Dans un chapitre ultérieur sur l'éthique (chapitre 8), j'expliquerai en détail leur importance pour la *bhakti*. Ici, je ne ferai qu'une brève introduction au sujet. Dans le *Bhagavata Purana*, le Divin dit que les sages et les saints, les vaches, les pauvres et les victimes sont plus chers à Dieu que n'importe qui d'autre et que ceux qui les persécutent rencontreront leur Créateur dans des circonstances malheureuses.[140] Cette déclaration est, dans l'esprit, identique à celle de Jésus : "Heureux les doux, car ils hériteront de la terre".[141] Le message est clair : le Divin a une préférence pour les faibles, et si nous voulons impressionner le Divin, nous devons les traiter avec le même respect et le même soutien que nous le ferions pour un roi.

Mais pourquoi y a-t-il tant de conflits entre les gens et pourquoi devons-nous suivre un ensemble complexe de règles et d'éthiques ? Le *Bhagavata Purana* explique qu'il fut un temps (appelé *Satya Yuga* ou âge d'or) où les gens étaient coopératifs et pacifiques parce qu'ils réalisaient le Divin dans le cœur de tous les êtres et étaient capables de l'y vénérer.[142] Cependant, les temps ont changé et les gens sont devenus mutuellement irrespectueux et antagonistes les uns envers les autres parce qu'ils ne se concentraient que sur les défauts de chacun. Hmm, "mutuellement irrespectueux et antagonistes les uns envers les autres parce qu'ils ne se concentrent que sur leurs défauts". Cela vous rappelle-t-il quelque chose ? Avez-vous regardé

---

140 *Bhagavata Purana* III.16.10
141 Matthieu 5:5
142 *Bhagavata Purana* VII.14.38-39

les informations récemment ou écouté une session du parlement de votre pays, en supposant que vous ne viviez pas dans une dictature où le cas serait encore pire ?

Cette attitude d'irrespect mutuel et d'antagonisme a également rendu les gens incapables de voir le Divin dans le cœur de l'autre. Selon le *Bhagavata*, pour que le Divin ne soit pas totalement perdu, on a introduit dans le *Treta Yuga* (l'âge du monde qui suit l'âge d'or) l'adoration du Divin dans des images, des sanctuaires, des statues, etc. Nous devons comprendre que cette forme de culte a été introduite parce que nous ne pouvions plus reconnaître le Divin partout, en toute chose et en tout le monde. *Le Bhagavata* est favorable au culte des images, car il s'agit d'un excellent raccourci, mais il précise également que le culte des images n'est d'aucune utilité tant que l'on refuse de reconnaître le Divin dans les autres et que l'on reste antagoniste et contradictoire à leur égard.

Dans un passage précédent, le *Bhagavata Purana* montre l'Être Suprême se plaignant que les gens ne tiennent pas compte de sa présence en tant que moi le plus profond de tous, et qu'ils se donnent ensuite en spectacle pour l'adorer par le biais d'images.[143] Cela ressemble beaucoup à la religion pratiquée aujourd'hui. Le *Bhagavata* continue avec l'avertissement divin que le fait d'ignorer Sa présence en tout en tant que soi, et au lieu de cela, d'offrir sottement un culte à des images, Le rendra très mécontent. Par conséquent, toute personne qui victimise les autres, victimise le Divin qui réside en eux. Ces personnes, ainsi que celles qui sont fières et hautaines, se séparent de Dieu et n'atteindront jamais la paix, dit le *Bhagavata*. Selon l'Être suprême, la bonne

---

143 *Bhagavata Purana* III.29.21ff

CHAPITRE 3

approche consiste à vénérer des images [comme raccourcis] et à servir avec amour le Divin à travers tous ses êtres.

Il n'est pas possible de combiner les deux sans aimer authentiquement tous les êtres. En fait, dans ce passage, l'Être suprême appelle à mettre fin à l'"altérisation", c'est-à-dire à cesser de se centrer sur soi et de faire la distinction entre soi et l'autre (les autres). En reconnaissant l'unité de tous les êtres et de tout ce qui est dans le Divin, nous devons surmonter la séparation et l'éloignement de l'égocentrisme, et dans cet esprit, nous pouvons servir tous les êtres par l'honneur et l'amour, un service qui est alors reconnu et accepté par le Divin comme un service pour Lui. Ce service est la voie de la liberté spirituelle.

Remarquez que cette philosophie de l'amour divin et du service est aux antipodes de l'enseignement de notre société moderne, qui se concentre sur le fait de recevoir, de prendre et d'obtenir. Dans toutes les sources dont nous parlons ici, le Divin affirme que la liberté de l'individu et une société idéale et divinisée sont créées en se concentrant sur le don à tous et l'amour de tous par le biais de la vision du Divin en eux. Parce que notre civilisation adore recevoir, prendre et obtenir, nous sommes dans une lutte antagoniste et contradictoire constante avec tous les "autres", qu'il s'agisse d'autres individus, groupes d'intérêt, idéologies, religions, nations ou espèces. Au fond, c'est notre philosophie de l'altérité qui est à la base de l'exploitation de l'environnement et de la destruction des cultures. L'aliénation n'a pas sa place sur le chemin de la *bhakti*, car nous devons essayer sincèrement de voir Dieu dans tous ceux que nous avons précédemment aliénés.

Chapitre 4

BHAKTI, QU'EST-CE QUE C'EST

La *bhakti* n'est pas une émotion que l'on peut évoquer spontanément, mais une pratique qui s'affine progressivement sur une longue période. Au début de ce livre, j'ai invoqué le grand mystique soufi Hafiz, qui s'est retrouvé sans ressources à l'âge de 20 ans parce qu'il n'arrivait pas à obtenir la belle femme qu'il désirait. Hafiz a alors rencontré un maître soufi qui lui a dit de transformer son amour humain en amour divin, en amour pour Allah. Il a fallu 40 ans à Hafiz pour atteindre cet état, et ses luttes sont relatées dans nombre de ses magnifiques poèmes.

La raison pour laquelle Hafiz avait besoin d'une solution pour son amour insatisfait est qu'il le rendait malheureux. Parce qu'il ne pouvait pas obtenir sa bien-aimée, il a perdu du poids, n'a pas pu dormir et a souffert jusqu'à ce que sa santé mentale décline. Cette souffrance illustre le fait que notre façon habituelle d'aimer est d'obtenir quelque chose. L'amour humain ordinaire est axé sur la réception, qu'il s'agisse d'un frisson, d'une excitation, d'un bonheur, d'un accomplissement, d'une possession, d'une stimulation, d'un plaisir, d'une sécurité, d'une fuite de la solitude, d'un statut, d'une affirmation, d'une camaraderie, etc. Un tel amour pourrait en effet être qualifié d'émotion, car il est basé sur un manque passé, un besoin perçu et une nécessité. Nous aimons parce qu'il nous manque quelque chose et que nous espérons l'obtenir par l'intermédiaire de notre bien-aimé(e).

Ce que nous espérons obtenir par l'amour, nous le projetons ensuite sur la personne aimée, et tant qu'elle répond à ce besoin, la relation fonctionne. Ce processus est appelé "tomber amoureux". Lorsque l'être aimé cesse de répondre à ce besoin, nous cessons d'être amoureux. Nos partenaires cessent souvent de répondre à nos besoins parce qu'ils réalisent inconsciemment que nous sommes en relation avec eux à partir d'un besoin projeté, d'un manque en nous, plutôt qu'à partir de ce qu'ils sont vraiment. En fin de compte, cela n'est satisfaisant que si notre partenaire est entré dans la relation avec des motivations similaires. Dans de nombreux cas, la poussée hormonale finit par s'estomper et ils se détournent de nous ou nous d'eux.

Contrairement à ce type d'amour humain, la *bhakti* est une discipline mentale/spirituelle centrée sur nous-mêmes. Nous changeons progressivement notre amour, passant du désir de recevoir à l'attitude de donner. Nous ne supplions pas constamment le Divin de répondre à nos besoins, mais nous nous demandons comment nous pouvons aimer davantage le Divin et le servir davantage. Cette croissance nous est accessible à tous parce que l'amour est lui-même une qualité du Divin. Parce que nous partageons notre être le plus intime avec le Divin, un tel amour divin est également possible pour nous. Cependant, pour que cela devienne possible, nous devons entreprendre un processus visant à convertir notre façon d'aimer, de l'humain au divin. Ces voies sont explorées dans ce chapitre.

Je définirai ici la *bhakti*, j'examinerai ses conditions préalables et les qualités requises, je dresserai la liste des différents types de *bhakti*, j'analyserai leur processus, j'exposerai leurs effets et je terminerai par leurs résultats et leur essence. Mais tout d'abord, nous devons établir que *la bhakti* n'est pas idéalement pratiquée de manière isolée, mais qu'elle est intégrée dans le complexe plus large d'un yoga complet comprenant la *bhakti*, le *jnana* et le *karma* yoga. C'est ainsi que Krishna déclare dans le *Bhagavata Purana* qu'il a promulgué trois voies d'unification avec Dieu, et qu'il n'y en a pas d'autres : ce sont le *jnana*, la *bhakti* et le *karma*.[144] Bien que Krishna limite ici le nombre de yogas à trois, Il dit aussi ailleurs que lorsque nous sommes incapables d'absorber l'esprit en Lui, nous devrions essayer de L'atteindre par la pratique systématique de la concentration, c'est-à-dire le *Raja* Yoga.[145] La description du *Raja* Yoga occupe la majeure partie du sixième chapitre de la *Gita*.

Dans le *Bhakti Sutra* de Narada, nous lisons qu'une fois la maturité atteinte, le *karma*, la *bhakti* et le *jnana* yoga fusionneront en une voie unifiée.[146] Dans cette voie trinitaire, le *jnana* purifie l'intellect, la *bhakti* purifie les émotions et le *karma* yoga purifie la volonté. Le terme de voie trine, qui signifie trois en un, a été inventé par Shri Aurobindo dans ses *Essais sur la Gita*, avant d'être développé dans l'un de ses principaux ouvrages, *La synthèse du yoga*. Ces deux textes soulignent l'importance de pratiquer le *karma*, le *jnana* et le *bhakti* yoga côte à côte, même si, au début, nous choisissons celui des trois qui convient le mieux à notre nature encore brute et non raffinée.

Aurobindo écrit que la *Gita* enseigne trois étapes, dont le *karma* yoga peut être considéré comme la première.[147] Ici, nous accomplissons des actions non pas pour nous-mêmes mais au service du Divin. Nous ne regardons pas le résultat mais le processus de travail pour le Divin, que nous réussissions ou non dans nos efforts. Le succès

---

144 *Bhagavata Purana* XI.20.6

145 *Bhagavad Gita* XII.9

146 Swami Tyagisananda, *Narada Bhakti Sutras*, p. 35

147 Sri Aurobindo, *Essays on the Gita*, p. 38

et l'échec sont accueillis avec une parfaite équanimité et offerts au Divin. Je dois souvent développer cette attitude d'équanimité et de service lorsque je suis confronté au désespoir de mes étudiants face à la montée des problèmes environnementaux, sociaux et politiques. On me demande : "Comment gardez-vous l'espoir ? Comment vous motivez-vous pour continuer à travailler pour un avenir meilleur, alors que tout semble si désespéré ? Le fait est que si nous demandons de l'espoir et de la motivation, nous sommes en fin de compte orientés vers les résultats. Si nous avons une chance de réussir, nous irons sauver la planète. Mais si les chances sont contre nous, nous ferons mieux d'éviter de nous impliquer. Le problème de cette attitude est qu'elle est à nouveau basée sur le fait de recevoir et d'obtenir. Nous nous engageons parce que nous avons envie de sauver l'environnement. Si cela semble réalisable, nous sommes heureux d'apporter notre contribution. En d'autres termes, il s'agit d'une équation risque/récompense. Quelles sont les chances de réussite ? Combien d'efforts devons-nous fournir ? Et quelle est la récompense en termes d'autosatisfaction ? Dans le cas de la prévention de la dégradation de l'environnement, la réussite est très incertaine et il semble qu'il faille déployer beaucoup d'efforts pour sauver la nature. Bien que nous puissions en retirer une grande satisfaction personnelle, la récompense semble trop lointaine ; l'attitude de découragement semble donc plus économique. Nous ferions mieux de nous abstenir d'investir nos énergies dans une cause perdue.

L'attitude du *karma* yogi est différente. Le *karma* yogi ne demande pas de récompense mais fait simplement quelque chose parce que c'est la bonne chose à faire pour servir Dieu. Cette planète appartient à Dieu. Nous n'avons pas le droit de la détruire. La nature est d'une beauté à couper le souffle. Nous pouvons y voir la beauté de Dieu où que nous regardions. Par conséquent, la question de savoir si nous réussissons ou non n'a pas lieu d'être. C'est simplement la bonne chose à faire. Même si le *karma* yogi meurt en échouant dans ce qu'il essaie d'accomplir, cela n'a pas d'importance. Ce qui compte, c'est qu'il est mort en faisant ce qu'il fallait faire.

Avec cette attitude et ce processus en place, nous pratiquons finalement le *jnana*, le yoga de la connaissance du soi, de la conscience. Son but n'est pas de devenir inactif, mais de réaliser que l'auteur de l'action n'est pas nous, mais la *prakriti*, la force créatrice divine, c'est-à-dire de reconnaître que c'est le Divin qui nous anime. Ce type de yoga vise à connaître, expérimenter et voir de plus en plus d'aspects du Divin. Plus nous voyons et apprécions véritablement le Divin dans sa totalité, plus l'amour authentique que nous lui portons peut grandir. Sans interrompre notre *karma* et notre *jnana* yoga, nous finissons par voir, aimer et adorer l'Être suprême dans tout ce que nous rencontrons, voyons et faisons, dans un acte d'abandon total au Divin, ce qui est le *bhakti* yoga.

Dans ce volume, j'ai placé la *bhakti* au premier plan, mais je soutiens le point de vue de Shri Narada et de Shri Aurobindo selon lequel il est préférable de ne pas pratiquer la *bhakti de* manière isolée. C'est pourquoi, après le chapitre sur la *bhakti*, j'ai inclus des chapitres détaillés sur le *karma*, le *jnana* et le *raja* yoga, expliquant comment leur pratique soutient et renforce la *bhakti*.

DÉFINITION DE LA BHAKTI

Bhakti signifie adoration, amour et abandon au Divin. Le terme vient de la racine verbale sanskrite *bhaj* - diviser. Il est également utilisé dans le terme *baksheesh*, utilisé pour demander l'aumône ; dans ce contexte, il signifie "divisez ce que vous avez et partagez-le avec moi". Dans la *bhakti*, notre objectif n'est pas de nous unifier avec le Divin, mais de communier avec Lui. Nous voyons que nous avons un noyau divin, déjà un avec Dieu, le soi ou la conscience. Mais nous voyons aussi que notre moi de surface, c'est-à-dire notre corps-esprit égoïque, est largement inférieur en puissance au moi de surface de Dieu, l'univers matériel étant le corps cristallisé de Dieu portant en lui une infinité d'êtres qui sont tous des calculs et des émanations de Dieu.

C'est pourquoi nous ne nous faisons pas d'illusion sur l'impossibilité d'une véritable union avec le Divin. Ce qui est possible, c'est de consacrer notre moi superficiel et notre moi profond à un service et à une adoration éternels et aimants du Divin. Shri Ramakrishna a exprimé la différence en disant : "Je ne veux pas être du sucre, mais je veux goûter du sucre". Cent quarante ans se sont écoulés depuis cette phrase, et aujourd'hui, notre enthousiasme pour le sucre a diminué pour des raisons de santé. Néanmoins, il voulait dire que l'on ne pouvait plus goûter le sucre si l'on devenait du sucre. Il en va de même pour le Divin. Si vous pouviez devenir le Divin, vous ne pourriez plus le contempler et l'adorer. Cette contemplation et cette adoration du Divin constituent la voie de la *bhakti*.

Le théologien hindou du XIe siècle Shri Ramanujacharya (Ramanuja en abrégé) a enseigné avec éloquence, à travers sa doctrine de l'identification dans la différence (*beda-abeda*), que l'identité avec le Divin (par le fait que notre moi profond est identique à l'aspect transcendantal du Divin) et la différence par rapport au Divin (consistant en la différence entre notre moi de surface et l'aspect immanent du Divin) doivent être perçues simultanément et côte à côte. Le *Bhagavata Purana* définit également la *bhakti* comme l'engagement dans un service permanent au Divin plutôt que de viser la *moksha* (libération), la libération du cycle

des renaissances.[148] Le *Bhagavata Purana* appelle *bhakti* le cinquième *purushartha* (objectif humain). Les quatre objectifs humains orthodoxes sont :
- *Artha*, acquisition de richesses
- *Kama*, plaisir et satisfaction sexuels
- *Dharma*, l'action juste/la droiture, qui s'applique toujours, en particulier lorsqu'il s'agit d'acquérir *artha* et *kama*.
- *Moksha*, la libération spirituelle et l'affranchissement du cycle des renaissances

Le *Bhagavata Purana* ajoute la *bhakti* comme cinquième objectif humain, affirmant que le service aimant et dévoué au Suprême est le plus important des cinq et la plus haute destinée de l'esprit individuel (*jiva*).

Le *Bhagavata Purana* explique en outre que *la bhakti* implique la concentration de l'ensemble du psychisme, habituellement engagé dans la connaissance des objets sensoriels, sur l'Être suprême sans demander de récompense.[149] Le thème de la non-demande de récompenses est abordé plus en détail ultérieurement. Dans la *Bhagavad Gita*, il est question d'abandonner les fruits (c'est-à-dire la récompense) de ses actions au Divin. La concentration de toute la psyché sur l'Être suprême est une chose que seuls les *bhaktas* les plus avancés peuvent faire sans entraînement supplémentaire. Aurobindo confirme l'importance de cette capacité en disant que *manana* et *darshana*, la pensée constante du Divin en toutes choses et sa vision toujours et partout, sont essentielles à la voie de la dévotion.[150] La

---

148 Swami Tapasyananda, *Srimad Bhagavata*, vol. 1, xxxiv
149 *Bhagavata Purana* III.25.32-33
150 Sri Aurobindo, *The Synthesis of Yoga*, p. 601

plupart d'entre nous n'auront pas encore atteint un tel état d'exultation. Le chapitre 6 de la *Bhagavad Gita*, le chapitre sur le *Raja* Yoga, traite de l'utilisation des méthodes de yoga pour concentrer l'esprit. Le *Bhakti Sutra* de Narada définit la *bhakti* comme la consécration de toutes les activités au Divin, en utilisant l'abandon[151] Il est donc cohérent avec les deux autres textes, la *Bhagavad Gita* et le *Bhagavata Purana*.

QUALITÉS ET ATTITUDES FAVORABLES À LA BHAKTI

Officiellement, il n'y a pas de conditions préalables à la *bhakti*. La *Bhagavad Gita* affirme que même un pécheur endurci atteint la *bhakti* s'il en vient à éprouver un amour inébranlable pour le Divin.[152] Dans la strophe suivante, Krishna explique en outre que cet amour inébranlable pour Lui (par le contact divin) transformera n'importe quel misérable en une personne juste.[153] C'est la théorie. En pratique, de nombreuses qualités et attitudes nous font progresser dans la *bhakti* ; sans elles, nous n'allons nulle part de façon pressante, et encore moins sur le chemin de la *bhakti*. Ces qualités sont énumérées dans le chapitre 12th de la *Gita*, le chapitre sur le *Bhakti* Yoga. Examinons-les maintenant.

Krishna déclare que ceux qui sont supérieurs en yoga et dont l'esprit est intensément concentré sur Lui avec un flux constant d'amour, L'adorent avec une *shraddha* complète.[154] Le terme *shraddha* est complexe et souvent tronqué par le terme anglais faith (foi). Mais la foi ne traduit pas le caractère sublime du terme sanskrit. Je dirais même

---

[151] Swami Tyagisananda, *Narada Bhakti Sutras*, p. 19
[152] *Bhagavad Gita* IX.30
[153] *Bhagavad Gita* IX.31
[154] *Bhagavad Gita* XII.2

que dès que l'on a accepté de traduire *shraddha* en foi, le pouvoir de transformation de *shraddha* ne nous est plus accessible. Je traiterai ici de la *shraddha*, mais j'ai écrit une section supplémentaire à ce sujet au chapitre 10. Aurobindo a souligné que *la shraddha* a un aspect passé, qu'il appelle le souvenir d'avoir émané du Divin, et une composante future, l'intuition que nous retournerons au Divin lorsque notre travail ici sera terminé. La meilleure traduction de *shraddha* est donc intuition-souvenir. Je préfère utiliser l'original *shraddha*, mais il y a toujours le risque de surcharger ce texte de sanskrit, et donc de vous aliéner, cher lecteur.

Quelques strophes plus loin, Krishna nous exhorte à concentrer notre esprit sur Lui seul et à laisser notre intellect pénétrer en Lui, ce qui, combiné, conduira à l'abstinence permanente en Lui.[155] J'ai utilisé le terme anglais intellect pour traduire le sanskrit *buddhi*. D'autres options seraient l'intelligence ou la raison. Krishna encourage certainement la pensée critique ici, car nous devrions utiliser notre intelligence critique pour comprendre l'Être Suprême autant que possible. Le fait qu'il ne s'agit pas d'un malentendu apparaît clairement à la fin de la *Gita*, dans l'une des dernières strophes. Krishna conclut qu'il nous a transmis l'enseignement le plus secret de tous les secrets (c'est-à-dire l'enseignement de la *Gita*). Il nous propose d'y réfléchir de manière critique et d'agir ensuite comme bon nous semble.[156] Faire ce que l'on juge bon signifie le prendre ou le laisser, mais agir selon sa propre compréhension et pas seulement parce que je le dis.

En raison de l'importance accordée par Krishna à notre intelligence critique, la lecture de *shraddha* comme foi n'a

---

155 *Bhagavad Gita* XII.8
156 *Bhagavad Gita* XVIII.63

pas de sens. Le terme foi, par exemple, est utilisé dans le contexte de la foi aveugle. Ici, il signifie l'adhésion aveugle à un dogme, alors que nous devrions en savoir plus. Un autre contexte est présenté dans le terme "bonne foi". Nous disons généralement que nous avons agi de bonne foi si nos actions étaient imparfaites, mais que la raison pour laquelle elles étaient imparfaites ne nous était pas connue à l'époque. Cela signifie donc que nous aurions dû faire un effort déraisonnable pour découvrir ce qui s'est passé ; par conséquent, la bonne foi est censée nous indemniser du démérite accumulé du fait de ne pas avoir fait cet effort déraisonnable.

Mais c'est précisément cet effort déraisonnable que Krishna veut que nous fassions lorsqu'il dit : " Laissez votre intellect pénétrer en Moi " et " réfléchissez à l'ensemble de cet enseignement secret et faites ensuite ce que vous jugez bon ". Mais pourquoi devrions-nous nous donner la peine de faire un effort déraisonnable avec notre intelligence pour Le comprendre ? Swami Tapasyananda, traducteur de la *Bhagavad Gita* et du *Bhagavata Purana*, répond à cette question en disant que si nous ne savons pas quel est notre lien avec l'Etre Suprême, l'amour pour Lui ne peut pas devenir ferme et constant.[157] On ne saurait mieux dire. Notre amour pour l'Être suprême vacille et nous luttons avec la *bhakti* précisément parce que nous ne connaissons pas et ne comprenons pas notre lien avec l'Être suprême. Et si nous le connaissons, nous avons au moins tendance à l'oublier fréquemment.

Poursuivons notre enquête sur les qualités et les attitudes du *bhakta* énumérées au chapitre 12 de la *Gita*. Krishna dit que ceux qui Lui sont chers ne font peur à personne et que personne ne peut les effrayer. Ils sont exempts d'émotions

---

[157] Swami Tapasyananda, *Srimad Bhagavad Gita*, p. 256

intenses telles que l'euphorie, la colère et l'excitation.[158] Notre besoin de dominer les autres et donc de les intimider et de les effrayer provient d'une peur profonde des autres. Nous devançons leurs attaques en les attaquant en premier. Ainsi, celui qui effraie les autres est celui qui a peur lui-même. La deuxième partie de la strophe montre que Krishna comprend ce que nous appellerions aujourd'hui le trouble de la personnalité borderline ou le trouble de la régulation émotionnelle. Dans les affres de ce trouble, nous sommes dépendants de la production d'émotions intenses, car sinon nous ne pouvons pas nous sentir nous-mêmes. Nous ne pouvons pas nous sentir importants et pensons qu'il ne se passe pas assez de choses dans notre vie pour que nous nous sentions vraiment vivants. Parce que Krishna comprend cet état, il veut que nous prenions de la distance par rapport à notre moi de surface, ce qui implique que nous puissions observer nos pensées et nos émotions comme s'il s'agissait d'animaux faisant les cent pas dans un enclos.

Krishna ajoute les qualités suivantes :[159]
- l'absence de désir (prendre les choses comme elles viennent et ne pas s'inquiéter des choses que nous n'avons pas actuellement),
- la pureté (s'abstenir de pensées et d'émotions toxiques),
- la débrouillardise (confiance dans le fait qu'en cas de besoin, il nous enverra les compétences nécessaires),
- le détachement (la capacité à se défaire de ce que l'on est sur le point de perdre),

---

158 *Bhagavad Gita* XII.15
159 *Bhagavad Gita* XII.16

- l'absence d'inquiétude (la pire chose qui puisse arriver est de mourir, mais si c'est le cas, nous retournons dans son étreinte)
- se défaire de l'égocentrisme (bien que nous pensions être ici à cause de nous-mêmes, nous ne sommes qu'une des infinies permutations de Lui, à travers lesquelles Il fait l'expérience du cosmos. La meilleure stratégie consiste donc à accorder peu d'importance à nous-mêmes).

Dans la strophe XII.17, Krishna nous demande de nous défaire de notre tendance à rechercher l'agréable et à éviter le désagréable. Ce lâcher-prise est quelque chose que nous pouvons facilement faire. N'importe quelle mère nettoiera toujours les crottes de son bébé, nourrira l'enfant qui pleure, fera la vaisselle, ira faire les courses, etc. Pourtant, aucune de ces tâches n'est agréable en soi. En fait, dans leur accumulation, nous pourrions les qualifier de corvées abrutissantes. Au lieu de cela, nous préférons peut-être nous asseoir dans les Bermudes, regarder le coucher de soleil et siroter des Martinis. Mais ce n'est pas ce que pense une mère. Sans rancune, elle fera tout ce qui est nécessaire simplement parce que la tâche est devant elle, qu'elle est présente et qu'elle doit être accomplie. C'est l'attitude que Krishna veut nous voir adopter. Il est intéressant de noter qu'une partie des attitudes de *bhakti* que Shri Narada énumère dans son *Bhakti Sutra* est celle d'un parent envers le Divin. Bien que cela puisse être irréalisable au début, l'altruisme d'une mère reflète le mieux l'attitude que le *bhakta* devrait avoir envers le monde entier.

Krishna étend ensuite cette attitude au concept de *samah*, d'égalité ou d'équanimité.[160] Il veut que nous réagissions avec

---

160 *Bhagavad Gita* XII.18-19

CHAPITRE 4

équanimité envers nos amis et nos ennemis, que nous soyons égaux dans l'honneur et l'insulte, semblables dans la chaleur et le froid, égaux dans la louange et le blâme. Habituellement, nous séparons ces paires en deux catégories : l'une que nous trouvons agréable et l'autre à laquelle nous sommes opposés. Krishna dit ici que ces deux catégories sont en constante évolution et que le mélange que nous obtenons échappe à notre contrôle. Nous pouvons faire le meilleur effort possible, mais une fois que nous l'avons fait, nous devons faire face avec sérénité aux victoires et aux défaites que la vie nous réserve et, en fin de compte, les voir et les accepter comme étant le résultat de nos actions antérieures et du jeu du Divin. Dans les deux cas, après avoir fait de notre mieux, nous devons les accepter comme étant ordonnés, cesser d'en parler et continuer notre vie et nos devoirs.

Krishna nous demande d'accomplir notre travail pour Le servir, de Le considérer comme notre destination et notre but, et de renoncer à l'attachement et à l'antagonisme envers n'importe laquelle de Ses créatures.[161] Nous pouvons nous attacher à d'autres êtres ou les contrarier pour diverses raisons. Krishna nous demande de ne les voir que comme des permutations de Lui-même. S'ils viennent à nous, nous les traitons avec amitié ; s'ils nous évitent, nous l'acceptons ; s'ils cherchent le conflit avec nous, nous ne leur rendons pas la pareille. Nous essayons plutôt de désamorcer la confrontation en cherchant à savoir pourquoi ils se sentent menacés par nous, et surtout, nous ne déclenchons jamais de conflit de notre côté.

Un aspect essentiel de la *bhakti* est notre capacité à nous abandonner. Selon le *Bhakti Sutra* de Narada, les vrais *bhaktas* ne sont pas les auteurs de leurs propres actions et n'agissent

---

[161] *Bhagavad Gita* XI.55

pas en vue d'un gain quelconque.[162] Ils s'abandonnent plutôt comme des feuilles déplacées par le vent du Divin. Shri Aurobindo confirme cela en disant que le yogi doit s'effacer et laisser le Divin reprendre le yoga à travers nous.[163] Alors que nous appelons cette attitude l'abandon, Aurobindo enseigne qu'il ne s'agit pas d'un lâcher-prise passif, mais qu'il a lieu en alignant notre être et notre volonté. Quand Aurobindo utilise le terme de volonté, il ne parle pas de quelque chose que nous utilisons pour notre égoïsme, que nous pouvons appeler choix, mais d'une force supérieure naturellement alignée sur Dieu. Aurobindo croit qu'il n'y a qu'une seule volonté : La volonté de Dieu. Par conséquent, si nous activons cette volonté qui nous aligne sur le Divin, nous nous ouvrons à la grâce.

Le *Bhakti Sutra* de Narada confirme que la grâce de Dieu est toujours présente ; seul l'ego nous empêche de la recevoir.[164] Il s'agit d'une prise de conscience fondamentale. Parce que nos concepts du Divin sont encore obscurcis par l'anthropomorphisme, nous imaginons Dieu comme un humain géant doté d'un ego qui peut, par caprice, refuser sa grâce à quelqu'un dont il n'aime pas le visage. Mais Dieu n'est pas humain et n'a pas d'ego pour refuser sa grâce. Dieu est pur amour, acceptation et affirmation de la vie ; par conséquent, la grâce est diffusée à tous les êtres, en tout lieu et à tout moment. C'est notre ego individuel qui nous empêche de recevoir la grâce. Toute la *bhakti* consiste à mettre notre ego à l'écart afin de pouvoir recevoir la grâce que le Divin diffuse en permanence. L'objectif est que le Divin accomplisse le yoga à travers nous plutôt que notre ego. L'ego rend le yoga

---

162 Swami Tyagisananda, *Narada Bhakti Sutras*, p. 81
163 Sri Aurobindo, *The Synthesis of Yoga*, p. 629
164 Swami Tyagisananda, *Narada Bhakti Sutras*, Sri Ramakrishna Math, Chennai, 2001, p. 124

CHAPITRE 4

plus difficile parce qu'il essaie d'accumuler des bénéfices et des avantages pour nous, souillant ainsi l'esprit du yoga.

Je terminerai cette section en énumérant les qualités nécessaires à la *bhakti*, énoncées par Shri Ramanujacharya, théologien hindou du XIe siècle. Ramanuja les énumère comme suit:

- la discrimination (capacité à différencier le réel de l'irréel et l'essentiel du non-essentiel)
- l'absence de désir (les désirs s'opposent à la reddition parce qu'ils impliquent que nous continuons à suivre notre propre agenda)
- la pratique (*la bhakti* a une composante active et ne consiste pas seulement à se laisser aller et à s'abandonner)
- le service aux autres (être serviteur du Divin signifie être serviteur de tous les êtres ; cela nous aide à dépasser notre égocentrisme)
- la pureté (le fait de ne pas s'engager dans des toxines mentales, émotionnelles, spirituelles et physiques)
- absence de besoin de divertissement (lorsque l'on communie avec le Divin, aucun divertissement n'est nécessaire ; le fait d'insister pour être diverti implique une résistance à la communion avec le Divin)

Bien entendu, Ramanuja place la barre très haut, et cette liste reflète les normes élevées des anciennes autorités de *la bhakti*. Présenter une telle liste à des lecteurs modernes peut les décourager parce qu'ils peuvent percevoir un tel niveau comme inatteignable. J'ai néanmoins présenté cette liste pour deux raisons. La première peut être qualifiée d'archéologique, ce qui signifie que je veux présenter avec précision les racines historiques de la *bhakti* et montrer à quoi elle ressemblait. La seconde raison peut être qualifiée d'approche graduelle. Bien que l'on puisse se sentir inadéquat face à ces exigences et rechigner, dans un esprit d'acceptation et d'analyse de soi, la liste est néanmoins utile. Je la lis de temps en temps et je trouve toujours un domaine ou un autre où je pourrais faire mieux sans me rabaisser. Je considère la liste de Ramanuja non pas comme une condition préalable à remplir avant de commencer la *bhakti*, mais comme une liste dynamique que je peux utiliser pour évaluer mes progrès au fur et à mesure que je mûris.

TYPES ET FORMES DE BHAKTI

Cette section traite des formes traditionnelles de *bhakti* yoga, c'est-à-dire de la manière dont *la bhakti* était enseignée dans le passé. Les approches varient considérablement et, selon le *Bhagavata Purana*, cela est dû au fait que les attitudes et les tendances des *bhaktas* individuels diffèrent en fonction de la dominance de certains *gunas* (qualités, c'est-à-dire le mélange d'intelligence, d'énergie et de masse d'une personne ou d'un objet) en eux.[165] Pour simplifier cette affirmation, différentes personnalités ont besoin de différents types de pratiques de *bhakti*. La liste des formes de *bhakti* est *définie dans le Bhagavata Purana par ce* que l'on appelle les neuf membres de la *bhakti*.[166] Ils consistent en :

- *Shravana* : Entendre les exploits du Divin, généralement sous la forme d'*avatars*. Ce membre est appelé "écoute" parce que les récits étaient transmis oralement à l'époque. Dans le monde d'aujourd'hui, nous attribuerions à ce membre la lecture des textes

---

165 *Bhagavata Purana* III.29.7
166 *Bhagavata Purana* III.25.25

sacrés. La lecture a constitué mon premier contact avec la *bhakti*. Elle est cruciale lorsque nous voulons choisir notre *ishtadevata*, qui est pour nous la forme appropriée du Divin dans le but de l'adorer. Patanjali dit dans le *Yoga Sutra* que nous découvrons la forme divine qui nous convient en lisant les textes sacrés (des différents *ishtadevatas*).

- *Kirtana* : Il s'agit du chant et de l'hymne de *mantras*, etc., associés à une forme appropriée du Divin. Il est souvent pratiqué en groupe et est donc particulièrement utile pour les extravertis qui trouvent difficile la méditation solitaire sur le Divin.
- *Smarana* : Le souvenir du Divin. Cet aspect important devrait être pratiqué tout au long de la journée et chaque fois que cela est possible. C'est l'intervention idéale en cas de crise. Chaque fois que vous vous trouvez dans une situation critique, rappelez-vous que, quoi que vous fassiez, vous le faites pour Dieu et non pour vous-même. Je me suis entraîné à me souvenir du Divin avant de m'endormir, lorsque je me réveille et chaque fois que je dois me réveiller la nuit. J'ai trouvé cette pratique extrêmement utile. Bien que le souvenir se fasse généralement à l'aide d'une icône, c'est-à-dire d'une image simplifiée, il est bon de se souvenir au moins une fois par jour de l'Être suprême dans sa totalité, c'est-à-dire des différents aspects du Divin, tels que le Dieu transcendant en tant que conscience infinie, le Dieu immanent en tant qu'intelligence cosmique, l'univers en tant que corps cristallisé du Divin, tous les êtres et tous les objets en tant qu'expressions du potentiel créatif illimité du Divin. Une forme traditionnelle de pratique consiste à se souvenir en prononçant les noms du Divin par le biais du *mantra japa*.

- *Padasevana* : Service aux pieds du Divin, mais aussi voir le monde entier comme une partie (*pada*) du Divin et servir le Divin à travers tous les êtres. Comme nous jouons tous des rôles différents dans le monde, notre *padasevana* peut varier énormément. Il s'agit de faire l'expérience de notre *svabhava* (loi de notre propre être) et de notre *svadharma* (loi de notre propre devenir) dans la méditation et de consacrer toutes nos actions au Divin. Le chapitre suivant, celui sur le *karma* yoga, explorera pleinement ces concepts. Idéalement, notre activité professionnelle est exercée dans l'esprit d'une offrande au Divin.
- *Archana* : Adoration rituelle. *L'archana* implique une offrande rituelle au Divin, généralement devant une image visuelle du Divin. Je pratique cela en faisant mon yoga, y compris les *asanas*, le *pranayama*, la méditation, etc., toujours devant une représentation visuelle du Divin dans l'esprit d'une offrande. Cela crée l'esprit de faire du yoga non pas pour soi, mais comme un don au Divin. Un symbole peut être approprié pour ceux qui ne peuvent pas représenter visuellement le Divin. L'essentiel est d'exécuter toute version d'*archana* avec un sentiment authentique d'amour pour le Divin. Si cela devient un rituel vide, alors c'est mort. La différence devient évidente lorsque nous ne pouvons plus voir Dieu dans les personnes avec lesquelles nous avons des relations compliquées, en particulier les ennemis ou les personnes envers lesquelles nous nous sentons en conflit. C'est dans ces personnes que nous avons le plus besoin de voir Dieu.
- *Vandana* : Salutation. Lorsque nous saluons un autre être les mains jointes, nous devons consciemment

saluer le Divin qui est en lui. C'est le pouvoir de dire *namaste* ; cela signifie que je salue le Dieu qui est en vous parce que je peux voir le Dieu qui est en vous. En outre, si je ne vois pas Dieu en vous, je me le rappellerai jusqu'à ce que je le voie. Cela signifie également que nous devrions voir Dieu dans le soleil, la lune, le ciel étoilé, les nuages, l'océan, les rivières et les lacs, les chaînes de montagnes, les forêts, les arbres et les animaux. Idéalement, nous nous tenons chaque jour dans l'admiration et le ravissement devant l'ensemble de la nature, qui est le corps cristallisé de Dieu, avec tous ses êtres à l'intérieur. C'est la meilleure approche pour *Vandana*.

- *Dasyam* : Servitude, esclavage. C'est ici que commencent les niveaux les plus avancés de la *bhakti*. Nous cultivons l'attitude de serviteur ou, plus radicalement, d'esclave du Divin. C'est une pratique essentielle pour réduire l'emprise de l'ego sur nous. Le *bhakta* accepte avec gratitude toute forme d'humiliation ou de honte. Dans ces situations, il est sain de voir notre ego se froisser et se tortiller comme un ver dans la boue et de pratiquer la distance et la désidentification par rapport à l'ego. Krishna dit que celui qui est le même dans la gloire et la honte est un yogi. Nous ne sommes pas ici pour gouverner et dominer, mais pour servir.

- *Sakhyam : La camaraderie* avec le Divin, mais aussi toutes les autres formes de relations que nous pouvons avoir avec le Divin, y compris le fait d'être son compagnon de jeu, son amant ou même son parent. Cela exige des niveaux avancés d'exultation de la part du dévot et il est préférable de le laisser pour plus tard.

- *Atmanivedana* : L'abandon total au Divin. Le sommet de la *bhakti*, décrit dans les strophes finales du chapitre 18th de la *Bhagavad Gita*. J'y reviendrai plus loin dans le chapitre consacré au but de la *bhakti*.

La liste ci-dessus du *Bhagavata Purana* est généralement appelée les neuf membres de la *bhakti*. Elle porte également un autre nom, *saguna bhakti*, qui est la *bhakti* avec forme.[167] Avec forme ici parce que les neuf membres impliquent que nous nous engagions dans une pratique formelle du yoga. La *bhakti saguna* est ensuite juxtaposée à la *bhakti nirguna* (sans forme), également connue sous un second nom, *prema bhakti*, c'est-à-dire la dévotion amoureuse. La *prema bhakti* est considérée comme appropriée pour les âmes plus avancées. Il s'agit de la pratique d'une dévotion spontanée et aimante envers le Divin, qui ne nécessite pas le soutien des membres susmentionnés. Ce fait est également reconnu par le *Bhakti Sutra* de Narada, qui affirme que *la bhakti*, c'est-à-dire la dévotion, n'est qu'un moyen à distinguer de l'amour suprême (*prema*).[168] Cela signifie que Narada considère la *bhakti* comme la pratique et *prema*, l'amour, comme le but.

La liste ci-dessus des neuf membres de la *bhakti* apparaît à plusieurs reprises dans le *Bhagavata Purana*. Elle est également mentionnée lorsque l'empereur démon Hiranyakashipu demande à son fils quelles sont les meilleures leçons qu'il a apprises au cours de l'éducation qui lui a été dispensée.[169] Cependant, le *Bhagavata Purana* propose également une discipline dévotionnelle tronquée

---

167 *Bhagavata Purana* III.32.37
168 Swami Tyagisananda, *Narada Bhakti Sutras*, p. 132
169 *Bhagavata Purana* VII.5.23-24

à six membres, comprenant la salutation, la louange, la consécration de toute action, le service et l'écoute.[170] Cette liste introductive omet principalement les trois derniers aspects plus avancés de la liste à neuf membres.

Le *Bhakti Sutra de* Narada choisit une méthode de classification différente et aboutit à 11 types de *bhakti*.[171] Ils sont :
- glorifier le divin
- reconnaître la beauté du divin
- culte
- souvenir
- service
- être un ami du Divin
- prendre le rôle d'un enfant du Divin
- prendre le rôle d'époux ou d'amant du Divin
- abandon total
- absorption complète
- ressentir la douleur de la séparation d'avec le Divin

La liste du *Bhagavata Purana* contient des exemples de glorification du Divin, d'adoration, de souvenir, de service et d'abandon total. Le fait d'être un ami, un enfant ou un amant du Divin peut être pratiqué par un dévot particulier parce que cela correspond à sa nature. Dans le *Mahabharata*, Arjuna était l'ami de Krishna. Les *gopis* de Vrindavan entretenaient une relation érotique avec Krishna, qui n'a cependant jamais été consommée charnellement. Shri Ramakrishna a proclamé que le fait d'accepter le rôle d'enfant du Divin convenait à tous, bien qu'il ait eu des phases où il assumait également d'autres rôles. Il n'y a aucune restriction à rester dans l'une ou l'autre de

---

170 *Bhagavata Purana* VII.9.50
171 *Narada's Bhakti Sutra*, strophe 82

ces attitudes. Ce qui est essentiel, c'est que l'on parvienne à se rapprocher du Divin.

Certains commentateurs limitent la phrase du *Bhagavata Purana* "reconnaître la beauté du Divin" à la reconnaissance de la beauté envoûtante de Krishna. Mais en même temps, il est dit à chaque tournant que l'univers entier doit être considéré comme le corps du Divin. En d'autres termes, nous devons reconnaître la beauté du Divin dans toute la nature. Aujourd'hui, nous sommes nombreux à percevoir la beauté de la nature, mais souvent, nous ne réalisons pas que cette beauté de la nature est une projection de la beauté intérieure du Créateur divin et de la Force créatrice (Shakti). Nous, les humains, ne serions pas capables de reconnaître cette beauté et cette perfection si le Divin ne nous avait pas inculqué son sens de la beauté. Par conséquent, il ne suffit pas de voir quelque chose comme beau ; nous devons également voir que cela représente la beauté essentielle de Dieu.

L'absorption complète dans le Divin peut être atteinte par ceux qui pratiquent le *samadhi* formel sur le Divin. Ramanuja recommande cette voie et Patanjali dit également dans le *Yoga Sutra* que le pouvoir d'absorption (*samadhi*) vient de l'abandon au Divin.[172] Il s'agit d'une méthode avancée pour ceux qui pratiquent le yoga de concentration formel (*Raja Yoga*). Alors que Patanjali est plus libéral en ce qui concerne les objets potentiels de méditation ou de concentration, Ramanuja n'accepte que le Divin comme objet de méditation.

Cette absorption est une technique qui convient aux adeptes des exercices formels de concentration et de méditation, c'est-à-dire à ceux qui sont enclins *au Raja Yoga*. Ressentir la douleur de la séparation d'avec le Divin est pour ceux qui ont un tempérament émotionnel

---

172 *Yoga Sutra* II.43

prédominant, c'est-à-dire les *bhaktas*. Rappelons toutefois que pour un succès rapide, toutes ces techniques sont combinées et intégrées au *jnana* et au *karma* yoga. Nous ne devrions pas laisser de telles étiquettes nous empêcher de pratiquer un *Maha* Yoga complet et intégré (le grand yoga universel qui englobe toutes les disciplines yogiques).

Dans le *Bhagavata Purana*, nous rencontrons des personnages comme Vidhura ou Udhava, dont les visages sont inondés de larmes chaque fois qu'ils rencontrent ou disent au revoir à Krishna. De même, l'extase ou la concentration extrême peuvent nous transporter dans un état d'exultation, tout comme le chagrin extrême et les affres de la séparation. Un autre représentant de l'école émotionnelle de la *bhakti* fut le mystique bengali Chaitanya Mahaprabhu, qui enseigna la *prema priti bhakti*, l'amour renonçant à soi-même et le service joyeux.[173] Il a également enseigné que la forme la plus élevée de *priti bhakti* a le caractère d'un amour illicite car, comme les *gopis*, vous risquez tout, y compris la censure de la société, en raison de votre folie divine. De plus, la *priti bhakti* se décline en 8 étapes.[174]

D'autre part, Shri Aurobindo enseigne que *la bhakti* combinée au *jnana*, c'est-à-dire à la connaissance du Divin, est la *bhakti* la plus élevée.[175] Ce point de vue est soutenu par de nombreux théologiens indiens, dont Madhusudana Sarasvati, qui a enseigné que *la bhakti* doit être soutenue par la connaissance du Divin et de ses attributs.[176] Toutes les écoles de *bhakti* ont cependant un point commun : dans son développement le plus élevé, qu'il soit combiné avec le *jnana* ou une émotivité

---

173 Swami Tapasyananda, *Srimad Bhagavata*, vol.3, p. 16
174 Swami Tapasyananda, *Srimad Bhagavata*, vol.3, p. 20
175 Sri Aurobindo, *Essays on the Gita*, p. 284
176 Swami Tapasyananda, *Srimad Bhagavata*, vol.3, p. 16

extrême, le *bhakta* ne demande pas de récompense, telle que la libération, mais veut seulement rendre service au Divin.

CONSECRATION

L'initiation au sanctuaire intérieur de la *bhakti* commence lorsque nous consacrons notre vie au Divin. La consécration signifie ici que nos actions sont faites avec Dieu à l'esprit et comme une offrande à Dieu. Cela ne signifie pas nécessairement que nous faisons des choses différentes, mais progressivement, avec tout ce que nous faisons, nous nous demanderons de plus en plus : est-ce que ce que je fais ici plaît réellement à Dieu ? Krishna dit qu'Il acceptera volontiers tout ce que nous Lui offrons avec sincérité, même simplement de l'eau ou une feuille. Ce n'est pas qu'un acte doive être fantaisiste, extrême ou farfelu ; ce qui compte, c'est la sincérité et l'attitude avec lesquelles nous l'accomplissons. C'est ce que dit le *Bhakti Sutra* de Narada, selon lequel le renoncement à son mode de vie antérieur signifie la consécration à Dieu de toutes les activités, y compris les activités séculières (mondaines).[177]

Le *Bhagavata Purana* abonde dans ce sens en affirmant que consacrer toutes les actions à Dieu signifie les présenter comme une offrande.[178] En faisant de nos actions une offrande, il est important que nous considérions et reconnaissions tous les êtres comme des enfants du Divin. Jésus-Christ dit à ce sujet : "Si vous déposez une offrande sur l'autel et que vous avez de la rancune contre votre frère dans votre cœur, votre offrande n'est pas la bienvenue car elle souillerait l'autel. Allez d'abord faire la paix avec votre frère, puis votre offrande sera la bienvenue".[179] Rappelez-

---
177 *Narada Bhakti Sutras*, strophe 8
178 *Bhagavata Purana* III.25.25
179 Matthieu 5:23-25

vous que Krishna a dit dans le douzième chapitre de la *Bhagavad Gita* que ceux qui lui sont chers traitent amis et ennemis de la même manière et ne craignent personne mais n'effraient personne non plus. Ce qui est nécessaire comme fondement de la consécration, c'est que nous voyons tout et tout le monde comme Dieu. La consécration est alors facile.

Dans le *Bhagavata Purana*, le Divin enseigne que nous devrions convertir tous nos efforts mondains pour avoir la satisfaction de Dieu comme objectif plutôt que de poursuivre notre propre agenda.[180] C'est ce qu'on appelle abandonner les fruits de ses actions, *tyaga-karma-phalah*. Dès que nous nous concentrons sur ce point, nous sommes libérés de la peur de l'échec. Le résultat de l'action est remis au Divin. Nous faisons de notre mieux et acceptons l'échec, le triomphe, la gloire ou l'humiliation, quels qu'ils soient.

Mais il existe un niveau de consécration encore plus élevé. Le *Bhagavata Purana* considère ce niveau supérieur lorsqu'il proclame que tout ce que nous faisons avec le corps, la parole et la pensée, nous devons l'offrir au Divin, à la fois en termes de résultat (fruit) et d'agence.[181] Cela signifie qu'il faut réaliser que c'est, en vérité, la force créatrice divine (Shakti ou *prakriti*) qui fait tout à travers nous et non pas nous. Krishna l'affirme dans la *Bhagavad Gita* en disant : "Toutes les actions sont faites par ma *prakriti*, seul un fou croit en être l'auteur".[182] Cette strophe, et beaucoup d'autres, déclarent que l'agence est avec le Divin et non avec nous. Pensez-y brièvement : lorsque vous mangez, métabolisez-vous les aliments consommés ? Non, le corps le fait même si vous êtes endormi. Respirez-vous à pleins

---

180 Swami Tapasyananda, *Srimad Bhagavad Gita*, Vol. IV, p. 66
181 *Bhagavata Purana* XI.2.36
182 *Bhagavad Gita* III.27

poumons ? Non, c'est le corps qui le fait, même si vous êtes inconscient. Votre cœur bat-il ? Il semble battre tout seul, la plupart du temps sans que nous en ayons conscience. Avez-vous des pensées ? Jusqu'à récemment, la plupart d'entre nous auraient répondu par l'affirmative, mais aujourd'hui, les neurologues nous disent que lorsqu'ils nous posent des questions alors que notre cerveau est branché, ils peuvent voir les neurones s'activer quelques secondes avant que nous ne prenions conscience d'une pensée ou d'un choix, c'est-à-dire que les pensées sont générées sans que nous en soyons conscients. Dans l'ensemble, tout cela signifie que nous ne sommes pas les acteurs, et qu'abandonner le sentiment d'agir est une attitude saine. L'abandon du sens de l'action est la dernière étape de la consécration, le moment où nous acceptons d'être influencés par Dieu, qui est l'acteur à travers nous. Lorsque nous l'acceptons entièrement et consciemment, nous pouvons devenir des vaisseaux conscients et des conduits pour le Divin.

LES RÉALISATIONS DE DIEU ET L'AMOUR INTELLECTUEL DE DIEU

Shri Aurobindo dit dans *Essais sur la Gita* que celui qui aime Dieu en tout, vit et agit en Dieu.[183] Mais comment aimer Dieu en tout ? Nous ne pouvons le faire que si nous connaissons et reconnaissons le Divin en tout et pour tout. Sinon, aimer Dieu en tout devient un dogmatisme sectaire qui ne changera pas notre personnalité et notre comportement. Krishna répond à la question de savoir comment nous pouvons aimer Dieu en tout, une réponse qui constitue le point culminant du sixième chapitre de la *Bhagavad Gita*. Il s'agit du chapitre sur le *Raja* Yoga et la méditation sur le Divin, mais il constitue également

---
183 Sri Aurobindo, *Essays on the Gita*, p. 246

CHAPITRE 4

la conclusion de l'ensemble des six premiers chapitres de la *Gita*. Krishna déclare que les yogis les mieux établis dans la communion avec Lui sont ceux qui, avec leur moi, pénètrent dans Son Être, mus par l'amour et le *shraddha* (intuition-souvenir).[184] Il nous exhorte à mettre notre *atman* (le moi) en communion avec l'Être divin par l'amour et la *shraddha*. Pour revenir au terme *shraddha*, il est souvent mal traduit par foi, mais comme Aurobindo l'a expliqué, il signifie se souvenir qu'avant de nous embarquer dans notre séquence presque infinie d'incarnations, couvrant plusieurs âges du monde, nous ne faisions qu'un avec le Divin. À l'autre extrémité de l'échelle temporelle, nous pouvons avoir l'intuition qu'après des milliards d'incarnations, nous retournerons dans l'étreinte du Divin. La combinaison du souvenir et de l'intuition est appelée *shraddha* (intuition - souvenir). Elle sert de boussole intérieure pour traverser l'océan de l'incarnation conditionnée.

Cette *shraddha*, combinée à l'amour, amène notre *atman*, notre moi intérieur, en communion (plutôt qu'en union) avec l'Être divin. Il est essentiel de faire la différence entre union et communion. L'union avec le Divin est l'état dans lequel nous nous trouvons avant et après nous être embarqués dans la séquence d'incarnations qui s'étend sur toute l'histoire du monde. Entre les deux, nous pouvons avoir des aperçus plus ou moins brefs de l'union, mais seulement pendant les états mystiques, lorsque l'ego et le mental sont temporairement suspendus. Parce que nous avons besoin de l'ego et du mental pour survivre et accomplir le but divin de nos incarnations, le plus haut niveau que nous puissions viser (tout en traversant notre cycle d'incarnations) est la communion. La communion signifie que notre moi profond est dans un état permanent

---

184 *Bhagavad Gita* VI.47

d'adoration béate du Divin, tandis que notre moi de surface continue à fonctionner et à servir le Divin dans le monde.

Cette communion avec l'Être divin est loin de la foi et de la croyance. Parce que la foi et la croyance sont des états statiques, non ouverts à la falsification (c'est-à-dire au fait de savoir quand on se trompe), elles conduisent souvent à des concepts erronés (comme celui qui consiste à croire que pour plaire à Dieu, il faut tuer les infidèles). De ce fait, elles peuvent être responsables des nombreuses atrocités qui ont été commises au nom de la religion dans les couloirs de l'histoire. Si nous nous appuyons sur la foi et les croyances, comment pouvons-nous savoir si elles sont mal orientées ? La prévalence des guerres saintes, des croisades, des brûlages de sorcières, des saintes inquisitions et des meurtres et tortures d'hérétiques et d'infidèles devrait nous montrer que la foi et la croyance ne suffisent pas. Ces erreurs historiques ne peuvent pas non plus être évitées par la seule *bhakti*, car nos propres émotions peuvent nous signaler que si nous aimons Dieu, nous devons montrer notre amour en tuant des infidèles. Mais ces aberrations peuvent être évitées en intégrant la *bhakti* dans la *jnana* (connaissance) et la *buddhi* (intelligence).

La *Bhagavad Gita* énumère trois types d'applications composées de *bhakti* et de *jnana*. Nous pourrions les appeler des réalisations de Dieu ou des révélations du Divin.[185] Elles sont appelées *ekatva-unité*, *prthaktva-différence* et *bahudha-multiplicité*. Ils doivent d'abord être réalisés de façon séquentielle, puis appliqués simultanément pour que notre *bhakti* reste libre de toute souillure égoïque. La souillure égoïque signifie ici que nous utilisons notre prétendue dévotion au Divin pour gagner du pouvoir, de la renommée

---

185 *Bhagavad Gita* IX.15

CHAPITRE 4

et de la richesse en manipulant les gens et en entrant en conflit avec d'autres, en invoquant des motifs religieux et spirituels.

Ekatva signifie voir l'unité du moi profond et non incarné, l'*atman*, avec l'aspect transcendantal du Divin. *Prthaktva* signifie savoir que nous différons de la force créatrice divine, la Shakti ou l'intelligence cosmique. La différence de puissance de feu entre la Shakti et notre propre intelligence, limitée à la puce entre nos deux oreilles, est énorme. De même, la différence de taille entre notre corps et le cosmos en tant que corps cristallisé de Dieu est évidente. Il existe une séparation nette entre ce que notre être matériel et intelligent peut faire et ce que l'être matériel et intelligent de Dieu, la Shakti, est capable de faire. La troisième réalisation de Dieu est *bahudha* - la multiplicité. Il s'agit de voir comment le Dieu immanent est devenu la multiplicité de tous les êtres et objets, réside en chacun d'eux, les anime et leur donne leurs caractéristiques. Notre *bhakti* ne peut être complète que si nous pouvons voir ces trois réalisations en permanence ou au moins nous rappeler leur validité avant de prendre des décisions cruciales.

En conclusion du chapitre 18th de la *Gita*, Krishna présente à nouveau les mêmes faits avec des mots différents.[186] Ici, Krishna nous dit de Lui abandonner mentalement les résultats et l'agence de toutes les actions, de pratiquer une dévotion intense et une communion d'amour intellectuel envers Lui et d'avoir notre esprit toujours concentré sur Lui. J'ai accepté avec gratitude la traduction de *buddhi yoga* par Swami Tapasyananda en tant qu'"amour intellectuel de Dieu". Ce terme magnifique a été adopté par le Swami fut trouvé par le philosophe hollandais Spinoza du 17th siècle. Ce terme implique que nous allons au-delà de la pâmoison

---

[186] *Bhagavad Gita* XVIII.57

émotionnelle de l'amour pour inclure le désir de connaître, de comprendre et d'appréhender Dieu autant que nous le pouvons (indépendamment du résultat). C'est pourquoi Krishna dit ailleurs : "Laissez votre esprit reposer sur moi et laissez votre intellect (*buddhi*) pénétrer en moi".

Le *Bhagavata Purana* soutient cette approche et illustre la version *bahudha* (multiplicité) de la *bhakti* mentionnée plus haut en suggérant que nous devrions reconnaître toute la nature, y compris le ciel, l'air, le feu, l'eau, la terre, les étoiles, les êtres vivants, les arbres, les rivières, les océans, comme le corps de Dieu et les saluer par des prosternations d'amour et de dévotion intenses en tant qu'émanations du Divin.[187] C'est cette attitude que les peuples indigènes ont longtemps pratiquée et pour laquelle l'humanité industrielle moderne les a ridiculisés en les traitant de sauvages. Même lorsque j'ai étudié la religion comparée dans les années 1980, l'animisme était encore considéré comme la religion des primitifs. Primitifs parce que nous estimons que notre image supra-cosmique et anthropomorphique d'un Dieu, créé à notre propre image, est tellement supérieure à la leur. Ce n'est qu'aujourd'hui que nous commençons à comprendre que c'est précisément cette crainte et ce respect avec lesquels les anciens primitifs regardent la nature qui nous empêchent de la maltraiter, de la contraindre et de la contrôler. Et c'est cet abus, cette contrainte et ce contrôle de la nature qui, en fin de compte, nous rapproche de l'abîme béant de l'holocauste environnemental et de l'écocide.

Bien sûr, il est possible de vivre en harmonie avec la nature et toute la création, et cela est favorisé par une dévotion aimante à l'esprit qui crée, soutient et existe en tout et pour tout. Cette dévotion aimante, *bhakti*, est possible en s'abandonnant à cet esprit. C'est ainsi que

---

[187] *Bhagavata Purana* XI.2.41

Shri Aurobindo affirme que parce que dans notre essence secrète, nous ne faisons qu'un avec le Divin, nous pouvons grandir et évoluer à sa ressemblance, c'est-à-dire l'imiter.[188] Dans un tel processus d'évolution, notre moi de surface devient informé par les diverses réalisations de Dieu dont nous faisons l'expérience, rayonnant vers la surface et informant notre moi de surface pour qu'il devienne aimant, solidaire, indulgent et compatissant envers tous. Au début, lorsque nous pratiquons la *bhakti*, nous pouvons penser principalement à obtenir et à recevoir des expériences.

Pendant une grande partie de ma vie, j'aurais pu être décrit comme un drogué de l'expérience mystique. Progressivement, cela se transforme en un intérêt pour le changement de notre nature inférieure, axée sur la survie, le succès, l'acquisition, l'ambition, la compétition, l'antagonisme et la rivalité, en un désir de contribuer au Divin. Aurobindo répond que notre salut (de notre moi de surface conditionné et robotique) ne peut venir sans notre évolution vers la nature divine.[189] L'amour du Divin est efficace parce qu'il nous permet d'évoluer vers la ressemblance de l'objet de notre adoration et d'appeler l'amour divin.

L'appel de l'amour divin est généralement appelé grâce. Rappelons l'énoncé *du Bhakti Sutra* de Narada, qui dit que la réalisation spirituelle est principalement due à la grâce du Divin, mise à notre disposition par notre propre effort, notre *sadhana* (pratique).[190] Bien que cela semble être une dichotomie à première vue, nous réalisons qu'en fin de compte, la réalisation spontanée et la grâce, ainsi que le travail préalable qui la rend possible, vont toujours de pair. Je tiens à souligner

---

188 Sri Aurobindo, *Essays on the Gita*, p. 424

189 Sri Aurobindo, *Essays on the Gita*, p. 423

190 Swami Tyagisananda, *Narada Bhakti Sutras*, p. 170

cette affirmation, car il est trop facile de la manquer. La grâce est essentielle à notre évolution, mais elle est sollicitée par notre pratique des techniques spirituelles, notre *sadhana*. C'est *la sadhana* qui nous transforme, et pas grand-chose d'autre.

L'AMOUR ET L'EXTASE À L'ÉTAT PUR

Si nous parvenons à voir Dieu dans chaque créature que nous rencontrons, cela affectera profondément nos interactions sociales. Cela transformera nos interactions sociales en offrandes d'amour pur à Dieu sans rien attendre en retour, comme l'affirme le *Bhakti Sutra* de Narada.[191] Il convient de noter que cette vision de Dieu partout n'est pas motivée par une récompense, mais que nous aimons parce que nous ne pouvons pas nous empêcher d'aimer Dieu. Cet amour nous remplit tellement qu'il déborde et doit trouver un exutoire. Un tel amour ne peut être suscité par une simple décision. Il est produit par l'étude, la compréhension et l'acceptation de la philosophie de la *bhakti* et par la réalisation produite par la *sadhana* (la somme totale de vos pratiques de yoga) - plus d'informations à ce sujet dans les chapitres suivants.

Shri Aurobindo définit *prema*, l'amour divin, comme le maintien de l'extase de la vision du Divin. Ce maintien implique un acte de mémoire constant ou répété tout au long de la journée. Pour ce faire, nous devons nous concentrer sur l'aspect transcendantal du Divin, la conscience infinie, qui se manifeste dans un nombre infini d'êtres via le Dieu immanent en tant que processus. Ce processus se développe constamment sans jamais rester le même. Bien qu'il apparaisse fragmenté en une multiplicité de formes, le Dieu transcendant reste toujours inchangé. C'est ce que dit Krishna. Nous devons maintenir une attitude d'amour

---

[191] Swami Tyagisananda, *Narada Bhakti Sutras*, p. 216

envers ces myriades de formes, derrière lesquelles nous reconnaissons toujours l'unique Divin. Cette reconnaissance est l'extase de l'amour.[192] Shri Aurobindo donne également un rendu tronqué de cette vaste formule. Dans *Records of Yoga*, il affirme que nous devons toujours rester conscients de l'amour universel pour l'Un, partout et en tout.[193] Il est utile d'utiliser la formule tronquée tout au long de la journée, mais au moins une ou deux fois par jour, nous devons nous souvenir du Divin dans sa totalité et dans tous ses aspects.

Aurobindo suggère que notre attention et notre souvenir du Divin consistent en une relation complexe entre l'amour pour le Divin, *prema*, et l'extase de la réalisation du Divin, *ananda*. *Prema* est la composante active de cette relation, et *ananda* en est la composante passive. Pour maintenir *prema*, notre amour pour le Divin, nous devons nous efforcer d'éprouver un plaisir égal pour toutes les choses. Cette égalité est appelée *samata* dans la *Gita*. Krishna, à maintes reprises, nous demande d'être égaux face à la dualité de l'ami et de l'ennemi, de la gloire et de la honte, de la victoire et de la défaite, de la chaleur et du froid, en réalisant que ce sont tous des visages à travers lesquels Il nous parle et qui nous invitent à Le voir, Lui, l'unité derrière toutes les apparences. Maintenir cela est l'état d'extase (*ananda*), et c'est la source de l'amour (*prema*).

LES EFFETS DE LA BHAKTI

Nous ne devons pas craindre que *la bhakti* soit austère et contraignante. Elle peut aussi être somptueuse et joyeuse. Le *Bhakti Sutra* de Narada affirme que *la bhakti* est une expérience suprêmement extatique, un état inaltérable et

---

192 Debashish Banerji, *Seven Quartets of Becoming*, p. 334
193 Sri Aurobindo, *Record of Yoga*, Vol. 2, Sri Aurobindo Ashram, Pondichéry, 2001, p. 1470

inaltéré de ravissement, de félicité et de béatitude absolus.[194] Le *Bhagavata Purana* soutient cette affirmation en disant que nous atteignons la félicité suprême par un flux ininterrompu d'amour envers Dieu.[195] Aurobindo affirme que l'absorption dans le Divin n'apporte pas seulement la paix mais aussi la félicité et le ravissement.[196]

L'intensité de l'extase et du ravissement est due à l'attirance de *notre bhakti* pour le Divin. C'est ainsi que Krishna dit que rien ne l'attire autant que la *bhakti* intense.[197] Il précise qu'étant donné qu'Il aime exceptionnellement les dévots à l'esprit exalté, Son cœur est sous leur contrôle.[198] Cela implique qu'Il est attiré par l'amour et le ravissement du dévot absorbé en Lui. Ceci, à son tour, provoque le ravissement en Lui, ce qui augmente encore l'extase du dévot. Nous pouvons maintenant comprendre pourquoi le mystique bengali Chaitanya Mahaprabhu a dit que la *bhakti* la plus élevée a le caractère d'un amour illicite, qui peut inspirer la censure de la société. En effet, aimer le Divin avec une telle intensité procure une telle sensation de bien-être que l'on s'attend en quelque sorte à ce que cela soit interdit ou illégal. En outre, on peut se sentir presque ivre d'extase, ce qui, lorsqu'on le poursuit, peut conduire à un comportement erratique. Chaitanya Mahaprabhu nous dit que c'est la bonne voie à suivre et que nous ne devrions pas craindre ce que les gens disent. Dans la poésie mystique du sage soufi Hafiz, invoqué précédemment, le terme

---

194 Swami Tyagisananda, *Narada Bhakti Sutras*, p. 56
195 *Bhagavata Purana* III.33.24
196 Sri Aurobindo, *The Integral Yoga*, p. 214
197 *Bhagavata Purana* XI.14.20
198 *Bhagavata Purana* IX.4.63

CHAPITRE 4

"gémissement" fait référence à l'élixir d'amour divin. Le terme "ivresse", tel qu'il est utilisé par Hafiz, s'applique à l'état dans lequel cet élixir est imbibé, et la "taverne" est un code pour la communauté des dévots extatiques.

Lorsque nous nous approchons de ce type d'absorption dans le Divin, nous ne devons pas être motivés par une quelconque forme de gain, comme la libération spirituelle, l'illumination, etc. Nous devons aimer le Divin pour lui-même plutôt que pour les résultats, car l'amour sans motif de l'Être suprême est supérieur à la libération, dit le *Bhagavata Purana*.[199] En fait, l'accent devrait être mis sur le ravissement que nous provoquons chez le Divin en contemplant notre amour pour Lui.

Le but ultime et le résultat de la *bhakti* est la réalisation de l'Être suprême. Plusieurs passages indiquent que cela est possible. C'est ainsi que la *Bhagavad Gita* affirme que l'Être suprême est atteint par une *bhakti* constante et exclusive.[200] Une telle dévotion nécessite une compréhension de qui et de ce qu'est l'Être suprême dans sa totalité. Sinon, Krishna n'aurait pas utilisé le terme d'Être Suprême, Purushottama, ici. Il aurait pu nous conseiller de simplement le visualiser, l'*avatar* Krishna. Mais il n'a pas dit cela. Il a utilisé le terme d'Être suprême. Ce terme inclut l'Absolu sans forme, un Être cosmique vivant et sensible, incarné en tant qu'intelligence cosmique et l'univers matériel tout entier, donnant des caractéristiques à tous les êtres et objets, des aspects tous simultanément tenus et dépassés par le terme Être suprême.

Au début du septième chapitre de la *Bhagavad Gita*, Krishna annonce qu'Il va expliquer comment, en employant le yoga,

---

199 *Bhagavata Purana* III.25.33
200 *Bhagavad Gita* VIII.22

une personne abandonnée à Lui et absorbée dans l'amour pour Lui atteint la pleine connaissance de Lui.[201] Après cette annonce, Il juxtapose la connaissance essentielle, c'est-à-dire *jnana* (réalisation de soi), qui est insuffisante pour le but de Krishna, et la connaissance complète, *vijnana* (réalisation de Dieu). Ce *vijnana*, selon Krishna, consiste à réaliser qu'il possède une force créatrice inférieure et une force créatrice supérieure (*prakriti*), dont la plus basse est celle qu'enseignent *le Samkhya* et le Yoga de Patanjali. La *prakriti* supérieure est celle par laquelle l'Être suprême s'exprime sous la forme d'une infinité d'êtres, qui sont tous des fractions, des émanations et des permutations de ce même Être suprême.

Krishna poursuit en disant que nous devons expérimenter et comprendre le Divin comme le goût dans l'eau[202], l'éclat dans le feu, la vie dans les êtres incarnés[203], l'intelligence dans l'astucieux, l'héroïsme dans le galant.[204] De plus, Il dit qu'Il est la force non corrompue par le désir et le désir en alignement avec l'action juste.[205] Il poursuit en disant que le Divin habilite et manifeste toutes les qualités de la nature (tant qu'elles s'alignent sur les idéaux et la loi divins).[206] Nous pouvons voir et servir le Divin partout en étudiant et en comprenant ces qualités. Pour ce faire, nous devons comprendre que toutes les qualités susmentionnées (et bien d'autres encore que la *Gita* énumère dans plusieurs passages) se trouvent dans l'Être suprême. Cela signifie qu'il s'agit de qualités que le Divin prête aux objets et aux êtres pour en faire ce qu'ils sont. Mais Krishna

---

201 *Bhagavad Gita* VII.1
202 *Bhagavad Gita* VII.8
203 *Bhagavad Gita* VII.9
204 *Bhagavad Gita* VII.10
205 *Bhagavad Gita* VII.11
206 *Bhagavad Gita* VII.12

nuance cela en disant que si tous les objets et les êtres sont en Lui, Lui [dans sa totalité] n'est pas en eux.[207] Cela signifie que nous devons reconnaître que tout ce qui existe a son support et son origine dans l'Être suprême, mais ne représente en soi qu'un aspect minuscule de l'Être suprême. Le divin ne se limite donc pas à ces caractéristiques.

Rappelons que le chapitre a commencé par l'annonce de Krishna qu'il montrerait comment quelqu'un qui s'abandonne à Lui et s'absorbe dans l'amour pour Lui atteint la pleine connaissance de Lui. L'essentiel ici n'est pas de considérer Dieu comme un *avatar*, un prophète, un souverain anthropomorphique supra-cosmique qui trône sur un nuage en nous tournant le dos, mais de réaliser que nous vivons à l'intérieur de Dieu. Tout ce que nous entendons, voyons, sentons, touchons et ressentons est Dieu (pour autant que cela soit conforme à la loi et à l'éthique divines) et doit être reconnu comme tel. Le fait de le faire dans une attitude d'abandon et d'amour envers le Divin nous met en communion avec Lui. Cette attitude d'abandon et d'amour est sans aucun doute une pratique difficile. En effet, il s'agit d'un yoga très sophistiqué et exigeant. Mais si nous y parvenons, Krishna nous promet qu'Il nous verra comme Sa propre personne.[208]

Dans les passages ci-dessus, Krishna demande que toutes les expériences sensorielles soient converties en expériences du cosmos entier et de tous les objets en tant que Dieu. Cependant, cette conversion doit se faire sans réduire le Divin au cosmos, car certains aspects du Divin, comme le Dieu transcendant, ne sont pas contenus dans le cosmos. Dans un passage connexe, le *Bhagavata Purana* demande qu'il en soit de même pour le culte des divinités. Le *Bhagavata*

---

207 *Bhagavad Gita* VII.12
208 *Bhagavad Gita* VII.18

Purana nous invite à adorer l'Être suprême seul à travers toutes les divinités plutôt que de tomber dans le piège de prendre l'une ou l'autre des divinités pour l'Être suprême.[209] L'Être suprême doit être reconnu comme la destination et le but de tout effort et pratique spirituels. Il est intéressant de noter que le *Bhagavata Purana* ne parle pas d'une déité particulière ou de notre *ishtadevata* particulier (la forme du Divin qui convient à l'adoration d'un individu spécifique). Il parle au contraire de toutes les divinités, c'est-à-dire de l'adoration de plusieurs divinités et du polythéisme. Le *Bhagavata Purana* nous invite ici à aller de divinité en divinité et à reconnaître que l'Être suprême, le Divin, l'Unique, se cache derrière toutes les images divines.

Il est intéressant de noter que c'est précisément ce que Shri Ramakrishna a pratiqué et Shri Aurobindo conseillé. Si nous prenons cela à cœur, Dieu nous regardera à travers un millier de visages et d'images créés par des millénaires de cultures et de civilisations humaines sur tous les continents. À l'instar du passage précédent de la Gita, qui demandait de reconnaître l'Un dans tous les objets et perceptions sensorielles, le *Bhagavata Purana* nous exhorte également à voir Dieu dans les images divines de toutes les cultures et religions. Aurobindo a précisé ce point en disant que le yogi doit en fin de compte reconnaître Dieu dans toutes les images et représentations créées. Il ne serait pas injuste de dire qu'un yogi qui ne peut pas reconnaître Dieu dans une image particulière (*sattvique*) a un blocage inconscient, et que ce blocage inconscient l'empêcherait d'atteindre *vijnana*, qui est la réalisation complète de Dieu.

La Bhagavad Gita résume de nombreux points ci-dessus dans une belle strophe, qui dit qu'en étant établi

---

[209] *Bhagavata Purana* II.4.10

dans la communion (yoga) par la pratique (*abhyasa*), on atteint l'Être suprême si l'on ne se déconcentre pas et que l'on pense sans cesse au Divin.[210] Ce passage contient plusieurs points importants. Tout d'abord, le passage nous dit de ne pas craindre d'utiliser notre esprit. L'esprit est un outil important et puissant qui peut nous élever à des hauteurs incroyables s'il est utilisé de manière appropriée. Les mouvements néo-spirituels agissent souvent comme si l'esprit était l'ennemi, quelque chose à combattre et à vaincre. Au contraire, la *Gita* estime que l'esprit peut nous aider à nous tourner vers une direction divine ou vers son opposé (que la *Gita* qualifie généralement de démoniaque).

C'est pourquoi l'esprit doit être amené à penser au Divin aussi souvent que possible et, en fin de compte, à voir le Divin en toute chose. Voir le Divin en toute chose n'est pas totalement irréalisable. C'est juste que l'on ne s'y intéresse pas beaucoup aujourd'hui.

Le conseil de penser sans cesse au Divin peut sembler absurde aujourd'hui. En effet, nous avons créé une civilisation qui s'enorgueillit de répartir toute concentration mentale entre le plus grand nombre d'objets possible. Pensez seulement au fait que les sonneries des appareils portables vous avertissent des nombreux messages reçus dans diverses applications, dont aucun n'est probablement critique. Mais vous devez y prêter attention, sous peine de perdre votre crédit social en raison d'un temps de réponse trop long. Des centaines de sensations (clickbait) se disputent notre attention quotidienne, et comment ne pas la perdre ?

Krishna répond à cette question en affirmant que nous devons être établis (*yuktena*) par la pratique (*abhyasa*) dans la communion (yoga). Cet établissement n'est pas quelque

---

[210] *Bhagavad Gita* VIII.8

chose qui se produit spontanément. Le terme *abhyasa* - pratique - apparaît également dans les *Yoga Sutra* et est ici juxtaposé au terme désidentification - lâcher prise.[211] Le *Yoga Sutra* crée ainsi une paire d'opposés, dans laquelle la pratique (*abhyasa*) est un processus volontaire, contrôlé, d'application à long terme. De même, dans la pratique de la *bhakti*, nous ne devons pas nous attendre à des résultats spectaculaires à court terme. À un moment donné, Arjuna dit : "Ce que vous promettez est formidable, mais l'esprit me semble trop inconstant pour que je puisse le contrôler." Krishna répond : "Oui, il est vrai qu'il est inconstant, mais par l'effort et la pratique, il peut être contrôlé".

Ce que Krishna entend par "contrôler le mental" n'est pas d'immobiliser le mental pour l'empêcher de penser. Un tel effort serait voué à l'échec. Il veut dire qu'il faut tourner toute pensée vers Dieu, c'est-à-dire voir le Divin en toute chose. C'est tout à fait possible et cela finira par rendre l'esprit silencieux parce qu'il se rend compte qu'il n'a pas à faire le tri dans le monde. Quelqu'un d'autre, une puissance supérieure, a déjà réglé le monde ; en fait, il "est" le monde. Grâce à cette pratique, qui consiste à tourner toute pensée vers Dieu, nous réalisons finalement que nous vivons à l'intérieur du Divin, comme un poisson dans l'océan. Nous atteindrons alors la communion (yoga) avec le Divin, ce qui signifie être établi au service du Divin.

L'ESSENCE DE LA BHAKTI

L'essence de la *bhakti* est décrite dans certaines des strophes finales du chapitre 18 de la *Gita*, le chapitre culminant qui résume tous les enseignements de la *Gita* et propose ses enseignements les plus avancés. Le passage commence par

---

211 *Yoga Sutra* I.12

proclamer que le Divin (appelé ici *Ishvara*, le même terme que celui utilisé dans le *Yoga Sutra*) réside dans le cœur de tous les êtres tout en les faisant tourner avec son pouvoir mystérieux comme s'il était monté sur une roue.[212] Le terme sanskrit pour pouvoir mystérieux est *maya*. Le sens de ce terme n'a été redéfini que plus tard par Shankara comme étant l'illusion, et il l'a fait pour expliquer la réalité du monde. Comme l'ont souligné de nombreux philosophes et érudits, dont Shri Aurobindo, il est évident, dès le premier coup d'œil sur la *Gita*, que cette lecture n'est pas cohérente avec ses enseignements et qu'il faut une réinterprétation maladroite et encombrante de nombreux termes critiques de la *Gita* pour soutenir qu'elle enseigne le caractère illusoire du monde.

Dans le contexte de la *Gita, maya* est la puissance divine, puissance de création et de manifestation, semblable aux termes *prakriti* ou Shakti. Le terme *maya* est préféré aux autres lorsqu'il s'agit de souligner son caractère mystérieux. Il est difficile pour l'intellect humain limité de comprendre complètement pourquoi et comment le Divin peut faire une chose particulière. Le terme *maya* est également souvent composé avec yoga pour former yoga *maya*. Ce composé illustre le fait que lorsque le Divin s'exprime en tant que monde et tous les êtres par le biais de sa force créatrice, Shakti, il s'agit d'un acte de yoga. Aurobindo a souvent insisté sur ce fait dans ses écrits en affirmant que toute vie est yoga et que l'évolution de la vie sur terre, qui a duré deux milliards d'années, était un acte de yoga de la force créatrice divine visant à élever toute la matière à l'état de conscience divine. Aurobindo pensait que le stade le plus élevé du yoga était atteint lorsque nous nous effaçons et laissons le Divin pratiquer son yoga à travers nous.

---

[212] *Bhagavad Gita* XVIII.61

Le caractère mystérieux de la force créatrice divine (*prakriti*, Shakti, *maya*) inclut le fait que nous assumons la propriété de notre corps et de notre esprit en utilisant notre ego. *La Gita* affirme qu'il s'agit là d'une supposition erronée de notre esprit et de notre ego, mais qu'au contraire, la force créatrice divine nous déplace et nous entraîne dans nos mouvements physiques, mentaux et autres. Nous devons prendre conscience de ce fait et abandonner la notion erronée du sens de l'agence et de la propriété des résultats de nos actions. L'abandon du sens de l'agence (c'est-à-dire la croyance que nous exécutons nos actions, que nous les possédons) et l'abandon des résultats ou des fruits au Divin constituent l'abandon et la dévotion les plus élevés au Divin.

On nous dit alors que le problème posé dans la strophe 61, à savoir que nous sommes mus par Dieu comme si nous étions montés sur une roue, peut être résolu en cherchant refuge en Dieu par un abandon total de tout notre être.[213] Par la grâce du Divin, nous atteindrons alors Sa demeure éternelle et la paix suprême. Selon Krishna, notre problème est que, comme une machine inconsciente, nous sommes mus par la force créatrice divine. Pourtant, nous croyons que nous sommes l'agent, l'exécutant, et nous essayons d'agir à notre avantage et à notre profit. Ce décalage est à l'origine de tous nos problèmes, car la réussite de toutes nos petites entreprises, qui nous semblent si importantes, dépasse le cadre de nos efforts. Le problème doit être résolu par un abandon total, c'est-à-dire en réalisant que le Divin se manifeste à travers nous et en accomplissant consciemment tous les actes pour le Divin.

Cette performance consciente inclut l'abandon du corps, c'est-à-dire le fait de suivre avec notre corps les ordres

---

213 *Bhagavad Gita* XVIII.62

divins plutôt que les caprices de notre ego. L'abandon du cœur signifie aimer le Divin dans toutes ses expressions. L'abandon de la pensée signifie laisser le Divin penser à travers nous et nous aligner sur l'agenda du Divin, c'est-à-dire penser de manière affirmative à la vie et soutenir tous les êtres plutôt que de manière destructive. En termes freudiens, cela signifie être guidé par Eros (désir de créer, de créer de la beauté et de favoriser la vie) plutôt que par Thanatos. Thanatos représente le désir de détruire, de détruire la vie et de créer de la laideur. De nombreuses villes et créations humaines sont extrêmement laides. En laissant dans notre sillage la destruction des habitats naturels d'autres espèces, beaucoup de nos créations sont l'œuvre de Thanatos.

Penser à l'affirmation de la vie ne signifie pas que nous ne nous limitons pas à protéger notre propre progéniture, mais plutôt que nous considérons tous les enfants du Divin comme nos enfants également. Cela inclut toutes les personnes, les animaux, les plantes, les microbes, etc. S'abandonner au Divin par la parole, c'est dire la vérité et ce qui est conforme à la loi divine. S'abandonner avec son intelligence signifie connaître le Divin sous tous ses aspects, c'est-à-dire le Dieu transcendant, le Dieu immanent en tant qu'intelligence cosmique, l'univers en tant que corps cristallisé de Dieu, le Divin dans le cœur de tous les êtres et le Divin en tant qu'il donne des caractéristiques à tous les objets et phénomènes.

La *Gita* nous demande de laisser notre esprit s'absorber dans le Divin, d'adorer le Divin, d'être dévoué au Divin et d'offrir notre obéissance au Divin.[214] En retour, l'Etre Suprême nous promet que nous l'atteindrons. Laisser notre esprit s'absorber dans le Divin signifie reconnaître le Divin

---

214 *Bhagavad Gita* XVIII.65

dans tous les phénomènes et ne pas le prendre pour une divinité ou un dieu anthropomorphique. Adorer le Divin signifie l'adorer en renonçant à notre sens de l'action et aux résultats de nos actions. Être dévoué au Divin signifie ressentir d'intenses sensations d'amour et de désir envers Dieu et soutenir l'agenda de Dieu. Offrir l'obéissance signifie rendre un culte formel, y compris se prosterner devant les images divines, prononcer les noms divins et saluer le Divin les mains jointes. De tels actes ne peuvent pas être de simples routines ; nous devons nous sentir en accord avec nos actions.

Les actions susmentionnées peuvent toutes être réalisées, car ce sont des choses que nous pouvons faire. Ce que nous ne pouvons pas faire, c'est ressentir d'intenses sensations d'amour et d'aspiration vers le Divin. Certains peuvent déjà ressentir cela parce qu'ils ont déjà les bonnes tendances *karmiques* en place. Pour d'autres, cela peut être plus difficile. Comment pouvons-nous atteindre un amour aussi intense s'il n'est pas déjà naturellement présent ? Le *Bhakti Sutra* de Narada répond que l'amour divin suprême, appelé *para-bhakti*, est le résultat du *karma*, du *jnana* et du *raja* yoga.[215] Je ne saurais trop insister sur ce point. Je ne me suis jamais imaginé être *un bhakta* rayonnant, mais de longues périodes de pratique dans ces trois disciplines m'ont conduit à ce résultat sans jamais y aspirer. Les trois chapitres suivants analysent comment chacun de ces trois yogas contribue à l'amour divin suprême.

---

215 Narada's *Bhakti Sutra*, strophe 25

Chapitre 5
LE KARMA YOGA ET SON IMPORTANCE POUR LA BHAKTI

Dans ce chapitre, j'analyserai l'un des trois piliers sur lesquels repose la *bhakti*, le *karma* yoga. Je parlerai d'abord de la loi du *karma*, de l'utilisation du terme *karma* comme travail à accomplir, de ce qu'est le *karma* yoga et de la raison pour laquelle il est pratiqué. Plus en détail, nous examinerons ensuite la contemplation de soi (*svabhava*) et le devoir propre (*svadharma*), qui sont les deux termes à comprendre pour déterminer notre devoir personnel et divin. Le chapitre se termine par une discussion sur le sacrifice en tant qu'offrande et don.

LA LOI DU KARMA

Karma signifie action, faire ou travailler et vient de la racine verbale *kr* - faire. Il est utilisé dans la *Bhagavad Gita* et le *Bhagavata Purana* dans les contextes vitaux suivants, qu'il est essentiel de comprendre et de différencier :

- Le terme *karma* peut être utilisé dans la loi du *karma*, qui signifie la loi de cause à effet.
- Il peut être utilisé dans le contexte d'actions réalisées en alignement et au service du Divin et est alors juxtaposé à l'action ou à l'inaction égoïste.

- Enfin, le terme est associé au yoga pour former le *karma* yoga, et ici, l'action devient une discipline spirituelle pour développer et faire évoluer notre psyché.

Les mécanismes de la loi du *karma* sont tellement fondamentaux pour la philosophie indienne que la *Bhagavad Gita* et le *Bhagavata Purana* les considèrent comme acquis et ne les expliquent pas. Je citerai et expliquerai brièvement trois strophes du *Yoga Sutra* pour discuter des principes fondamentaux. *Le Yoga Sutra* II.12 dit que la racine de la souffrance est l'entrepôt *karmique*, qui produit des résultats visibles et invisibles. Les résultats visibles sont ceux dont nous faisons l'expérience dans cette vie, tandis que les résultats invisibles sont ceux réservés aux incarnations futures. Dans les deux cas, le principal problème est que la cause est si éloignée temporellement de l'effet/résultat que nous ne parvenons pas à noter le lien. La plupart des souffrances que nous connaissons sont causées par des choix sous-optimaux que nous avons faits dans un passé lointain. Ces choix sous-optimaux ont donné naissance à des graines *karmiques* qui attendent leur tour pour germer dans ce que l'on appelle l'entrepôt *karmique*. L'entrepôt *karmique* se trouve sous notre subconscient et est difficile d'accès. Si seulement nous pouvions voir et comprendre comment nos mauvais choix créent davantage de graines karmiques et comment les graines *karmiques* créent ce que nous considérons aujourd'hui comme notre destin, nous changerions radicalement notre comportement et n'accumulerions pas davantage de *karma* négatif.

Le Yoga Sutra II.13 stipule que tant que les graines *karmiques* se trouvent dans l'entrepôt, nous sommes projetés dans le monde sous la forme d'incarnations qui nous fournissent

CHAPITRE 5

le bon cocktail de plaisir et de douleur pour nous éveiller spirituellement. Ce cocktail est adapté à nos besoins *karmiques* et se compose de types d'incarnations, de durée de vie et de types d'expériences. Cela signifie que notre vie entière est un tapis roulant de leçons et de tests où nous devons apprendre et accomplir des tâches que nous n'avions pas comprises auparavant, telles que la compassion, le soutien, l'appréciation de toute vie, l'innocuité, l'encouragement de tous les êtres, la véracité, etc.

Le Yoga Sutra II.14 affirme que tout ce que nous considérons comme de la chance, un privilège, un plaisir, une joie, etc. est dû à un mérite *karmique*, généralement accompli dans des vies antérieures. Le problème est que, parce que nous ne voyons pas le lien, nous développons un sentiment de droit et n'utilisons pas notre position privilégiée actuelle pour faire du bien à tous les êtres. Notre bon *karma* finit donc par s'épuiser et nous retombons dans le démérite. De même, la douleur, la souffrance, la malchance, les mauvais présages, etc., dont nous faisons l'expérience aujourd'hui ne sont pas le fruit du hasard, mais nous nous sommes placés dans ces situations grâce à des démérites acquis antérieurement, généralement dans des vies antérieures. Si nous voyons et comprenons ces liens, nous ne nous soucierons pas autant de savoir si nous éprouvons du plaisir ou de la souffrance. Au contraire, nous nous attacherions à n'accomplir que des actions nobles, éthiques et justes, sans nous soucier de savoir si elles nous conviennent ou non. Si elles sont pratiques, nous saurions qu'elles posent les fondations d'une bonne fortune à venir. Si elles ne nous conviennent pas, nous les considérerions comme une expiation et une réparation de nos fautes antérieures. Ainsi, nous agirions plus en accord avec des personnages comme Yudhishthira dans le

Mahabharata ou Rama dans le *Ramayana*, qui ne se souciaient que de faire ce qui était juste.

Une quatrième strophe du dernier chapitre des *Yoga Sutra* traite du *karma*. La strophe IV.7 affirme que chez la plupart des gens, le *karma* est négatif, positif ou mixte (en réalité, chez la plupart des gens, il est mixte parce que nous ne nous concentrons pas assez sur le *karma*), mais que chez les yogis accomplis, il n'est ni l'un ni l'autre. On oublie parfois que cette dernière strophe sur le *karma* décrit un niveau extrême d'accomplissement dans lequel un yogi hautement accompli s'est abandonné au Divin à un tel degré qu'il n'agit pas à partir de son ego, mais que seul le Divin agit à travers lui. Dans ce cas, il n'y a pas de *karma* du tout. Jusqu'à ce qu'une telle sophistication soit atteinte, le bon *karma* doit être recherché à travers des actions justes.

Cette façon d'agir dans le monde sans être touché par le *karma* est également à l'origine du terme chinois *wu-wei*, l'action sans action. Ici, aucun faiseur ou ego ne s'oppose à une action optimale. Les éléments poussent le praticien à ramener un état de déséquilibre à une expression du Dao. De même, Jésus-Christ traversant les eaux sans se mouiller les pieds est une représentation métaphorique du fait qu'il n'y avait pas d'ego, pas de *karma*, pas d'acteur présent qui aurait pu faire en sorte que l'eau, représentant ici l'inconscient, lui mouille les pieds et empiète sur son voyage en le submergeant.

La Gita répète la leçon du *Yoga Sutra* IV.7.[216] Elle affirme que tant que nous agissons dans un but de gain et d'avantage personnel, nos résultats *karmiques* se répartissent en trois catégories : l'état désagréable (souvent identifié à ceux qui ont des intentions préjudiciables ou sadiques ou qui sont animés

---

216 *Bhagavad Gita* XVIII.12

par des désirs ou des douleurs extrêmes), l'état agréable (par exemple ceux qui sont nés dans l'extrême richesse ou le pouvoir) et l'état mixte (tous les autres). *La Gita* proclame également que ceux qui renoncent à la fois au fruit et au sentiment d'agir au profit du Divin ne récoltent aucun de ces *karmas*.

Cette ligne de pensée est développée dans plusieurs strophes de la *Gita*. Dans l'une d'elles, la *Gita* définit une personne à l'intellect raffiné (*buddha*) comme celle qui accomplit des actions (*karma*) non motivées par des désirs égoïstes, mais plutôt purifiées par le feu de la connaissance.[217] Cela signifie qu'il ne faut pas agir à partir du point de vue étroit de l'ego personnel, mais à partir du point de vue du Divin. C'est ce que Jésus-Christ a exprimé lorsqu'il a dit : "Que ce ne soit pas ma volonté, mais la tienne qui se fasse".[218] La *Gita*, ici et dans de nombreux autres passages, dit que l'action elle-même n'est pas le problème (elle s'oppose à une tradition indienne qui prône le renoncement à l'action et à la vie en société), mais que c'est l'action égoïste qui est le problème. La strophe suivante le montre clairement.[219] Sans rechercher un bénéfice personnel à travers nos actions, en étant satisfaits plutôt que rusés et connivents, nous sommes intérieurement inactifs, bien qu'extérieurement engagés dans l'action. Encore une fois, cela exprime magnifiquement le principe taoïste du *wu-wei*, l'action sans action, que la *Bhagavad Gita* réalise en nous faisant agir au service d'une intelligence supérieure.

Dans le *Bhagavata Purana*, nous apprenons qu'il n'y a pas de Dieu séparé de la loi du *karma*.[220] Dieu ne peut accorder des résultats ou des bénéfices *karmiques* à une personne qu'en

---

217 *Bhagavad Gita* IV.19
218 Luc 22:42
219 *Bhagavad Gita* IV.20
220 *Bhagavata Purana* X.24.13-14

fonction du degré de mérite *karmique* qu'elle a atteint. Dieu ne peut pas accorder de bénéfices *karmiques* là où il n'y a pas eu d'action pour les obtenir. Cela signifie qu'il est inutile de chercher à s'affranchir de la loi du *karma* en apaisant Dieu et en lui adressant des pétitions. Comme pour les lois de la gravitation et toutes les lois physiques, ainsi que pour la loi du karma, Dieu est l'exemple et l'accomplissement de toutes les lois, et non leur exception. Dieu est la loi du *karma* et les lois de la physique, et elles sont valables parce que le pouvoir du Divin est derrière elles.

Bien entendu, le Divin est bien plus que de simples lois ; toutes les lois physiques, y compris la loi de cause à effet et le *karma*, sont un aspect du Divin. Par conséquent, il ne sert à rien de faire le mal, de nuire à d'autres êtres et de leur souhaiter du mal, puis d'essayer d'apaiser Dieu par des prières péremptoires. Le même enseignement est exprimé dans l'Ancien Testament de la Bible, la Torah, qui dit : "À moi la vengeance, à moi la rétribution. En temps voulu, leur pied glissera, car le jour de leur malheur est proche, et leur chute est imminente".[221] Le Nouveau Testament le répète presque mot pour mot : "Ne vous vengez pas vous-mêmes, mes bien-aimés, mais laissez agir la colère de Dieu, car il est écrit : La vengeance est à moi, dit le Seigneur : A moi la vengeance, dit le Seigneur, à moi la rétribution".[222] Le message de cette maxime d'abord opaque est qu'il ne sert à rien d'essayer de démériter les autres en pensant à eux d'une manière néfaste. Ils gagneront leur avenir en fonction de leurs actions méritoires ou déméritoires, sous l'effet d'une loi mécanique maintenue en place par l'autorisation divine.

---

[221] Deutéronome 32:35
[222] Romains 12:19

CHAPITRE 5

Ne pensez pas que la loi du *karma* est exécutée par un exécuteur ou un punisseur anthropomorphique. Ce serait aussi stupide que de penser qu'un Dieu en colère vous tirera vers le bas si vous vous penchez trop loin en dehors de la fenêtre.

Vous tomberez par la fenêtre parce que vous n'avez pas respecté la loi de la gravitation. Cette loi s'applique mécaniquement à tous les êtres et objets à tout moment, en fonction de leur emplacement à la surface de grands objets gravitationnels (comme la planète Terre) ou de leur distance par rapport à d'autres objets gravitationnels plus importants (comme, par exemple, le soleil ou le trou noir supermassif au centre de notre galaxie). De même, la loi du karma ne nécessite pas d'exécutant humain, mais agit d'elle-même sans faille, comme la loi de la gravitation.

Plutôt que d'essayer de demander au Divin d'être libéré des conséquences après avoir commis des transgressions à l'encontre d'autres personnes, la *Gita* affirme que quiconque accomplit des actions en s'abandonnant au Divin et en abandonnant l'attachement égoïste aux résultats ne peut être entaché par le péché, étant de qualité semblable à une feuille de lotus d'où l'eau s'écoule en perles.[223] Les prochains chapitres sur la contemplation de soi (*svabhava*) et le devoir propre (*svadharma*) examineront en détail la manière dont nous nous assurons que nos actions sont abandonnées au Divin et que nous surmontons l'attachement égoïque.

Un cas particulier de *karma* est abordé vers la fin du sixième chapitre de la *Bhagavad Gita*, le chapitre sur le *Raja* Yoga. Bien qu'un prochain chapitre traite de cette voie du yoga, ce passage est expliqué ici car il traite du *karma* du yogi. Après que Krishna a parlé du *karma* et du *jnana* yoga dans les premiers chapitres,

---

[223] *Bhagavad Gita* V.10

le sixième chapitre traite de la manière de faire l'expérience du Divin par la pratique formelle de la méditation, c'est-à-dire le *raja* yoga. Cette pratique de la méditation doit être combinée avec l'accomplissement de son devoir dans le monde et non comme un abandon. Selon la *Gita*, il n'est pas permis de se soustraire à son devoir simplement parce que l'on n'a pas encore réalisé pleinement le Divin.

À ce stade, Arjuna s'inquiète du fait qu'il doive partager son attention entre, d'une part, l'accomplissement d'actions dans la société selon ses connaissances les meilleures mais encore limitées et, d'autre part, la pratique formelle de la méditation pour atteindre la réalisation de Dieu. Dans la strophe IV.38, Arjuna s'inquiète du fait que, s'il doit partager son énergie et ses efforts entre deux tâches extrêmement différentes, il risque de ne pas atteindre les deux objectifs et donc d'échouer à la fois dans ce monde et dans l'autre. À cela, Krishna répond que celui qui fait le bien ne se ruine jamais et ne se ruinera pas, ni dans ce monde ni dans l'autre.[224] Si un tel yogi n'atteint pas son but en une seule incarnation, il renaîtra soit dans une famille noble et prospère, ayant les moyens de poursuivre à nouveau sa quête spirituelle, soit carrément dans une famille de yogis.[225] Dans les deux cas, le yogi poursuivra son objectif d'atteindre le Divin avec une vigueur renouvelée.

Il convient de noter que les strophes ci-dessus ne doivent pas être utilisées pour adopter une attitude telle que "ce que je ne fais pas dans cette vie, je le ferai dans la suivante". Une telle attitude empêcherait d'atteindre le Divin dans cette vie. Le Divin demande notre totalité et notre intensité. La voie de la *bhakti*, soutenue par le *karma*, le *jnana* et le

---

[224] *Bhagavad Gita* IV.40
[225] *Bhagavad Gita* IV.41

raja yoga, est si efficace parce qu'elle fait appel à tous les aspects de la psyché humaine pour atteindre Dieu. Comme le dit Patanjali dans le *Yoga Sutra*, plus nous poursuivons le but avec intensité, plus nous nous en rapprochons.[226]

KARMA COMME TRAVAIL

Cette section traite de l'utilisation du terme *karma*, y compris de la signification de l'action, de l'activité en tant que travail à accomplir, et des passages qui soutiennent cette utilisation. Nous le faisons en préparation de la section suivante, qui examine la signification du composé *karma yoga* en tant que yoga de l'action ou yoga actif. Dans un passage très important de la *Gita*, Krishna déclare que toutes les actions (*karmani*) sont accomplies par Sa *prakriti* (nature, force créatrice divine), mais que, trompés par l'égoïsme, nous pensons que nous les accomplissons.[227] Le point de vue de la *Bhagavad Gita* sur cette question particulière est tout à fait conforme aux découvertes des neurosciences modernes, qui constatent que les neurones liés à certaines décisions se déclenchent bien avant que nous pensions avoir pris une décision.[228] Cela signifie que l'appareil électrochimique du cerveau prend une décision et que, par la suite, nous interprétons cela comme une conclusion basée sur la volition. De même, Krishna enseigne que ce sont les forces de la nature, les *gunas* de la *prakriti*, qui nous font faire des choses, et qu'après coup, seul le sens du moi, l'ego, s'en approprie la propriété. Cette illusion doit être

---

226 *Yoga Sutra* I.21
227 *Bhagavad Gita* III.27
228 Robert, M. Sapolsky, *Behave : The Biology of Humans at Our Best and Worst*, Penguin Press, 2017

surmontée, dit Krishna, et bien sûr, les répercussions sont ici totalement différentes de celles des neurosciences. Dans la philosophie des textes de *bhakti*, la nature (*prakriti*) est un aspect du Divin ; à travers elle, le Divin nous touche.

Shri Aurobindo écrit dans *Essais sur la Gita* que l'accomplissement d'actions doit lui-même être considéré comme une discipline spirituelle que nous entreprenons pour la recherche et la réalisation de soi.[229] Selon lui, il n'y a pas de contradiction entre les actions mondaines et spirituelles, puisque toute la vie et la nature sont une manifestation permanente de l'esprit. C'est pourquoi toutes les actions doivent être tournées vers Dieu, ce qui signifie qu'elles doivent être accomplies pour le Divin. Bien sûr, toutes les actions ne peuvent pas être tournées vers Dieu, et cela signifie que certains types d'actions, c'est-à-dire celles qui ne font que se satisfaire elles-mêmes et n'ont pas de but plus élevé, sont de plus en plus reléguées à l'arrière-plan. À propos de ce processus, Aurobindo dit que la connaissance du travail qui doit être fait et de celui qui doit être évité doit venir entièrement de l'intérieur. Elle ne peut pas être apprise dans les livres, elle doit être apprise par la contemplation de soi.

Le *Bhagavata Purana* contient une recette plus ou moins prête à l'emploi pour y parvenir.[230] Ici, Krishna dit que nous gagnerons en dévotion envers Lui en convertissant tous nos efforts mondains avec Sa satisfaction à l'esprit. Un enseignement important ! Les théologies orthodoxes dépeignent souvent Dieu comme étant éternellement complet, imperturbable et n'ayant rien à gagner. Mais cela n'est vrai que pour le Dieu transcendant, la conscience infinie, le Brahman *nirguna*. Le

---

[229] Sri Aurobindo, *Essays on the Gita*, p. 572
[230] *Bhagavata Purana* XI.11.23-24

CHAPITRE 5

Dieu immanent, l'intelligence cosmique, le Divin en tant que processus, la Shakti, s'exprime quant à lui dans l'univers et dans tous les êtres. Nos actions peuvent être utiles à l'agenda divin (qui, selon les mots d'Aurobindo, est l'élévation de toute vie et de toute matière au niveau de la conscience divine par le biais du processus d'évolution long d'un milliard d'années), ou elles peuvent être gênantes et décélérantes. Nous pouvons déterminer si nos actions accélèrent les efforts de Dieu ou les ralentissent simplement en nous demandant si elles satisfont Dieu. Avertissement : si notre esprit est trop entaché par des désirs subconscients, des traumatismes passés, etc., la réponse que nous obtenons peut, bien sûr, être erronée. C'est là que *le Raja* Yoga et le processus de déconditionnement et de purification du subconscient revêtent une importance extrême.

Comme Aurobindo, Swami Tapasyananda enseigne que l'amélioration de soi et le progrès spirituel sont les objectifs de l'action sans désir.[231] C'est pourquoi la *Bhagavad Gita* et le *Bhagavata Purana* enseignent à chaque fois que le service et l'amour du Divin doivent être notre motivation pour agir. Si, pour les néophytes de la philosophie de *la bhakti*, tout cela peut sembler bien compliqué, un simple coup d'œil à notre histoire au cours des derniers millénaires montre que ce changement d'attitude est précisément ce qu'il faut. Dans le passé, nous étions principalement motivés par la compétition, l'ambition, l'avantage, l'antagonisme et l'adversité, tous alimentés par une vision de la vie à travers le prisme de l'ego individuel et de l'avantage personnel. C'est cette attitude qui a conduit à des guerres sans fin, à des atrocités, à l'extinction d'espèces, à la destruction de cultures et de la nature, et qui nous a conduits, en tant que civilisation et espèce, au bord de l'abîme béant de

---

[231] Swami Tapasyananda, *Srimad Bhagavad Gita*, p. 143

l'holocauste environnemental et de l'écocide. En considérant la satisfaction du Divin plutôt que la nôtre, un changement de cap pourrait en fait améliorer notre situation.

Au départ, un tel changement peut sembler dépourvu de récompenses immédiates et nous demander d'accepter un trop grand nombre d'actions désagréables. Cependant, la *Gita* dit que celui qui a renoncé à accomplir des actes motivés par la récompense et qui les accomplit désormais par sens du devoir divin continuera à les accomplir, qu'ils soient agréables ou désagréables.[232]

QU'EST-CE QUE LE KARMA YOGA ?

Après avoir établi les différentes significations du *karma*, nous pouvons maintenant nous pencher sur le *karma* yoga. Tout d'abord, les frontières entre le *karma* et le *bhakti* yoga sont floues. Ainsi, dans le *Bhagavata Purana*, l'abandon des fruits de toutes les actions au Divin est appelé *nish-karma bhakti*, bien que cette phrase soit la principale définition du *karma* yoga dans la *Gita*. Le terme *nish-karma* signifie "ne pas faire" et, combiné au *karma*, il devient l'action sans action, dont j'ai déjà parlé. Combiné au terme *bhakti*, il devient l'abandon sans action ou la dévotion sans action. Cela signifie que nous consacrons nos actions au Divin, que nous sommes inspirés par le Divin pour agir et que nous abandonnons notre sens de l'action au Divin. Le *bhakti* et le *karma* yoga sont des sciences sœurs (le terme science est ici utilisé au sens large comme un système de connaissances) qui se soutiennent mutuellement et gagnent à être appliquées simultanément ou séquentiellement.

Dans *Essais sur la Gita*, Aurobindo affirme qu'il est essentiel d'abandonner l'idée que le choix individuel détermine les

---

[232] *Bhagavad Gita* XVIII.10

actions à entreprendre et notre devoir.[233] Lorsque l'Être Suprême nous a créé par la pensée, les actions qui devaient être accomplies par chaque individu constituaient la partie essentielle de ce processus même. En d'autres termes, le Divin sait mieux que nous ce que nous devons faire, mais nous ne le savons généralement pas. Le Divin pense à chacun d'entre nous en utilisant une fraction de lui-même, appelée *amsha*, pour former le *jiva*, l'esprit de l'individu. Cet *amsha* contient des informations sur les travaux qui doivent être accomplis par cet individu. Si nous suivons ces informations, nous pratiquons le *karma* yoga, qui est la partie active de la pratique. La forme passive de la pratique est la *bhakti*, par laquelle nous nous abandonnons au Divin et rendons notre service avec amour. Telle est, en résumé, la philosophie de la *Gita*.

Aurobindo ajoute que notre renaissance spirituelle et divine se produit en accomplissant le travail même que nous sommes venus faire dans cette vie.[234] Il utilise ici le terme de renaissance car, dans nos vies ordinaires, nous vivons et agissons à partir de l'ego et de l'illusion de l'avantage personnel. Abandonner ce point de vue revient à mourir à l'ego. Cela devient le point de départ d'une renaissance spirituelle plus importante, une naissance divine. Ici, l'objectif est de travailler pour l'agenda et le programme du Divin (comme la divinisation de la société humaine) en tant qu'instrument du Divin et pour le Divin.

LA SIGNIFICATION PROFONDE DU YAJNA

Pour que cela devienne effectif, notre yoga doit convertir toutes les actions en sacrifices au Divin.[235] Le terme sacrifice a une

---

233 Sri Aurobindo, *Essays on the Gita*, p. 36
234 Sri Aurobindo, *Essays on the Gita*, p. 251
235 Sri Aurobindo, *Essays on the Gita*, p. 282

connotation négative pour de nombreux lecteurs modernes, car il implique de donner quelque chose dont le retour est au mieux très incertain, au pire inexistant. Nous pourrions contourner ce problème en utilisant le terme "offrande" pour le sacrifice, et je l'utiliserai fréquemment. Mais il y a quelque chose de plus profond à explorer ici. Le terme utilisé par la *Gita* pour désigner le sacrifice ou l'offrande est *yajna*, qui revient souvent dans ce livre. Un *yajna* est un rituel *védique* au cours duquel une offrande est faite aux dieux ou aux esprits, généralement en vue d'un résultat particulier. Dans la société *védique*, les *yajnas* étaient, par exemple, accomplis pour obtenir une bonne récolte ou une descendance. L'idée sous-jacente est de ne pas se contenter d'espérer un bon résultat, mais d'être proactif et de commencer le cycle en étant dans la position de celui qui donne. Cela renvoie les *Védas* à la culture indigène, qui a toujours observé un équilibre délicat entre le fait de prendre à la nature et de donner en retour.

La raison pour laquelle notre civilisation moderne, hyper-individualiste, est si toxique et destructrice est qu'elle se préoccupe essentiellement de notre propre bien-être et de notre avantage, et de peu d'autres choses. Une partie de cette culture consiste à considérer le monde entier comme insensible, composé de matière muette et morte, peuplé de plantes et d'animaux qui ne sont guère plus que des automates inconscients, et d'autres personnes qui sont au mieux des concurrents. La culture indigène et les *Védas*, en revanche, attribuent une sensibilité à presque tout, ce qui a donné naissance à une philosophie appelée animisme. L'animisme décrit un monde dans lequel tous les objets sont une cristallisation de l'esprit et sont dotés d'une certaine forme d'intelligence. Remarquez à quel point cela ressemble à la philosophie de la *Gita*, qui nous invite constamment à reconnaître Dieu dans tous les objets.

CHAPITRE 5

Parce que tout dans le monde est esprit et que nous tirons tant de bénéfices du monde, la vie dans la culture indigène et les *Védas* consiste en l'art de rendre suffisamment aux esprits. Nous nous efforcions de rendre au moins autant que ce que nous tirions d'eux, idéalement plus. Vous pouvez encore le constater aujourd'hui à Bali, où une grande partie de la vie quotidienne des femmes consiste à faire des offrandes à une multitude d'esprits dans de nombreux endroits. Ces offrandes ne relèvent pas de la superstition des peuples primitifs, mais d'une pratique essentielle pour maintenir l'équilibre entre la tendance des humains à prendre exclusivement à la nature et leur capacité à lui rendre la pareille.

Dans *les Védas*, le dieu du *yajna* est Vishnu ; en fait, le *yajna* est un autre nom pour Vishnu, comme l'indique la *Gita*. Krishna, un *avatar* de Vishnu, appelle à ce que notre vie entière soit un acte de don, une offrande ou un sacrifice au Divin. Bien sûr, cela ne reste pas un concept abstrait dans la *Bhagavad Gita*, mais cela doit s'exprimer en aimant et en servant le Divin à travers tous ses enfants. Tel est le but de l'exhortation de Krishna : notre yoga doit convertir toutes les actions en sacrifices au Divin. Dans tout ce que nous faisons, nous devons nous demander si ce que nous faisons est suffisamment bon pour être offert au Divin. Si la réponse est oui, nous pouvons aller de l'avant. Cette réponse ne peut être trouvée que par la contemplation de soi et non en parcourant une liste d'actions susceptibles d'être approuvées par Dieu. La raison en est que le Divin s'exprime différemment à travers tous les êtres.

Plutôt que de suivre un code de conduite externe qui expliquerait comment Dieu s'exprimerait à travers le plus petit dénominateur commun des gens ou la médiane ou la moyenne, nous devons faire de notre travail une expression de notre nature et en faire un moyen de croissance spirituelle en nous rapprochant de l'idéal divin.[236] Pour cela, nous devons nous tourner vers l'intérieur, nous connecter à notre noyau divin et découvrir notre rôle au service de l'esprit qui se manifeste dans l'univers.

Alors que certains mouvements spirituels exigent que nous entrions dans un état d'inactivité totale, la *Gita* suggère d'adorer le Divin à travers notre travail.[237] Ceci est significatif car la *Gita* enseigne que le monde, l'univers, toute la nature et toute l'humanité sont l'œuvre significative du Divin s'exprimant lui-même. Le monde n'est pas un accident sans but ; ce n'est pas une vallée de chagrin ni une illusion. Tout a un but ; c'est seulement que l'humanité a créé des situations dans lesquelles nos vies peuvent sembler dépourvues de sens. *La Gita* ne considère pas l'action comme insensée, désespérée ou dénuée de sens, bien au contraire. La question est de savoir quel type d'action et à travers quelles actions nous servons le Divin.

Selon la *Gita*, Krishna considère que *le karma* yoga inclut l'action, la connaissance et la dévotion ; c'est-à-dire que le *karma*, le *jnana* et le *bhakti* yoga doivent être appliqués à l'unisson.[238] Ceci est important car le *Bhakti* Yoga seul peut rapidement dégénérer en sectarisme, c'est-à-dire que mon dieu est meilleur que le vôtre. *Le karma* yoga peut nous faire dévier vers un simple activisme sans savoir ce que nous faisons, pourquoi et pour qui nous le faisons. Le *jnana* yoga, à lui seul, peut facilement conduire à une attitude distante et désintéressée au sommet d'une montagne métaphorique, en regardant de haut les masses laborieuses. *La Gita* suggère de

---

236 Sri Aurobindo, *Essays on the Gita*, p. 517
237 Sri Aurobindo, *Essays on the Gita*, p. 524
238 Swami Tapasyananda, *Srimad Bhagavad Gita*, p. 109

CHAPITRE 5

combiner le travail avec la pratique de la méditation, qui nous enseigne que le travail doit être fait par (en abandonnant le sentiment de pouvoir) et pour (en abandonnant les fruits des actions) le Divin, et devient ainsi le *Karma* Yoga.[239]

Krishna dit dans la *Gita* : "Sois un instrument".[240] Cela signifie écouter ce que le Divin veut devenir et mettre en œuvre à travers et en tant que nous. Nous devons être animés par un sens du devoir, quelle que soit la récompense. Dans certaines activités, telles que la protection des personnes maltraitées, la protection des animaux et de la nature, et la contribution à la sauvegarde de l'atmosphère et de la biosphère, le succès peut être difficile à obtenir ou peut même sembler hors de notre portée. Mais Krishna nous dit de le faire quand même parce que c'est la bonne chose à faire et non pas parce que le succès est à portée de main. Agir en pensant au succès, c'est agir du point de vue de l'ego. L'ego se réjouira autant de conquérir le monde que de sauver l'environnement, même s'il s'agit d'une noble quête. Il s'agit de faire le travail pour Dieu et non pour nous-mêmes, non pour l'agrandissement de notre ego.

À bien des égards, nous pouvons considérer que nous fonctionnons comme une cellule dans le corps de Dieu. Si une cellule individuelle de notre corps cesse de servir l'agenda de l'organisme hôte, elle devient cancéreuse. Si elle parvient à convaincre ou à reprogrammer suffisamment d'autres cellules pour qu'elles se rebellent contre l'organisme hôte, elle entraînera la mort de ce dernier. De même, la décision historique de l'humanité de quitter l'état indigène de la société, décrit dans les *Védas* et l'Ancien Testament de la Bible (dans

---

[239] Swami Tapasyananda, *Srimad Bhagavad Gita*, p. 166
[240] *Bhagavad Gita* XI.33

ce dernier comme le jardin d'Eden), pour suivre son propre agenda en asservissant, en contraignant et en manipulant la nature peut être comparée à une croissance cancéreuse sur la biosphère. À cette époque, nous avons décidé de ne servir que nos propres intérêts humains et avons cessé de servir l'organisme hôte, la biosphère. Si toute l'humanité suit cette voie, le résultat sera probablement la mort de la biosphère. Mais si nous nous reconnaissons non pas comme quelque chose de séparé, non pas comme la couronne de la création, mais comme un organisme au sein de la nature qui devrait rendre aux autres organismes et à la biosphère au moins autant que ce qu'il prend, si nous pouvons nous voir à nouveau comme de petites cellules dans le corps de Dieu, alors ce cours peut être inversé, et nous pouvons retrouver notre chemin pour servir le Divin, toute la vie et la nature, plutôt que d'essayer d'en être le dieu et le roi.

La *Bhagavad Gita* nous invite à accomplir toutes sortes d'actions à tout moment dans un esprit de dévotion et d'abandon au Divin.[241] Par la grâce du Divin, nous atteindrons alors l'état convoité de *moksha*, la libération spirituelle. Rappelons brièvement ce que signifie ici l'esprit de dévotion et d'abandon. Cela signifie savoir ce qu'est le Divin (c'est-à-dire pas seulement l'image visuelle d'une divinité ou d'un avatar historique), avoir un amour intense pour le Divin, l'écouter et faire ce qu'il veut que nous fassions. Cela signifie qu'il faut réaliser que le Divin est le seul à agir dans le monde et que nous sommes mus par Lui comme si nous étions montés sur une roue. Cela signifie qu'il faut faire ce qui est juste et non pas parce qu'on a envie d'en tirer des récompenses. L'ensemble de ces points constitue le *karma* yoga, qui est l'aspect actif du *bhakti* yoga.

---

[241] *Bhagavad Gita* XVIII.56

CHAPITRE 5

POURQUOI LE KARMA YOGA EST-IL IMPORTANT ?

Le *Bhagavata Purana* affirme que l'Être suprême a enseigné trois voies pour pratiquer la communion avec lui, et qu'il n'y en a pas d'autres.[242] Il s'agit de la communion par la connaissance (*jnana*), par l'amour (*bhakti*) et par l'action (*karma*). Cela ne signifie pas que nous devrions nous limiter à l'une d'entre elles et éviter les autres, bien que nous puissions le faire au début en fonction de nos limites personnelles. Toutes doivent être pratiquées un jour ou l'autre pour être efficaces, et plus tôt nous le ferons, plus tôt nous atteindrons la communion. La combinaison des trois est la voie du succès dans le yoga, et la vie d'Aurobindo a été consacrée à démontrer ce point.

Le Raja Yoga, le yoga des *Yoga Sutra*, ne figure pas dans la liste ci-dessus parce qu'il n'est pas principalement un yoga menant à la communion avec le Divin, c'est-à-dire à la réalisation de Dieu. Il s'agit plutôt d'un yoga conçu pour la réalisation de soi, qui doit finalement être complété par le *jnana*, le *bhakti* et le *karma* yoga pour conduire à la réalisation de Dieu.

Dans le douzième chapitre de la *Bhagavad Gita*, le chapitre sur la *bhakti*, Krishna déclare que si nous ne sommes pas capables de pratiquer la pratique systémique de la concentration (c'est-à-dire le *Raja* Yoga), nous devons nous consacrer de tout notre cœur à l'accomplissement d'actes de service envers Lui.[243] Travailler pour le Divin nous ouvre à l'évolution spirituelle. Contrairement au passage précédent du *Bhagavata Purana*, où *le karma* yoga est intégré au *jnana* et au *bhakti* yoga, dans le présent passage de la *Gita*, le *karma* yoga est juxtaposé au *raja* yoga. Pour certains, le *Raja* Yoga, qui met l'accent sur la

---

242 *Bhagavata Purana* XI.20.6
243 *Bhagavad Gita* XII.10

technique, la pratique et la *sadhana* (discipline spirituelle), peut s'avérer difficile. Pour ces personnes, accomplir des actes de service au Divin peut être plus accessible. Pour d'autres, cependant, la situation peut être inversée. Comment savoir quels sont les actes qui plaisent au Divin ? Grâce à la pratique de techniques yogiques, le *Raja* Yoga diminuera progressivement notre conditionnement et notre torpeur mentale, ce qui rendra la réponse à toutes ces questions beaucoup plus simple. Une fois que l'on a répondu à ces questions, la discipline du *karma* yoga, qui consiste à agir au service du Divin, doit être mise en œuvre immédiatement. Cela signifie que *le karma* yoga peut être précédé ou non par la pratique du *raja* yoga (décrite dans le sixième chapitre de la *Gita*, dans les *Yoga Sutra* et dans le chapitre 7th de ce livre), en fonction des besoins de l'individu.

Deux strophes plus loin, dans le douzième chapitre de la *Gita*, nous apprenons que la connaissance intellectuelle explicite de l'enseignement (*jnana*) vaut mieux qu'une pratique formelle des techniques (*abhyasa*).[244] Cela nécessite une explication. La pratique formelle signifie ici que l'on se contente de suivre les mouvements sans comprendre clairement pourquoi et comment les choses sont faites. Le simple fait de faire les choses est alors juxtaposé à la connaissance intellectuelle. Dans le langage moderne, le terme "connaissance intellectuelle" implique souvent que cette connaissance est vide d'expérience, c'est-à-dire qu'il s'agit d'une simple théorie. Ce n'est pas le point de vue de la philosophie indienne. Ici, l'intellect est quelque chose de très élevé, plus élevé que l'esprit. C'est pourquoi le terme *Buddhi* Yoga est parfois traduit par amour intellectuel de Dieu. Parce que la *buddhi* (l'intellect) est en alignement avec le Divin, lorsqu'une telle connaissance est atteinte, elle doit

---

244 *Bhagavad Gita* XII.12

CHAPITRE 5

avoir des conséquences plutôt que d'être séquestrée dans l'esprit, qui pourrait alors soutenir des actions hypocrites. La connaissance intellectuelle explicite de l'enseignement (*jnana*) est donc généralement le résultat de la pratique formelle des techniques (*abhyasa*) combinée à l'étude des écritures (*shastras*) et doit, par conséquent, constituer un état plus avancé que la simple exécution des techniques (dépourvues de compréhension) elles-mêmes, qui doivent encore fructifier en connaissance.

La strophe 12 poursuit en disant que la méditation (*dhyana*) est encore meilleure que la pratique (*abhyasa*) et la connaissance intellectuelle (*jnana*). Il convient à nouveau de clarifier ce point. Dans cette strophe, la pratique signifie la simple exécution de techniques, qui n'ont pas encore atteint leur apogée. Dans le contexte de cette strophe, *jnana*, la connaissance, signifie isoler le soi et travailler à la réalisation de soi. *Dhyana*, la méditation, signifie ici la méditation sur le Divin, après avoir atteint un certain degré de communion avec le Divin. Nous pourrions identifier cet état à la *bhakti* ou à l'évolution vers la réalisation de Dieu. Mais la strophe 12 va plus loin en introduisant l'un des concepts les plus essentiels de la *Gita*. Mieux encore, dit-elle, c'est *karma* (action)-*phala* (fruit)-*tyagah* (abandon), c'est-à-dire l'abandon des résultats de ses actions au Divin. Dans cette strophe, le yoga est renversé. Ce qui est décrit dans la dixième strophe comme une technique d'introduction, c'est-à-dire le *karma* yoga, est maintenant considéré comme la couronne du yoga.

Le lecteur doit bien comprendre cela car, bien sûr, le *karma* yoga est les deux à la fois. Le *karma* yoga peut être le début de notre chemin, mais il sera aussi certainement là à la fin, et ce qu'il est exactement pour nous dépend entièrement de notre degré d'abandon et de dévotion au Divin. Si cet abandon et cette dévotion sont complets, nous pouvons devenir un instrument dans le jeu de l'orchestre divin, comme le suggère le *Bhagavata Purana*.[245]

Shri Aurobindo confirme que *le karma* yoga n'est pas seulement la discipline d'introduction que l'on croit parfois. Il a enseigné que notre âme évolue à travers des actions accomplies dans une attitude de service.[246] *Le karma* yoga n'est donc pas une fin en soi, mais un moyen de se réaliser.

Ceci est confirmé dans une strophe ultérieure du sixième chapitre de la *Bhagavad Gita*, le chapitre sur le *Raja* Yoga. Ici, Krishna affirme que celui qui est établi dans l'unité de tout ce qui existe (c'est-à-dire qui a atteint les résultats du *Raja* Yoga) et qui, par conséquent, Le sert en tant que présent dans tous les êtres (c'est-à-dire qui pratique un authentique *Karma* Yoga), demeure en vérité en Lui quelle que soit la situation (il a également atteint les objectifs du *jnana* et de la *bhakti*).[247] Il est donc juste de dire que si Krishna place *la bhakti* au centre de la relation de son dévot avec Lui, et s'il donne de nombreux cours sur la connaissance (*jnana*) et la voie de la concentration (*raja*), c'est le *karma* yoga qui constitue le cœur même de son message dans la *Gita*. Krishna enseigne que la connaissance, la concentration et l'amour doivent finalement converger vers une vie active dans le monde qui Le sert. Cela recoupe magnifiquement le message de Krishna selon lequel le monde est son corps et les êtres ses enfants, son jeu créatif et ses organes sensoriels.

Pensez-y un instant : S'il existait un Être suprême qui, pour des raisons parfois encore nébuleuses pour notre intellect limité, s'incarnerait dans le monde et tous les êtres, le couronnement de son enseignement ne serait-il

---

[245] Swami Tapasyananda, *Srimad Bhagavata*, p. xxxv
[246] Sri Aurobindo, *Essays on the Gita*, p. 251
[247] *Bhagavad Gita* VI.31

CHAPITRE 5

pas l'action éclairée et aimante que nous voyons Krishna enseigner à chaque tournant ? Une action destinée à faire progresser le monde ? Il est donc tout à fait cohérent que le Krishna de la *Gita* revienne toujours au *karma* yoga. *Le karma yoga est le puissant fleuve de la* Gita, *dont tous les autres yogas sont des affluents*. Ce que nous faisons dans le monde de Krishna lui importe car le monde est son corps.

LA CONTEMPLATION DE SOI (SVABHAVA), OU LOI DE L'ÊTRE

Passons maintenant à l'étude approfondie, souvent annoncée, de la manière dont nous pouvons savoir ce que Dieu veut que nous fassions, comment cette information est encodée au cœur même de chacun d'entre nous, et comment nous décodons cette information. Dans ce contexte, nous devons analyser deux concepts clés. Il s'agit de la contemplation de soi (*svabhava*), la loi de l'être, et du devoir de soi (*svadharma*), la loi du devenir.

Le terme de contemplation de soi (*svabhava*) a deux significations et fonctions différentes.[248] Tout d'abord, l'aspect immanent de l'Être suprême se contemple lui-même et, par ce moyen, créé par la pensée un nombre infini d'êtres. Les êtres sont tous des aspects, des émanations et des calculs de l'Être suprême. Dans *Comment trouver le but divin de votre vie*, j'ai comparé la contemplation de soi du Dieu immanent à ce que l'on appelle un générateur Monte Carlo. Le générateur Monte Carlo est un logiciel créé à l'origine pour déterminer le nombre de combinaisons possibles si l'on fait tourner une roulette plusieurs fois. Au fur et à mesure de son développement, le logiciel a été

---

[248] Sri Aurobindo, *Essays on the Gita*, p. 524

appliqué aux modèles aléatoires des marchés financiers. Ceci est significatif car chaque être est une voie potentielle que le Divin pourrait emprunter. Le Divin est un potentiel créatif et un jeu (*lila*) infinis.

Nous pouvons nous demander : "Pourquoi suis-je jeté ici dans cette situation particulière ? Parce que le Divin n'a pas d'ego à qui refuser son propre processus créatif. Ce qui peut être, sera ! Parce que le Divin calcule une infinité de variétés ou d'émanations de lui-même (des chemins de ce qu'il pourrait être), chaque individu est unique et ne se reproduit jamais deux fois. Tout ce que cet individu a à exprimer ou à apporter au concert divin doit être exprimé et apporté. C'est la première signification du terme *svabhava* - la contemplation de soi. C'est le processus par lequel le Divin fait naître d'infinies permutations de lui-même, les *jivas* (esprits individuels).

La seconde signification du terme est que l'individu doit pratiquer l'auto-contemplation pour découvrir ce que l'Être suprême veut exprimer à travers cet individu particulier. La contemplation du Divin nous a donné naissance, et nous devons maintenant contempler notre esprit individuel pour découvrir le résultat de cette contemplation divine. Dans ce contexte, nous devons comprendre que parce que le Divin est le Cosmique, il ne peut s'exprimer qu'au niveau individuel en devenant nous. L'Être suprême ne peut pas se fondre dans un individu. Mais en s'individuant à travers un nombre infini d'entre nous, il peut agir au niveau individuel. Il est très important de comprendre cela car, grâce à cette compréhension, nous pouvons perdre la réticence à devenir des conduits pour le Divin. Le Divin ne peut pas agir à ce niveau sans passer par nous. C'est pourquoi notre coopération avec le Divin, appelée co-création consciente, est extrêmement importante pour le Divin.

CHAPITRE 5

De plus, comme le Divin n'a pas d'ego (ego veut dire limiteur dans l'espace et le temps), il ne peut pas devenir lui-même un individu. Il ne peut que s'exécuter comme un logiciel cosmique de type générateur Monte Carlo et se diviser en un nombre infini de programmes filles, les *jivas*. Parce que les esprits individuels sont libres dans la mesure où ils peuvent se libérer de leur propre programmation robotique, ce qu'ils font avec l'information par laquelle le Divin les a formés dépend principalement d'eux. En d'autres termes, les *jivas* peuvent participer au jeu du Divin, et ils peuvent ou non le faire dans une certaine mesure. Je ne veux pas répéter ce point ad nauseam, mais il faut dire que depuis quelques milliers d'années, à peu près, l'humanité n'a pas joué le jeu du Divin. La liste des exceptions est longue, mais Shri Aurobindo a déclaré que, dans l'ensemble, l'humanité n'a pas évolué spirituellement au cours des derniers milliers d'années.

Par exemple, la réticence à réorienter l'économie mondiale vers les énergies renouvelables (pour éviter la catastrophe climatique) a été associée à des coûts estimés à 2 billions de dollars (en raison de la complexité, il est très difficile de donner une quelconque forme d'estimation précise). À l'heure où j'écris ces lignes, l'Institut international de recherche sur la paix de Stockholm (SIPRI) vient de publier un rapport selon lequel le budget militaire mondial vient d'atteindre le chiffre ahurissant de 2,44 billions de dollars par an, après l'augmentation la plus importante des dépenses gouvernementales annuelles depuis plus d'une décennie. En d'autres termes, nous avons l'argent nécessaire pour remédier au dérèglement climatique, mais nous préférons le dépenser pour nous entretuer. Cette situation est due au manque d'évolution spirituelle de l'humanité. Si nous avions évolué spirituellement, nous aurions compris, comme le *Bhagavata Purana*, que les êtres s'épanouissent grâce à la coopération mutuelle (en dépensant 2 000 milliards d'euros pour lutter contre le changement climatique), et qu'ils courent à leur perte en s'opposant les uns aux autres (en dépensant cet argent dans des dépenses militaires).

Pour qu'un *jiva*, un esprit individuel, réalise son plein potentiel, il doit découvrir ce que le Divin veut devenir à travers et en tant que *jiva*. Chaque *jiva* a un rôle à jouer dans ce drame cosmique, un aspect du Divin à exprimer. J'ai décrit cette pratique dans *Comment trouver le but divin de votre vie*, et une description détaillée dépasse le cadre de ce texte. Nous nous préparons par une brève pratique spirituelle, de préférence tôt le matin et idéalement dans la nature ou au moins seul. Nous posons ensuite une série de questions sur la manière dont je peux Vous servir, Vous, le Divin. Comment voulez-vous vous incarner en moi et dans ma vie ? Que voulez-vous devenir en tant que Moi ? Que voulez-vous exprimer à travers moi ?

Après avoir posé ces questions, nous avons écouté attentivement. Ce n'est pas parce que le Divin est silencieux que nous n'entendons pas. Nous devons comprendre que le Divin n'a pas d'ego à qui cacher la réponse. En outre, le Divin a déjà communiqué cette information lorsqu'il a créé notre individualité par la contemplation de soi (*svabhava*) dans l'océan de la conscience infinie. En d'autres termes, si nous n'entendons pas la réponse, le problème réside dans notre incapacité à entendre et dans notre manque de réceptivité et d'ouverture. Cette incapacité à écouter et les différents manques sont dus à l'épaisseur de notre conditionnement robotique, que nous avons accepté au cours du long

CHAPITRE 5

processus d'évolution des microbes vers les vertébrés et plus tard les humanoïdes. Selon Swami Tapasyananda, la contemplation de soi, *svabhava*, est le potentiel que nous ramenons de toutes nos vies antérieures.[249] Shri Aurobindo dit que chaque individu est, dans l'expression de soi, une portion de l'Être suprême ; chaque être est une manifestation d'une idée du Divin.[250] Cette idée décrit que les êtres évoluent vers la maturité spirituelle. Ce qu'est précisément cette idée, cette information, nous est révélé par le processus de *svabhava*, l'autocontemplation, qu'Aurobindo appelle la loi du devenir de soi.[251]

Dans la philosophie d'Alfred North Whitehead, l'auto-contemplation du Divin est appelée le but initial. On l'appelle but initial parce que le Divin a un but initial pour nous. Cette idée initiale, ou ce composé d'idées, apparaît par le biais de l'autocontemplation dans notre esprit comme la vision de ce que nous pourrions devenir. Cette vision sera modifiée, réduite ou améliorée au fur et à mesure que nous évoluerons grâce à nos choix *karmiques*. Lorsque je parle de choix *karmiques*, je me réfère au fait que nous déterminons qui nous serons dans le futur avec chaque pensée, chaque parole et chaque acte. Le Divin réagit ensuite à nos tentatives d'incarner le but initial. Dieu réagit à nos tentatives d'incarner le but initial en améliorant et en spécifiant le but initial, un processus appelé co-création.

Nous devons comprendre que nos vies ne sont ni sans but, ni des accidents sans but, comme la société, la science et l'économie dominantes veulent nous le faire croire. Bien

---

[249] Swami Tapasyananda, *Srimad Bhagavad Gita*, p. 425
[250] Sri Aurobindo, *Essays on the Gita*, p. 519
[251] Sri Aurobindo, *Essays on the Gita*, p. 372

sûr, si vous réussissez à faire croire cela aux gens, il est beaucoup plus facile de les mouler ensuite dans le processus de production industrielle. Ce processus n'exige pas des individus autonomes et auto-réalisés vivant le but divin de leur vie, mais des automates de consommation industrielle qui ont renoncé à leur destin spirituel. Nous sommes des âmes écrasées, souvent soutenues par des antidépresseurs et des anxiolytiques, et nous sommes heureux d'acheter n'importe quelle absurdité dans l'espoir de nous sentir un peu mieux. Je ne dis pas que vous devriez arrêter votre traitement sans l'avis de votre psychiatre. Ce que je dis, c'est que le modèle biochimique de la santé mentale, qui prétend qu'il y a simplement un problème dans la composition biochimique de votre cerveau (qui peut être résolu en prenant des pilules), ignore commodément le fait que notre société et notre civilisation nous rendent malades (et ce depuis longtemps) en nous laissant entrer en compétition les uns avec les autres comme 8 milliards de petits hamsters qui courent de plus en plus vite dans leurs petites roues à l'intérieur de leurs petites cages. Ces petites roues sont toutes reliées à une gigantesque machine à augmenter le PIB, qui transforme progressivement toute la nature et les relations humaines en argent. Il n'y a rien de mal à ce que cette configuration nous rende mentalement malades. D'un autre côté, si cette configuration ne nous rendait pas malades, alors quelque chose ne tournerait pas rond chez nous.

Nous ne sommes pas ici pour consommer des produits stupides dont nous n'avons pas besoin. Nous sommes ici parce que le Divin veut s'exprimer à travers nous. Après tout, nous comptons pour Dieu. Chaque individu compte pour Dieu. Une fois que vous aurez contemplé ce que le Divin veut faire à travers vous et que vous aurez laissé cette destinée divine s'accomplir à travers vous, vous ferez l'expérience de l'absence de dialogue interne, de la paix, du silence, de la voix du cœur et du fait d'être dans la zone. Vous ferez également l'expérience de l'absence d'ambition, de compétition, d'adversité et d'antagonisme. Vous verrez que le Divin anime tous les êtres. Il est donc inutile de les contrarier (à moins qu'ils n'agissent de manière adharmique - injuste, c'est-à-dire contraire à la loi divine).

Contempler ce que le Divin veut exprimer à travers nous est un voyage de découverte, d'expression et de recherche de soi.[252] Bien sûr, cela se fait en partie par la méditation et l'introspection, mais une fois que nous avons trouvé ce que le Divin veut faire à travers nous, nous devons devenir actifs et l'exprimer. Ce que nous devons alors faire est notre *svadharma* (notre propre devoir). Aurobindo décrit le lien entre la contemplation de soi (*svabhava*) et son propre devoir (*svadharma*) comme la relation entre la vie extérieure d'une personne et son être intérieur, l'évolution de ses actions à partir de son âme et de sa nature intérieure.[253] Dans *Seven Quartets of Becoming, A Transformative Yoga Psychology Based on the Diaries of Shri Aurobindo*, Debashish Banerji appelle le *svabhava* d'une personne sa loi personnelle d'être, qui contient les qualités qu'elle possède.[254] Dans le même ordre d'idées, son terme *svadharma* est la loi personnelle du devenir. Nous devons découvrir les qualités que nous possédons aux yeux de Dieu avant de pouvoir faire évoluer nos activités dans cette direction. Le professeur Banerji ajoute le terme critique "personnel" car *svabhava*

---

252 Sri Aurobindo, *Essays on the Gita*, p. 521
253 Sri Aurobindo, *Essays on the Gita*, p. 515
254 Debashish Banerji, *Seven Quartets of Becoming*, p. 391

et *svadharma* diffèrent pour chaque personne. Nous y reviendrons plus tard.

Aurobindo dit que l'action de l'individu doit être dirigée par son *svabhava*, la loi essentielle de sa nature.[255] Selon lui, il s'agit de la qualité pure de l'esprit d'une personne et du pouvoir inhérent à sa volonté consciente. La volonté consciente n'a rien à voir avec les caprices de l'ego, mais c'est la volonté délibérée du Divin en nous qui recherche le plaisir divin, la joie et l'extase du jeu et de l'activité divins. Bien que ce passage d'Aurobindo puisse sembler tiré par les cheveux à ceux qui viennent d'être initiés à ce sujet, il n'y a pas de plus grande joie ni de plus grande satisfaction que de s'abandonner entièrement au Divin et de sentir que chaque mouvement, chaque pensée et chaque action ne sont pas faits par soi-même mais par le Divin.

Pour cela, chaque individu doit découvrir et suivre son *svadharma* inné.[256] Notre *svabhava* (auto-contemplation ou loi intérieure de l'être) détermine notre *svadharma*, notre loi personnelle d'action, qui est notre auto-façonnage, notre fonctionnement et notre travail.[257] C'est un enseignement erroné que *le svadharma*, la loi intérieure de l'être, est une attitude collective. Au contraire, chaque être a un *svadharma* personnel, une loi de son être intérieur, qu'il doit observer.[258] Il ne suffit pas de penser à ce qui est bon, éthique ou juste. Nous devons découvrir ce qu'il est juste de faire. Notre devoir est une affaire personnelle entre nous et Dieu. Personne d'autre ne peut intervenir et nous dire ce qu'il faut faire, ni devin, ni astrologue, ni thérapeute, ni

---

255 Sri Aurobindo, *Essays on the Gita*, p. 274
256 Sri Aurobindo, *Essays on the Gita*, p. 513-14
257 Sri Aurobindo, *Essays on the Gita*, p. 519
258 Sri Aurobindo, *Essays on the Gita*, p. 592

enseignant spirituel. L'information est seulement relayée du Divin à l'individu.

LE DEVOIR DE SOI (SVADHARMA) OU LA LOI DU DEVENIR

Nous devons faire notre devoir personnel (*svadharma*) pour devenir ce que nous sommes déjà intérieurement. Il ne suffit pas d'être, il faut aussi devenir. En cela, nous reflétons la composition du Divin, qui a un aspect être, le Dieu transcendant, et un aspect devenir, le processus dynamique du Dieu immanent, impliquant le déploiement de l'univers et l'évolution de la vie. Notre loi du devenir (*svadharma*) doit naturellement découler de notre loi de l'être (*svabhava*). Cela a été reconnu non seulement par la *Bhagavad Gita*, le *Bhagavata Purana* et des mystiques comme Aurobindo, mais aussi par les psychologues modernes. Carl Jung, par exemple, a dit que chaque personne porte en elle une tension qu'elle doit exprimer en devenant ce qu'elle doit devenir. Si cette tension n'est pas exprimée de manière créative, elle peut devenir destructrice. Par exemple, une personne peut se tourner vers la drogue pour se libérer de cette tension, s'anesthésier et éprouver un soulagement et une tranquillité temporaires. Le fondateur de la psychologie humaniste, Abraham Maslow, a déclaré qu'un musicien doit faire de la musique, un peintre doit peindre et un écrivain doit écrire. Pour être en paix avec elle-même, une personne doit être ce qu'elle peut être.

La Gita, écrite plusieurs millénaires avant Jung et Maslow, affirme que l'accomplissement de son propre devoir (*svadharma*), même s'il est inférieur dans l'échelle des valeurs matérielles, conduit à une plus grande croissance spirituelle que l'obtention d'avantages matériels en accomplissant le devoir d'un autre (appelé *para-dharma*).[259] Aucune erreur n'est commise, dit la *Gita*, lorsqu'on accomplit un travail en accord avec sa propre nature (*svabhava*). La formulation de la *Gita* dans un autre passage est encore plus radicale. Ici, nous apprenons que même si le travail en accord avec son propre devoir (*svadharma*) n'est pas à la mode, il reste supérieur à l'action étrangère à notre croissance (*para dharma*), quelle que soit la manière dont nous l'accomplissons.[260] Car même la mort dans l'accomplissement selon sa propre loi de devenir (*svadharma*), selon la *Gita*, conduira à l'évolution, tandis que le devoir étranger à sa croissance conduira à un retard.

Certains d'entre nous ont peut-être déjà fait l'expérience de ce phénomène lorsque, après s'être laissé convaincre de suivre un cursus académique long et ardu, censé leur apporter liberté matérielle et indépendance, ils découvrent, une fois sur le marché du travail, qu'ils détestent cette profession et qu'ils doivent la quitter. Faire volte-face si tardivement peut s'avérer difficile, mais c'est toujours mieux que de passer sa vie à travailler dans une profession pour laquelle on n'a ni affinité ni vocation. C'est pourquoi il est essentiel de connaître clairement son *svabhava*, la loi de son être, le plus tôt possible. Grâce à l'auto-contemplation, nous devons découvrir quel est notre but dans la vie.

Le *Bhagavata Purana* est d'accord avec la position de la *Gita* selon laquelle la poursuite de son propre *svadharma* est la meilleure ligne de conduite car sa propre loi de devenir ne peut conduire à la servitude tant qu'elle suit sa disposition naturelle (*svabhava*).[261] Ce que l'on veut dire ici, c'est que

---

259 *Bhagavad Gita* XVIII.47

260 *Bhagavad Gita* III.35

261 *Bhagavata Purana* VII.12.31-32

CHAPITRE 5

suivre le *svadharma* de quelqu'un d'autre peut conduire à la servitude (c'est-à-dire à l'esclavage mental) si l'on ne suit pas sa propre disposition naturelle mais celle de quelqu'un d'autre. Nous devons nous demander si nous vivons notre propre vie ou celle de quelqu'un d'autre.

Aujourd'hui, les médias sociaux, la télévision, la pression des pairs, les pressions financières, etc. nous poussent à embrasser certaines professions glamour, financièrement gratifiantes ou prétendument sûres. Ces professions peuvent ne pas nous convenir. Nous ne devrions donc pas aborder le choix d'une profession en nous demandant si d'autres personnes l'admirent, qu'il s'agisse de parents, de conjoints, d'amis, etc. S'ils admirent une profession particulière, qu'ils l'exercent. S'ils veulent s'enrichir ou être à l'abri du besoin, qu'ils le fassent. Ce qui est crucial, c'est de savoir si Dieu nous a donné les dons et l'appel pour réussir dans une profession particulière. Si c'est le cas, la profession viendra naturellement à nous et nous n'aurons jamais à nous demander si cette profession est la bonne. Nous serons libres de tout dialogue interne et nous nous sentirons à l'aise dans l'exercice de la profession. C'est le cas parce que le Divin agira à travers nous ; le Divin fera le travail. Par conséquent, l'action ne sera pas le fruit de l'effort, de l'ego, mais de l'abandon à la volonté divine. Nous serons mus par la volonté divine ; ce sera donc une action sans effort ou sans action.

Dans les déclarations finales de la *Gita*, Krishna annonce qu'il va expliquer comment on atteint la compétence spirituelle en exécutant avec dévouement son devoir naturel.[262] Krishna annonce qu'il va faire une déclaration particulière pour attirer l'attention et souligner

---
262 *Bhagavad Gita* XVIII.45

la déclaration suivante. Il ne le fait que parce qu'il souhaite exprimer l'importance extrême de la strophe suivante. Dans la strophe suivante, Krishna dit que nous atteindrons la puissance spirituelle (*siddhi*) en accomplissant notre propre devoir comme un acte d'adoration envers l'Être Suprême, Celui dont tous les êtres ont émané et par lequel tout cet univers est imprégné.[263]

Il est extrêmement important de comprendre cela. C'est une chose de méditer sur le Divin, de chanter les noms du Divin, de lire des textes sacrés et de prier le Divin. Mais à quoi tout cela sert-il si le Divin nous a donné des cadeaux liés à ce qu'Il veut devenir en nous, à ce qu'Il veut faire à travers nous, et que nous ignorons cette information et continuons à faire quelque chose qui nous rend riche, célèbre et glamour ? Je ne dis pas que ce que le Divin veut que nous fassions ne nous apportera rien. C'est possible ou non. Faire le travail que le Divin veut faire à travers nous est essentiel sur le chemin de la *bhakti*. C'est une forme d'abandon et de dévotion aimante que de laisser le Divin nous déplacer comme si nous étions montés sur une roue. Agir ainsi, c'est adorer le Divin à travers nos actions. Refuser de le faire, c'est adorer son propre ego.

Ce que nous considérons habituellement comme le libre arbitre et le choix est la voix de l'ego. Elle ne nous satisfera jamais et ne nous comblera jamais. La raison en est que l'ego n'a pas de véritable volonté ; il n'a que de véritables caprices. Il n'y a qu'une seule vraie volonté, et c'est la volonté de Dieu. Si nous nous alignons sur la volonté de Dieu, nous devenons libres. Sinon, nous restons liés à notre propre ego.

---

263 *Bhagavad Gita* XVIII.46

CHAPITRE 5

Suivre son propre devoir signifie accomplir un travail, une action ou une profession qui contribue à notre évolution et à notre progrès spirituel.[264] Comment cela se fait-il ? Nous évoluons spirituellement dans la mesure où nous nous laissons influencer par le Divin. Nous le faisons déjà dans une certaine mesure inconsciemment, mais nous devons faire de cet acte un abandon conscient. Au lieu de cela, nous vénérons souvent notre propre ego et pensons que nous savons mieux que lui. Cependant, la plupart ou la totalité des malheurs de l'humanité sont créés par des actions qui ne sont pas alignées sur le Divin. Mais le Krishna de la *Bhagavad Gita* et du *Bhagavata Purana* n'est pas intéressé par le fait de pousser des pions inconscients sur un échiquier. Il veut notre participation consciente et notre co-création. Plus nous prenons conscience que ce n'est pas nous qui agissons, mais l'Être suprême qui nous fait bouger, plus nous pouvons canaliser la bande passante divine et plus nous pouvons appeler le Divin et nous abandonner à Lui.

Cet abandon est facile pour certains d'entre nous, mais d'autres ont besoin d'être préparés. Pour nous ouvrir à cet acte d'abandon et appeler le Divin en nous, les nombreuses disciplines purificatrices du *Raja* Yoga sont souvent nécessaires. Pour découvrir notre devoir inné, nous devons d'abord nous libérer des conditionnements de l'éducation, de la culture, de l'environnement et des désirs qui guident nos décisions. Selon Aurobindo, l'absence de désir intérieur est le prétexte pour nous mettre en contact avec la loi psychique de notre devenir.[265] Ce n'est qu'à cette

---

264 Swami Tapasyananda, *Srimad Bhagavad Gita*, p. 472
265 Debashish Banerji, *Seven Quartets of Becoming*, p. 310

condition que notre *karma* yoga peut devenir une adoration authentique et aimante du Divin.

VARNA OU CASTE ET SON IMPORTANCE POUR LA BHAKTI

Dans certains commentaires de *la Gita*, les termes *svadharma* et caste sont souvent associés. Les castes indiennes présentent une certaine similitude superficielle avec les classes sociales occidentales, dont les frontières se sont quelque peu estompées depuis l'avènement du capitalisme. Néanmoins, les classes sociales existent encore partout, et leur appartenance est aujourd'hui principalement déterminée par la taille du portefeuille.

Vous trouverez peut-être des commentaires orthodoxes sur *la Bhagavad Gita* qui interprètent l'appel de Krishna à suivre son *svadharma* comme le simple fait de s'en tenir aux règles de sa caste. Je connais bien sûr cette argumentation et je la rejette en suivant le même raisonnement que Shri Aurobindo et le Mahatma Gandhi. *La Gita* parle de ce que l'on appelle les *varnas* (couleurs), qui sont des groupements à travers lesquels la société est ordonnée. Le *varna* d'une personne est déterminé par sa constitution *gunique* (c'est-à-dire la prépondérance dans son esprit de certaines qualités de la nature appelées *gunas*). Une personne dont l'esprit est principalement *sattvique* (selon feu le professeur Surendhranath Dasgupta, *sattva* signifie particule d'intelligence) appartient au *varna* spirituel ou à la caste des prêtres (*brahmana*). Si votre esprit est principalement *rajas* (particule d'énergie) avec un peu de *sattva* dans le mélange, vous faites partie de la caste de la noblesse, de l'administration et de la défense (*kshatriya*). Si votre esprit est *rajasique* avec un peu de *tamas* (particule de masse), vous faites partie de la caste des marchands (*vaishiya*). Si *le guna* prédominant est uniquement *tamas*, vous appartenez à la caste des travailleurs (*shudra*). Dans l'Inde ancienne, l'appartenance à ces *varnas* était déterminée par les tendances et les qualités mentales d'une personne, et n'était ni héréditaire ni obligatoire. Aurobindo et Gandhi ont soutenu que le système de *varna* de la *Gita* n'avait rien à voir avec un système de caste héréditaire, mais qu'il s'agissait d'un moyen d'identifier la manière dont une personne pouvait idéalement servir le Divin et l'humanité.

Le point de vue selon lequel les qualités déterminent les *varnas* (classes) est explicité par Krishna lorsqu'il dit que le fait d'être un *brahmana*, un *kshatriya*, un *vaishya* ou un *shudra* dépend des qualités *guniques* dérivées de notre loi individuelle d'être (*svabhava*).[266] Il en va de même pour les devoirs d'un *brahmana*, qui découlent de leur loi d'être, de l'égalité d'esprit, de la retenue, de la simplicité, de la pureté d'action, de parole et de pensée, de la patience, de la simplicité, de la réalisation de soi, de la réalisation de Dieu et de la dévotion au Divin.[267] En d'autres termes, ce n'est pas l'hérédité, mais le fait de manifester ces qualités qui détermine votre *varna*. Dans les strophes suivantes, Krishna énumère les caractéristiques des autres castes, et il est clair qu'il parle ici de types psychologiques, et la tentative d'attribuer ces qualités aux membres héréditaires des castes indiennes d'aujourd'hui (ou d'ailleurs aux castes de n'importe quelle autre société) serait un cas difficile, voire impossible à défendre.

Swami Tapasyananda, auteur d'une excellente traduction du *Bhagavata Purana* et d'un excellent commentaire de la

---

[266] *Bhagavad Gita* XVIIII.41ff
[267] *Bhagavad Gita* XVIIII.42

Gita, est un autre mystique et théologien qui défend ce point de vue. Dans son commentaire de *la Gita*, Tapasyananda affirme que *les varnas* sont des types de caractères et n'ont rien à voir avec les castes héréditaires.[268] Tapasyananda explique en outre que les conceptions médiévales du *svadharma* l'associent aux castes héréditaires, mais que le véritable *svadharma* est conforme à notre constitution mentale et à notre développement supérieur.[269] Il déclare également que le système de castes indien moderne est basé sur la naissance, mais que le système de *varna* de la *Gita* est basé sur la constitution *gunique* (c'est-à-dire la constitution psychologique de notre esprit).[270] Tapasyananda propose également cette interprétation dans le *Bhagavata Purana*, où nous lisons que le système de castes moderne de l'Inde ne doit jamais être confondu avec le système de *varna*, dans lequel les *gunas* (qualités) d'une personne déterminent le *varna* (couleur).[271]

Certains auteurs modernes identifient encore les *varnas* (couleurs) d'antan avec les castes d'aujourd'hui parce que tous les commentateurs médiévaux ont argumenté dans ce sens, même le grand Ramanujacharya, qui est par ailleurs irréprochable. Swami Tapasyananda répond que les anciens commentateurs ont commis une grande injustice à l'égard de Shri Krishna en édulcorant son message et en le considérant comme pertinent uniquement pour les membres du rigide système de castes indien.[272] Le devoir

---

268 Swami Tapasyananda, *Srimad Bhagavad Gita*, p. 10
269 Swami Tapasyananda, *Srimad Bhagavad Gita*, p. 112
270 Swami Tapasyananda, *Srimad Bhagavad Gita*, p. 139
271 Swami Tapasyananda, *Srimad Bhagavata*, vol.2, p. 268
272 Swami Tapasyananda, *Srimad Bhagavad Gita*, p. 468

divin auquel nous sommes appelés est notre *svadharma* et non notre caste. J'inclus ce point dans ce livre parce que les thèmes *svabhava*, la loi personnelle de l'être, et *svadharma*, la loi personnelle du devenir, sont tellement centraux dans l'enseignement de Shri Krishna sur la *bhakti* que sans les comprendre correctement, tout l'enseignement devient tronqué au mieux et s'effondre au pire. C'était également le point de vue de Shri Aurobindo.

Je tiens à préciser que je ne plaide pas ici en faveur d'une renaissance romantique du système des castes. Ce que je dis, c'est que lire dans la *Bhagavad Gita* une justification du système moderne des castes, c'est passer à côté de la signification profonde que les concepts de *Karma* Yoga, de *svabhava* et de *svadharma* de Krishna ont pour l'ensemble de l'humanité. J'ai vécu en Inde suffisamment longtemps pour comprendre que le système rigide des castes d'aujourd'hui n'est pas une représentation de l'enseignement de Krishna - j'en dirai plus à ce sujet dans une section dédiée aux castes au chapitre dix.

YAJNA – OFFRANDE ET DON

Comme promis, je terminerai ce chapitre en évoquant le don, l'offrande et le rituel *védique du yajna*. Alors qu'un coup d'œil superficiel sur le sujet pourrait nous faire penser qu'il s'agit d'un thème farfelu, vous verrez rapidement qu'il contient le message central de la *Bhagavad Gita*. La religion de notre société capitaliste moderne consiste à adopter une attitude de fonceur. Ceux qui vont et obtiennent ce qu'ils veulent l'emportent dans ce type de société. Le mouvement du New Age a adouci et rebaptisé l'attitude de fonceur et l'a cachée derrière l'amélioration de la capacité à recevoir ou à manifester. Mais l'accent est toujours mis sur l'obtention et la prise à l'ancienne, bien que nous le fassions avec une attitude un peu plus affable. Dans les deux approches, celle de celui qui obtient d'une part et celle de celui qui reçoit/manifeste d'autre part, l'objectif est toujours le même en fin de compte. Il s'agit d'avoir.

Avec l'interprétation par Shri Krishna du rituel *védique du yajna*, l'accent est mis sur le don, l'être et le devenir plutôt que sur l'obtention, la réception et l'avoir. Ce changement est au cœur des efforts déployés pour créer une société plus compatissante, en harmonie avec l'ensemble de la biosphère. Comme l'a montré Aurobindo dans *Le secret des Védas*, à l'origine, le *yajna* était conçu pour donner en abondance au monde des esprits, ce qui, à son tour, devait créer l'abondance pour l'humanité. À l'époque de *la Bhagavad Gita*, le rituel du *yajna* était vraisemblablement devenu un acte de marchandage avec le monde des esprits afin d'obtenir un bon accord de leur part. La *Gita* réinterprète donc le rituel du *yajna* pour le ramener à l'idée *védique* initiale, où il s'agit d'un acte de don désintéressé plutôt que de l'accomplissement d'un rituel avec un résultat spécifique à l'esprit.

Swami Tapasyananda affirme que *le yajna* est le moyen d'accéder à la prospérité et au succès spirituel et que, dans la terminologie de la *Gita*, le *yajna* signifie le sacrifice de soi, c'est-à-dire le don de soi.[273] Yajna, c'est s'offrir au service du Divin et de tous les êtres, et *yajna* signifie donner plus que ce que l'on prend. Dans le contexte de la *Gita*, *yajna* signifie, comme nous l'avons vu précédemment, transformer toutes ses actions en un service désintéressé

---

273 Swami Tapasyananda, *Srimad Bhagavad Gita*, p. 84

au Divin. Il s'agit notamment de découvrir ce que le Divin veut que nous soyons et que nous devenions. Le fait que *yajna* ait une signification spirituelle plus élevée qu'on ne le pense généralement est confirmé par le fait que *yajna* est également un nom du Seigneur Vishnu, dont Krishna est un *avatar*.[274] Dans les *Védas*, Vishnu est le destinataire de toutes les offrandes. Nous devons réaliser que toutes nos actions sont des offrandes au Divin ; l'attitude avec laquelle nous les faisons est donc essentielle. C'est pourquoi Jésus-Christ a dit : "Si vous déposez une offrande sur l'autel tout en gardant rancune à votre frère, votre offrande n'est pas la bienvenue car elle souillera l'autel. Faites d'abord la paix avec votre frère, et alors votre offrande sera la bienvenue".[275] Toute offrande ou toute action accomplie dans l'esprit de vouloir obtenir un avantage sur un autre enfant du Divin ne peut plaire au Divin.

Dans la *Gita*, Krishna nous exhorte à faire en sorte que toutes les actions, si elles ne sont pas accomplies en tant que *yajna*, en tant que service au Divin, conduisent à une plus grande servitude.[276] Les raisons en sont évidentes. En général, par nos actions, nous cherchons à obtenir un avantage sur les autres, car nos actions sont motivées par des motifs égoïques, conduisant à l'identification et à l'attachement, et sont également motivées par des désirs et des aversions. De ce fait, toutes nos actions conduisent à davantage de *karma* et d'illusions. Krishna nous apprend à éviter cela en accomplissant nos actions en tant que *yajna*, ce qui signifie que nous consacrons nos actions au Divin.

---

274 Swami Tapasyananda, *Srimad Bhagavad Gita*, p. 107
275 Matthieu 5:24
276 *Bhagavad Gita* III.9

Nous les accomplissons au service du Divin, en nous offrant nous-mêmes, nos actions, notre sentiment de pouvoir et les résultats de nos actions dans ce que la terminologie *védique* appelle le sacrifice de soi, le *yajna*.

Dans la strophe suivante, Krishna promulgue que le dieu créateur a créé les humains avec le *yajna* et leur a dit qu'en consacrant leurs actions au Divin et au bien commun, ils se multiplieront et prospéreront, tous leurs besoins étant satisfaits.[277] Selon cet enseignement, l'abondance est créée en ayant à l'esprit le bien-être de tous les êtres, de toute la nature et le service au Divin ; en d'autres termes, en adoptant une attitude de don. Cette philosophie contraste fortement avec le credo de la société moderne, qui semble croire que l'abondance se crée par la ruse et la connivence, en déjouant tout le monde et en s'en tirant à bon compte. J'admets que cela peut parfois générer de la richesse pour quelques-uns, mais à long terme, cela appauvrit la société. Il suffit de constater que, chaque année, de plus en plus de richesses sont concentrées entre les mains d'un nombre de plus en plus restreint d'individus extrêmement riches, alors que, dans le même temps, les 50 % les plus pauvres de la population mondiale détiennent chaque année un pourcentage de plus en plus faible de la richesse mondiale. C'est une recette toxique pour la lutte des classes. Krishna ne veut rien savoir de tout cela lorsqu'il s'exclame dans la *Bhagavad Gita* que ceux qui prennent sans donner en retour sont des voleurs.[278] La strophe IV.24 de la *Gita* réinterprète alors les éléments formels du rituel *védique du yajna* comme une métaphore de la vie dont le thème central est l'offrande

---

277 *Bhagavad Gita* III.10
278 *Bhagavad Gita* III.12

et le don. Dans cette métaphore, le donneur, le donné, le don et le receveur forment tous l'aspect processus du Divin, le Dieu immanent. Grâce à cette métaphore, nous réalisons qu'il ne peut y avoir de prélèvement égoïste sur les ressources des autres ; au contraire, l'abondance est créée collectivement par tous les êtres qui coopèrent mutuellement. En revanche, l'appauvrissement est créé en travaillant les uns contre les autres et en agissant de manière contradictoire et antagoniste.

Les restes sont un aspect essentiel du rituel *du yajna*. Par exemple, dans un *yajna védique*, la nourriture est consacrée au Divin et une partie est versée dans un feu sacrificiel. Il reste alors une grande quantité de nourriture que les participants peuvent manger. Il est essentiel de ne pas considérer que ces strophes ne concernent que les hindous ou les Indiens. Elles contiennent un message universel qui peut être compris en prêtant attention à ce que dit la *Gita*.

La strophe IV.28 énumère les pratiques yogiques et l'étude des textes sacrés comme une forme valide de *yajna*, le sacrifice de soi. La strophe IV.29 indique que la pratique du *pranayama*, avec une compréhension profonde de ses fondements *praniques*, est également un *yajna* valable. La strophe IV.33 affirme que le *jnana yajna*, l'offrande de la connaissance, est la forme la plus élevée de sacrifice. La connaissance signifie ici, bien sûr, la connaissance spirituelle telle que la réalisation de soi. Krishna affirme que l'obtention de la connaissance spirituelle est la forme la plus élevée d'offrande que nous puissions faire au Divin. La connaissance spirituelle est la forme d'offrande la plus élevée parce qu'il n'y a rien d'aussi agréable pour le Divin que notre évolution spirituelle. La raison pour laquelle il en est ainsi est énoncée dans la strophe IV.37. Ici, Krishna dit que le feu de la connaissance (*jnana agni*) brûle tout le *karma* négatif, tout comme un feu réduit son combustible en cendres. Ces strophes soulignent l'importance du *jnana* - la connaissance - dans le *Bhakti* Yoga. *Le bhakti* yoga ne peut être complet sans le *karma* yoga, qui consiste à servir le Divin par ses actions, mais les deux ne peuvent être complets sans le *jnana*, l'obtention de connaissances spirituelles telles que la connaissance de soi et du Divin. *Le jnana* yoga sera donc le sujet du prochain chapitre.

Krishna répond directement à une question d'Arjuna et déclare qu'Il est l'*adhi-yajna*, c'est-à-dire ce qui est abordé dans toutes les actions sacrificielles, que les gens accomplissent avec leur corps et leur esprit.[279] Quelques explications ici : Lorsque Krishna dit Je, Il ne veut pas dire que le corps de l'*avatar* Krishna est le destinataire de tous les actes d'offrande et de service. Il parle de Lui en tant qu'Être suprême, une allusion au fait que Vishnu, dans les *Védas*, est le destinataire de toutes les offrandes. Lorsque Krishna dit avec le corps et l'esprit, il veut exprimer qu'il ne suffit pas d'accomplir avec son corps certains rituels, comme la pratique du yoga, sans en faire l'offrande au Divin. Troisièmement, il nous rappelle qu'il existe des pratiques qui se déroulent exclusivement dans l'esprit, telles que l'abandon de toute pensée au Divin, la pensée en alignement avec le Divin et l'offrande de sa pratique de la méditation au Divin. Quatrièmement, il précise que s'il existe des rituels formels, toutes les actions accomplies avec le corps et l'esprit doivent être considérées comme une offrande au Divin. C'est là que réside la contribution

---

279 *Bhagavad Gita* VIII.4

déterminante du terme *yajna* à la philosophie de la *bhakti*. Toutes les actions doivent être transformées en déclarations d'amour pour le Divin.

    Ce sont tous des aspects cruciaux du *yajna*. Le *yajna* est un rituel qui nous rappelle que le cosmos tout entier est le corps cristallisé de Dieu et que, par conséquent, toutes nos actions doivent devenir du *karma* yoga et du *bhakti* yoga. C'est pourquoi Shri Aurobindo a dit : "Toute vie est yoga". La strophe la plus essentielle sur le *yajna* dans la *Bhagavad Gita* est IX.15, que j'ai déjà commentée plus haut. Krishna y déclare que ceux qui offrent le *jnana yajna* (offrande de connaissance) au Divin L'adorent comme le tout inclusif, comme l'Un (*ekatva*), le distinct ou séparé (*prthaktva*), et l'immanent dans la multiplicité (*bahudha*). *Ekatva* signifie voir l'unité du moi profond, non incarné, avec l'aspect transcendantal du Divin. *Prthaktva* signifie que nous nous voyons séparés et différents de la force créatrice divine, la Shakti ou l'intelligence cosmique. Notre intelligence et notre pouvoir sont limités, alors que ceux du Divin sont illimités. Nous avons un corps limité, mais celui du Divin, le cosmos, est illimité. Le troisième type de réalisation de Dieu est *bahudha* - la multiplicité. Il s'agit de voir comment le Dieu immanent est devenu la multiplicité de tous les êtres et objets, réside en chacun d'eux, les anime et leur donne leurs caractéristiques. Notre *bhakti* est incomplète si nous ne pouvons pas voir et comprendre ces trois réalisations.

    Dans ce chapitre, j'ai montré que la pratique et la compréhension des principes du *karma* yoga sont essentielles pour la *bhakti*. J'espère que le lecteur ne sera pas découragé par cette présentation précise de la science de la *bhakti*. Cela ne m'est pas venu du jour au lendemain, mais résulte de décennies d'études, de recherches et de pratiques. La pratique de la *bhakti* est souvent entravée par la croyance qu'elle consiste simplement à se prosterner devant une image. La compréhension sophistiquée présentée dans ce texte (dont l'auteur ne s'attribue aucun mérite mais qui est due aux influences qu'il a citées) nous mettra sur la voie d'une expérience de *bhakti* beaucoup plus profonde et gratifiante. Veuillez comprendre qu'il ne suffit pas de lire ce texte une seule fois pour y parvenir. Il s'agit au contraire d'une pratique qui dure toute la vie.

Chapitre 6
LE JNANA YOGA ET SON IMPORTANCE POUR LA BHAKTI

QU'EST-CE QUE LE JNANA YOGA ?

Comme pour tous les autres yogas dans ce texte, je décrirai principalement le *jnana* yoga en relation avec le *bhakti* yoga. J'espère écrire un prochain texte qui traitera exclusivement du *jnana*. Le *jnana* yoga a été initialement décrit, bien que sous un autre nom, dans la *Brhad Aranyaka Upanishad*, notamment dans les dialogues du *Rishi* Yajnavalkya avec l'empereur Janaka et avec l'épouse de Yajnavalkya, Maitreyi. Dans ces dialogues, Yajnavalkya formule la doctrine dite du Brahman, qui implique que la réalité sous-jacente de l'univers et de l'esprit humain est la conscience infinie, le Brahman. Pour atteindre le Brahman, Yajnavalkya enseigne une approche en trois étapes : *shravana* consiste à écouter la vérité exposée par quelqu'un qui l'a atteinte. Vient ensuite *manana*, la réflexion sur la vérité entendue. Après l'avoir bien comprise et acceptée, vient *nididhyasana*, l'établissement permanent dans la vérité.

L'approche de Yajnavalkya ne conviendra qu'aux personnes dotées d'un intellect très sophistiqué, exempt de ce que le *Samkhya Karika* (texte exposant la philosophie du *Samkhya*) appelle *viparyaya*, la connaissance erronée ou l'erreur. En présence d'une cognition erronée, l'intelligence est susceptible de mal comprendre l'enseignement de Yajnavalkya. Les connaissances erronées sont présentes dans l'esprit de la plupart des gens, si ce n'est de tous. Le *Yoga Sutra* de Patanjali est une tentative de rendre les enseignements abstraits des *Upanishads* accessibles aux personnes dont l'esprit est sujet à l'erreur. Selon Patanjali, l'erreur (*viparyaya*) est l'une des cinq fluctuations de l'esprit (*vrttis*) énumérées dans les *Yoga Sutra*.[280] Le yoga de Patanjali, également appelé *Raja* Yoga, décrit un système dans lequel nous purifions d'abord l'esprit de l'erreur, avant de l'appliquer au *Jnana* Yoga. Cette purification de l'esprit implique une vaste panoplie de *sadhanas* (pratiques et disciplines spirituelles), dont je donne un aperçu au chapitre 7, le chapitre sur le *Raja* Yoga. *La Gita* enseigne le *Raja* Yoga au chapitre 6, où il est décrit comme un affluent du *Bhakti* Yoga.

Le théologien indien du VIIIe siècle Shri Shankaracharya (que j'appellerai Shankara en abrégé) a déclaré dans son *commentaire du Brahma Sutra* que le Brahman (la conscience infinie) ne peut être atteint par l'accomplissement d'actions (telles que les techniques de yoga), car sinon il aurait été démontré que le Brahman est causé. Cela est impossible car, par définition, le Brahman est la cause incausée de toute chose. Je vais maintenant critiquer l'argument de Shankara du point de vue du yoga de Patanjali : en pratiquant une technique de yoga, je ne fais que purifier mon esprit et le ramener à son alignement originel avec le Brahman afin de pouvoir demeurer en Lui. Cela n'implique pas la causalité du Brahman. Au contraire, cela démontre seulement que

---

[280] *Yoga Sutra* I.6

CHAPITRE 6

- A. mon esprit avait besoin d'être purifié et
- B. l'efficacité des méthodes de yoga pour parvenir à cette purification.

Les mystiques indiens qui avaient des vues similaires étaient Shri Ramakrishna et Shri Aurobindo. Aurobindo a atteint le *jnana* dans la prison d'Alipore après avoir pratiqué une technique de méditation yogique, que je décrirai plus loin dans la section "Comment atteindre le *jnana*". Aurobindo ne croyait pas pour autant avoir causé le Brahman par sa technique de méditation. Bien sûr, Aurobindo comprenait et a toujours proclamé que le Brahman était la cause incausée de toute chose.

Aurobindo ne croyait pas non plus que le *jnana* était la fin du chemin spirituel, mais plutôt son début. Cette croyance était due au fait qu'Aurobindo avait atteint la réalisation de soi relativement rapidement. Cela a cependant donné le coup d'envoi à une recherche sur le *bhakti* et le *karma* yoga qui a duré toute sa vie. C'est ce que dit Aurobindo dans ses *Essais sur la Gita*, que la *Gita* met l'accent sur la réalisation de soi tout au long de son chapitre 6.[281] Bien que cela puisse être considéré comme une fin en soi, ce n'est que le début de la *Bhakti* et du *Karma* Yoga.

Swami Tapasyananda, dans son commentaire sur la *Bhagavad Gita*, définit la réalisation de soi comme une scission de la conscience par laquelle le centre conscient cesse de s'identifier au corps-esprit et se tient debout dans le témoignage de la Conscience divine.[282] Bien qu'au départ, nous puissions être réticents à l'idée qu'une scission de la

---

281 Sri Aurobindo, *Essais sur la Gita*, p. 235
282 Swami Tapasyananda, *Srimad Bhagavad Gita*, p. 374

conscience soit quelque chose à laquelle on puisse aspirer, cela correspond à peu près au concept de réalisation de soi de Patanjali. Patanjali l'appelle *kaivalya*, ce qui se traduit par indépendance mais aussi par isolation. Cela signifie que l'on a réalisé le vrai soi, que Patanjali appelle *purusha*, comme indépendant et isolé du corps-esprit égoïque. Plus précisément, nous devons isoler la conscience témoin, le vrai moi, de l'intelligence ou de l'intellect (*buddhi*). L'ancien professeur de *Samkhya*, Panchasikha, a déclaré qu'en raison de la proximité de l'intellect et de la conscience, nous croyons que l'intellect est sensible et que la conscience modifie les données sensorielles. En réalité, ces deux fonctions sont totalement distinctes. Il veut dire que l'intellect modifie les données sensorielles mais n'est pas conscient. En revanche, la conscience est consciente et sensible, mais elle ne peut pas modifier les données sensorielles. Les deux fonctions sont entièrement isolées l'une de l'autre, et celui qui a une connaissance permanente de cette isolation est auto-réalisé.

L'état de réalisation de soi est fréquemment mentionné dans la *Gita*, qui parle de voir tous les êtres dans leur intégralité dans l'*atman* (le soi),[283] alors qu'un autre passage dit que celui qui voit la similitude dans tous les êtres et est établi dans la communion spirituelle (avec le Divin) voit l'*atman* résidant dans tous les êtres et tous les êtres comme étant établis dans le soi.[284] Le chapitre XIII de la *Gita* traite principalement de la réalisation de soi et du *Jnana* Yoga. Dans ce chapitre, Krishna fait la différence entre le champ (*kshetra*) qui doit être connu, c'est-à-dire le corps-esprit égoïque, et le connaisseur du champ (*kshetra-jna*), c'est-à-dire

---

283 *Bhagavad Gita* IV.35
284 *Bhagavad Gita* VI.29

CHAPITRE 6

la conscience ou le soi (*atman*). Krishna déclare que selon lui, la connaissance (*jnana*) qui distingue le connaisseur (*kshetrajna*), c'est-à-dire le soi, et son champ d'action, le corps-esprit égoïque (*kshetra*), est la seule connaissance réelle (*jnana*).[285]

VIJNANA (RÉALISATION DE DIEU)

Discuter de *jnana* en relation avec *la Gita* et la *bhakti* ne serait pas complet sans aborder la question de *vijnana*. Dans l'une des strophes centrales de la *Gita*, Krishna établit la différence entre la connaissance essentielle (*jnana*, c'est-à-dire la réalisation de soi) et la connaissance complexe (*vijnana*, c'est-à-dire la réalisation de Dieu).[286] Les commentateurs médiévaux de la *Gita* n'ont pas saisi l'importance de cette strophe marquante, une omission que Shri Ramakrishna a rectifiée. Shri Ramakrishna a souligné que les deux termes utilisés ici désignent la réalisation de soi et la réalisation du Soi cosmique, le Divin. Il a enseigné que *vijnana* (la réalisation de Dieu) est obtenue par la réalisation du Divin comme étant à la fois personnel (*saguna*, traduit directement le terme signifie avec-forme) et impersonnel (*nirguna*).[287] Nirguna signifie sans forme ou sans attribut et se réfère à l'Absolu sans forme (*nirguna* Brahman), le sujet de l'enseignement de Shankara. Le terme *saguna* signifie avec forme ou attributs et désigne toutes les formes que le Divin peut prendre, c'est-à-dire une divinité, un *avatar*, le collectif des esprits (*jivas*), le cosmos tout entier, ainsi que l'intelligence et la force créatrices qui le transforment (*prakriti*, *maya*, Shakti).

---

285 *Bhagavad Gita* XIII.2

286 *Bhagavad Gita* VII.2

287 Swami Tapasyananda, *Srimad Bhagavata*, vol.3, p. 9

Swami Tapasyananda dit que *vijnana* consiste à voir le jeu divin dans lequel le Divin devient les *jivas* (esprits individuels), le cosmos et son maître, la Divinité.[288]

La déclaration de Tapasyananda est importante, car dans la philosophie de Shankara, le monde est statique, c'est-à-dire qu'il ne change jamais son essence d'illusion. De même, la seule entité réelle, le Brahman, est statique car elle ne change jamais son statut d'infini, d'éternité, de vide, d'absence de qualité et d'absence de forme. Tapasyananda utilise ici le terme *lila*, qui implique le jeu dynamique du Divin. Alors que le Divin, le joueur, peut être inchangé, le jeu entrepris est réel et dynamique. Shri Aurobindo a repris l'enseignement de Ramakrishna et l'a développé. Il dit que *vijnana* est la conscience spirituelle directe de l'Être suprême ; par elle, tout est connu, non seulement le moi, mais aussi le monde, son action et sa nature.[289] Ici aussi, Aurobindo admet plus qu'un simple moi statique, mais aussi l'action du Divin dans un monde réel et significatif.

L'importance de nos actions dans le monde ou leur caractère entièrement illusoire dépend de notre prise de conscience et, en fin de compte, de notre connaissance du monde. Si nous réalisons que le Divin joue un rôle actif dans le monde réel, nous accordons beaucoup plus d'importance à nos actions et à notre contribution au plan divin.

JNANA ET BHAKTI

Shri Aurobindo écrit que les chapitres 7 à 12 de la *Bhagavad Gita* posent les bases d'une relation étroite entre la connaissance

---

288 Swami Tapasyananda, *Srimad Bhagavad Gita*, p. 208
289 Sri Aurobindo, *Essays on the Gita*, p. 266

CHAPITRE 6

(*jnana*) et la dévotion (*bhakti*).[290] *La Gita* affirme que la dévotion (*bhaktya*) nous amène à l'Être suprême et qu'en le connaissant (*jnatva*), nous y entrons.[291] La mention de ces deux voies démontre qu'elles sont étroitement imbriquées. Shri Krishna déclare que le connaisseur (*jnaninah*) est uni dans la dévotion (*eka-bhaktih*) et en constante communion avec le Divin.[292] Ces citations montrent clairement que la dichotomie que certains créent entre le *jnana* et le *bhakti* yoga est fictive. En effet, comment pourrions-nous avoir de la dévotion pour quelque chose que nous ne connaissons pas ? Il s'agirait d'une dévotion imaginaire, d'une foi aveugle, d'un dogmatisme. En revanche, une fois que l'on connaît Dieu, rien n'est plus simple et naturel que la *bhakti*. Par conséquent, si le *jnana* et la *bhakti* sont réels, ils doivent toujours aller de pair. Nous pouvons, par exemple, commencer une simple pratique de *bhakti* en vénérant une image divine à l'exclusion des autres. Cependant, comme l'a déclaré le grand philosophe de la *bhakti advaïtique* Madhusudana Saraswati, les modes supérieurs de *bhakti* ne peuvent apparaître qu'une fois la conscience unitaire atteinte. Le terme de conscience unitaire représente ici la prise de conscience qu'il existe une conscience infinie derrière toutes les formes divines et les déités.

Dans la *Bhagavad Gita*, Krishna déclare que les grandes âmes (*mahatmas*) savent qu'Il (*jnatva*) est l'origine immuable de tous les êtres et, par conséquent, L'adorent (*bhajanti*) avec un esprit non distrait.[293] Une fois de plus, on assiste à la fusion parfaite de la *bhakti* et du *jnana*, les yogas de

---

290 Sri Aurobindo, *Essays on the Gita*, p. 263
291 *Bhagavad Gita* XVIII.55
292 *Bhagavad Gita* VII.17
293 *Bhagavad Gita* IX.13

la dévotion et de la connaissance. Parfois, *la bhakti* se développe à partir du *jnana*, parfois c'est l'inverse, mais en fin de compte, ils vont toujours ensemble.

Par exemple, dans la *Gita*, Krishna déclare qu'il accordera l'amour intellectuel de Dieu (*buddhi yoga*) à ceux qui l'adorent avec délice et sont fermement établis dans la communion spirituelle.[294] Plus loin, la *Gita* dit que par une dévotion inébranlable (*bhaktya*), la forme universelle du Divin peut être connue (*jnatum*).[295] De nombreux autres passages pourraient être cités, mais ceux-ci suffisent à montrer que *jnana* et *bhakti* ne sont pas deux mais un, et que ceux qui pratiquent l'un à l'exclusion de l'autre risquent de finir par s'abrutir.

COMMENT PRATIQUER LE JNANA YOGA

Ce que l'on appelle aujourd'hui le *Jnana* Yoga dans les anciennes *Upanishads* est appelé la connaissance du Brahman. Selon *le Rishi* Yajnavalkya, fondateur de la doctrine du Brahman dans le *Brhad Aranyaka*, la plus ancienne des *Upanishads*, on y accède par un processus de réflexion appelé *shravana, manana, nididhysana*. *Shravana* signifie écouter l'enseignement. *Manana* signifie réfléchir à l'enseignement, tandis que *nididhysana* signifie un établissement permanent dans la vérité. Nous pouvons tous écouter les enseignements et y réfléchir, mais peu d'entre nous parviendront à se libérer spirituellement grâce à cette réflexion sans aide supplémentaire.

À l'époque de Shankara, qui a vécu quelques milliers d'années après Yajnavalkya, la doctrine du Brahman était

---

294 *Bhagavad Gita* X.10
295 *Bhagavad Gita* XI.54

codifiée à tel point que Shankara a déclaré que le Brahman ne pouvait être connu par aucun acte ou effort, mais qu'il ne pouvait être connu qu'à travers les écritures. Les écritures particulières que Shankara avait à l'esprit sont ce que l'on appelle le *prashtana trayi* (triple canon) des *Upanishads, de la Bhagavad Gita* et des *Brahma Sutras*. Cela signifie que l'étude de ces textes fait partie du *Jnana* Yoga. Le point de vue selon lequel l'étude de la *Gita* constitue le *Jnana* Yoga est également soutenu par la *Gita* elle-même. Ainsi, Krishna dit qu'étudier la *Bhagavad Gita* signifie l'adorer par l'offrande de la connaissance (*jnana yajna*).[296]

Si nous nous appuyons exclusivement sur l'étude des écritures, il y a de fortes chances que nous restions à la surface et que ces recherches ne transforment pas profondément nos actions. Nous pouvons apprendre par cœur une série de déclarations linguistiques, que nous pouvons fréquemment prononcer pour convaincre les autres et nous-mêmes que nous avons effectivement atteint le *jnana*, mais cela ne parvient pas à transformer notre psyché. Bien que nous professions extérieurement être un *jnani*, nos actions peuvent continuer à trahir nos paroles.

C'est précisément ce que Shri Krishna avait à l'esprit lorsqu'il a déclaré, dans la strophe II.6 de la *Gita*, que celui qui est extérieurement inactif [c'est-à-dire qui prétend être un grand méditant ou un *jnani*] mais qui, dans son esprit, continue d'entretenir des désirs, est un hypocrite. C'est pourquoi les Amérindiens ont un dicton : "Ne nous parlez pas de vos expériences spirituelles. Nous vous observerons et jugerons de ce que vous avez vu et compris d'après votre comportement". Le *Bhagavata Purana* reconnaît que

---

[296] *Bhagavad Gita* XVIII.70

le simple fait de parler de la conscience ne conduit pas à la libération, alors que la *sadhana* (pratiques spirituelles) y conduit.[297] Veuillez noter que le pendule était revenu en arrière et que la pratique du yoga était à nouveau considérée comme plus prometteuse que la simple écoute, la réflexion et la stabilité. À l'époque médiévale, les cercles yogiques répugnaient à parler de *jnana*. Cette aversion apparaît clairement dans la strophe finale de la *Hatha Yoga Pradipika du* 15th siècle, qui affirme que si le *prana* (force vitale) n'est pas introduit dans le nadi central (*sushumna*), tout discours sur le *jnana* n'est qu'un baratin absurde de fous.[298] Bien que cette critique ne soit pas nouvelle, une déclaration similaire a été faite près de deux mille ans plus tôt dans la *Gita*, qui affirme que s'asseoir tranquillement et penser que l'on a atteint un esprit imperturbable est de l'hypocrisie.[299]

C'est pourquoi les *jnanis* plus récents ont souvent pratiqué des méthodes yogiques ou tantriques pour obtenir la connaissance. Je citerai trois exemples : Shri Ramakrishna, Ramana Maharishi et Shri Aurobindo. Voyons d'abord le cas de Ramakrishna. Ramakrishna était le prêtre officiel du temple de Kali à Dakshineshwar. Son cas est intéressant à plus d'un titre. Il a d'abord atteint la réalisation du Divin avec la forme par la *bhakti* avant de pratiquer le *jnana*. Selon ses propres dires, Ramakrishna a effectué un service de dévotion à Kali pendant une longue période sans parvenir à la réalisation. Un jour, frustré, il escalada la statue géante de Kali dans la salle principale du temple et menaça de s'empaler sur la grande épée sacrificielle que portait la statue.

---

297 Swami Tapasyananda, *Srimad Bhagavata*, vol. IV, p. 3
298 *Hatha Yoga Pradipika* IV.113
299 Swami Tapasyananda, *Srimad Bhagavad Gita*, p. 83

CHAPITRE 6

C'est alors qu'il vit la forme divine de Kali. Alors que la plupart des dévots se seraient contentés de rester auprès de leur divinité préférée, Ramakrishna était curieux de savoir ce qui se passerait s'il allait plus loin. Il a alors pratiqué des périodes consécutives de méditation sur Vishnu, Shiva, Jésus et Mahomet, respectivement. Plus tard, il déclara que tous ces chemins mèneraient au même but.

À ce moment de sa vie, le *jnani* Totapuri demanda à Ramakrishna de lui donner une leçon. Selon la philosophie de Totapuri, l'*Advaita Vedanta*, l'Absolu sans forme, le *nirguna* Brahman, était la seule réalité sous-jacente. Les formes divines et les divinités étaient des supports et des béquilles vénérés uniquement par ceux qui n'avaient pas la capacité intellectuelle de reconnaître leur irréalité. Totapuri a enseigné le *Jnana* Yoga à Ramakrishna, mais à sa grande surprise, Ramakrishna l'a maîtrisé en une seule séance de 24 heures.

Lorsque Totapuri revint pour vérifier les progrès de son élève, il constata que Ramakrishna était assis bien droit, dans un état proche de la rigidité cadavérique, tout son corps étant froid mais seul le sommet de sa tête étant chaud. Ramakrishna avait maîtrisé ce que les *Védantins* appellent le *nirvikalpa samadhi* en absorbant son *prana* (force vitale) dans le *Sahasrara Chakra* (*chakra* de la couronne). Dans le *Vijnana Bhairava Tantra*, cette technique est considérée comme appropriée pour atteindre le *jnana*. Il s'agit toutefois d'une technique qui n'est sûre que pour les pratiquants avancés comme Ramakrishna. Le fonctionnaire indien, mystique et réformateur social Gopi Krishna est une autre personne qui a fait l'objet de nombreuses publications et qui a pratiqué cette méthode. Il est l'auteur de douze livres, dont son rapport personnel de 1967 intitulé *Kundalini - Evolutionary Energy in Man* (*Kundalini - l'énergie évolutive dans l'homme*). Dans le cas de Gopi Krishna, faute d'une préparation adéquate, la technique s'est retournée contre lui et il a dû traverser une longue période de souffrance, qu'il a décrite comme étant entre la mort et la folie, avant que son état ne se stabilise finalement dans la réalisation. Il ne vaut pas la peine de prendre un tel risque pour le praticien moyen.

Totapuri réussit à faire sortir Ramakrishna de son *nirvikalpa samadhi* de 24 heures en le giflant et en le secouant à plusieurs reprises. Il espérait que Ramakrishna avait maintenant fait l'expérience de la suprématie *de jnana* sur *bhakti*. À la surprise de Totapuri, Ramakrishna déclara que *le jnana* est l'état que l'on finit par atteindre lorsqu'on quitte son corps pour la dernière fois, mais que tant que l'on est dans le corps, la *bhakti* est l'approche adéquate. Ramakrishna a ajouté que, dans le corps, plutôt que de tenter l'unification avec l'Absolu sans forme, nous devrions nous efforcer d'être un serviteur du Divin et de tous les êtres.

Cela rejoint l'enseignement de Shri Krishna dans la *Bhagavad Gita*, où il explique qu'il est difficile pour un être incarné de suivre un idéal flou ; il est beaucoup plus problématique de suivre l'Absolu sans forme [que le Divin avec forme].[300] C'est parce que nous ne pouvons pas apprendre ce qui est bien et ce qui est mal à partir de l'Absolu sans forme. Nous pouvons cependant l'apprendre du Divin ayant une forme, tel que Krishna, Jésus ou Bouddha. Ramakrishna a cependant affirmé que la *vijnana* (réalisation de Dieu) complète ne s'obtient qu'en réalisant à la fois le Divin avec forme (*saguna* Brahman) et l'Absolu sans forme (*nirguna* Brahman).

La deuxième étude de cas est celle du mystique tamoul Ramana Maharishi, qui date du 20th siècle. Ramana n'a

---

300 *Bhagavad Gita* XII.5

pas lui-même écrit de livres. Il existe un écart considérable dans les récits de ses enseignements entre les livres publiés à son sujet par des Occidentaux et des éditeurs occidentaux, d'une part, et les publications indiennes, d'autre part. Je pense que les livres et les récits occidentaux donnent des versions tronquées et aseptisées et que les récits indiens nous donnent une image plus complète de la spiritualité orthodoxe de Ramana. Ramana était issu d'un milieu *brahmane Smarta* très orthodoxe. Dès le départ, il s'est orienté vers le *jnana*, mais sa *bhakti* était également très forte. Ramana a raconté que le Seigneur Shiva lui avait parlé et lui avait dit de se consacrer à une vie ascétique. Ramana devait passer le reste de sa vie sur le mont Arunachala ou dans ses environs, considéré par les hindous comme l'incarnation méridionale de Shiva. Plus tard dans la vie de Ramana, il y a eu un procès pour savoir si un projet immobilier devait être réalisé sur Arunachala. Ramana a signé un document judiciaire déclarant que la montagne était le corps du Seigneur Shiva et qu'aucun projet immobilier ne pouvait être réalisé. Un *jnani* pur n'aurait pas pu faire cela, car pour un *jnani* pur, toute matière est une illusion.

Dans les livres occidentaux consacrés à Ramana, son histoire est racontée comme si elle consistait simplement en un ensemble de principes linguistiques, tels que "le corps est une illusion, seul le soi existe". Ce qui n'est pas suffisamment expliqué ici, c'est que Ramana était l'un des plus féroces ascètes hindous du 20th siècle. Sa *sadhana* (discipline spirituelle), telle que Shiva la lui avait ordonnée, consistait à se désidentifier complètement du corps. Ramana a pratiqué cette discipline tout au long de sa vie, mais la période la plus intense a été les 15 premières années qui ont suivi son arrivée au mont Arunachala à l'âge de 10 ans. Pendant cette période, il a renié son corps à tel point que les garçons du quartier ont commencé à lui jeter des pierres parce qu'ils avaient compris qu'il ne se défendrait pas. Ils ont continué à uriner et à déféquer sur lui car, grâce à sa *sadhana*, il ne répondait pas. D'autres *sadhus* (ascètes) ont finalement déplacé Ramana dans un donjon souterrain pour le protéger. Ils ont également commencé à nettoyer ses blessures et à le nourrir, sans quoi il n'aurait pas survécu, tant il s'était désidentifié de son corps.

Dans cette mesure, la *sadhana* de Ramana est conforme à l'enseignement de Shankara. Shankara a déclaré que pour atteindre le *jnana*, il fallait renier son corps, ne pas avoir de maison ni de biens, ne pas posséder d'argent et ne pas avoir de relations sexuelles ou familiales. Les récits occidentaux, tout en mentionnant parfois ces "excès" de la vie antérieure de Ramana, ne comprennent pas que son enseignement est émasculé si l'on continue à mener une vie gouvernée par les désirs tout en affirmant que le corps est une illusion et que seule la conscience est réelle. Une telle divergence est précisément ce que le Seigneur Krishna appelle l'hypocrisie.

La vie de Ramana n'a pas non plus de sens si l'on ne comprend pas sa relation de *bhakti* avec le Dieu personnel Shiva, qui a ordonné à Ramana d'accomplir ces austérités pour l'atteindre. Je ne m'étends pas sur ce sujet pour défendre ou contrecarrer l'ascétisme. Mon but est de rechercher, d'apprécier et, je l'espère, de comprendre la spiritualité d'une personne, en l'occurrence celle de Ramana, dans son intégralité, plutôt que de sélectionner des aspects individuels que l'on peut trouver palpables, comme c'est le cas pour Ramana et le mouvement *néo-védantin* occidental moderne. Le mouvement *néo-védantin* occidental a choisi les formules linguistiques de Ramana (comme le fait que seule la conscience existe) et a ignoré les actions de Ramana (son ascétisme, c'est-à-dire son rejet total du corps, de la propriété, de l'argent, de la maison, du sexe et de la famille). Ce que le mouvement *néo-védantin* occidental ignore, c'est que le second alimente le premier. C'est ce qu'enseigne Shankara, le principal défenseur de l'*Advaita Vedanta*, qui a établi le code ascétique que Ramana a suivi. Sans le rejet total de toute forme d'attachement corporel, le premier est, comme le dit la Hatha Yoga Pradipika, "le bavardage des imbéciles" ou, selon les termes de la *Bhagavad Gita*, "l'hypocrisie".

Notre troisième étude de cas pour la relation *bhakti-jnana* est le mystique bengali Shri Aurobindo, déjà abondamment cité. Shri Aurobindo était le descendant d'une riche famille de marchands maritimes bengalis. À la fin des années 1900, il a été envoyé en Angleterre pour y recevoir une éducation et a étudié à Cambridge, dans la perspective de travailler pour le Raj britannique en Inde. Au cours de cette période, il a été confronté au racisme et s'est progressivement rallié à la cause de l'autonomie locale, c'est-à-dire à l'expulsion des dirigeants coloniaux de l'Inde. Après avoir publié un journal appelant à la résistance non violente, il finit par croire que cette approche ne porterait pas ses fruits. Il entre alors dans la résistance armée et devient l'un de ses leaders. Après l'échec d'un attentat à la bombe contre le haut-commissaire de Kolkata (alors Calcutta), il est arrêté et passe un an à la prison d'Alipore dans l'attente de son procès. Il était prévisible qu'il serait condamné et exécuté. Après la mort soudaine et quelque peu inattendue du principal témoin de l'accusation, Aurobindo a dû être libéré. Il se rendit à Pondichéry, en France, où il consacra le reste de sa vie à l'expérimentation spirituelle, à l'écriture de plus de 30 livres et à l'enseignement, ce qui entraîna la formation d'un *ashram* autour de lui.

Ce qui a permis à Aurobindo de passer du statut d'activiste politique à celui de maître spirituel, c'est une série d'éveils spirituels qu'il a eus en prison. Les deux plus importantes sont les expériences classiques de *jnana* (réalisation de soi) et de *vijnana* (réalisation de Dieu). Confronté à la prison et incapable de poursuivre sa résistance politique, Aurobindo s'est consacré à la méditation. Tout comme la technique du chakra de la *couronne* de Ramakrishna et la technique de désidentification du corps de Ramana, la technique de méditation d'Aurobindo est mentionnée dans *le Vijnana Bhairava Tantra*, bien qu'aucun des trois mystiques n'ait cité ce tantra comme source d'information. La technique d'Aurobindo est une technique dite de négation de la pensée, qu'il décrit ainsi :

- Tout d'abord, asseyez-vous et observez votre esprit, mais ne pensez pas. Il s'agit ici de ne pas produire de pensées activement, mais de les observer passivement.
- Deuxièmement, si une pensée apparaît, notez qu'elle n'est pas créée à l'intérieur de l'esprit, mais qu'elle y pénètre de l'extérieur. Le modèle sous-jacent ici est que le cerveau n'est pas un générateur de pensées mais fonctionne plutôt comme un récepteur radio. Selon cette approche, les pensées ne sont pas considérées comme des impulsions bioélectriques générées dans le cerveau, mais comme des ondes de pensée atmosphériques (*vrttis*).
- Troisièmement, chaque fois que vous remarquez qu'une pensée tente d'entrer dans votre esprit, rejetez-la.

CHAPITRE 6

Je vous encourage à poser le livre et à essayer la technique après avoir relu plusieurs fois les instructions. Quel que soit le succès initial, je suggère de revenir régulièrement sur la méthode pour mesurer les progrès accomplis. Parmi les dizaines de techniques de méditation que je pratique et que j'ai pratiquées, je ne considère pas celle-ci comme l'une des plus faciles, mais Aurobindo écrit qu'après avoir pratiqué la méthode pendant trois jours, il était libre, c'est-à-dire qu'il avait atteint le *jnana*, la réalisation de soi. Aurobindo a déclaré qu'après avoir chassé les pensées pendant trois jours, son esprit est devenu totalement silencieux. S'il orientait son esprit désormais silencieux vers la recherche, il constatait qu'il était devenu plus transparent, plus précis et plus puissant.

Pour la plupart des yogis, cette expérience aurait été suffisante. Ils seraient restés au niveau du moi silencieux, de la conscience témoin. Mais dans le cas d'Aurobindo, cette réalisation de soi n'était que le précurseur et l'ouverture de la réalisation ultérieure de Dieu ou *vijnana*. Aurobindo écrit que quelques mois après sa réalisation, il a fait l'expérience que son lit, sa couverture et le mur de sa cellule se transformaient tous en Krishna. Ses gardiens de prison et les autres détenus, dont beaucoup étaient des meurtriers, se transformaient devant ses yeux en Krishna. Ces expériences, *jnana* et *vijnana*, ont conduit Aurobindo à sa compréhension de la *Bhagavad Gita*, qu'il a finalement publiée sous le titre *Essais sur la Gita*. Bien qu'il s'agisse d'une lecture difficile de 600 pages, et malheureusement pas d'un commentaire strophe par strophe, il s'agit de l'explication la plus complète, la plus visionnaire et la plus cohérente de la philosophie de la *Bhagavad Gita*. Aurobindo explique que *le jnana* est un affluent de la *bhakti*, et je suis ce point de vue dans ce texte. Aurobindo a néanmoins également enseigné que la réalisation du Divin ne peut être complète sans la réalisation de soi. De même, la dévotion au Divin ne peut être complète que si l'on connaît le Divin. Par conséquent, le *jnana* n'est pas seulement un affluent de la *bhakti*, mais aussi un élément structurel essentiel, sans lequel *la bhakti* peut se calcifier en dogmatisme et en sectarisme.

Dans mon texte de 2014 intitulé *Through Mantra, Chakras and Kundalini to Spiritual Freedom*, j'ai attribué le succès rapide de Shri Aurobindo dans sa technique de méditation de négation de la pensée à deux facteurs. Le premier est le fait qu'Aurobindo était, pendant son séjour en prison, en raison de ses activités insurrectionnelles, essentiellement dans le couloir de la mort. Si vous vous attendez à une mort certaine et imminente, vous n'avez guère envie de penser à l'avenir. Comme il n'y a probablement pas d'avenir, il n'y a pas lieu de s'inquiéter des impôts impayés, de devoir appeler le plombier ou de devoir sortir les poubelles. Le mystique arménien Georg I. Gurdjieff, dans ses *Contes de Belzébuth à son petit-fils*, a déclaré que la seule chose qui pourrait propulser la spiritualité de l'humanité était un mécanisme qui nous rappellerait constamment notre mort prochaine. Aurobindo avait mis en place un tel mécanisme. Alors que le fait d'être dans le couloir de la mort serait préjudiciable à toute autre entreprise humaine, c'est le cadre idéal pour la méditation.

Le deuxième facteur est qu'Aurobindo était une âme ancienne, c'est-à-dire qu'il était prêt à vivre ces expériences et qu'il fallait simplement le pousser à franchir la ligne. Un jour, des visiteurs demandèrent à Ramana Maharishi pourquoi il recommandait des méthodes telles que le chant *védique*, le *mantra* ou le *pranayama*, alors que personne ne l'avait encore vu pratiquer l'une d'entre elles. Ramana a répondu que tous ceux qui atteignent des états spirituels dans cette vie, apparemment sans avoir fait de longues périodes de *sadhana* (pratiques spirituelles), l'ont fait dans des vies antérieures. Cette vérité est confirmée dans les *Yoga Sutra*, qui énumèrent cinq voies menant à l'émancipation spirituelle (*siddhi*).[301] La naissance (*janma*) est la première de ces voies. La naissance signifie ici que vous avez atteint le pouvoir spirituel par la naissance, c'est-à-dire que vous êtes né avec. Elle est donc causée par les actes *karmiques* accomplis dans les incarnations précédentes.

L'accession d'Aurobindo à la naissance devient très évidente dans son choix de mots concernant la technique de négation de la pensée décrite ci-dessus. Aurobindo suggère de "rejeter les pensées une fois que nous avons remarqué qu'elles entrent et avant qu'elles ne s'installent dans l'esprit". Je ne sais pas comment cela fonctionne pour vous, mais si je "rejette les pensées", cela active l'acteur en moi et, avec lui, le sens de l'agence dont Krishna nous met en garde. Ce n'était pas un obstacle pour Aurobindo, ce qui témoigne de sa maturité et de son exultation. Pour le reste d'entre nous, simples mortels, je suggère de remplacer le rejet actif par un lâcher-prise passif et une libération des pensées.

Une autre approche consisterait à abandonner ses pensées au Divin. Comme l'affirme Krishna, toutes les actions sont accomplies par Sa *prakriti* (force créatrice divine), mais dans notre illusion, nous croyons en être les auteurs. Le terme "toutes les actions" inclut ici l'action de penser. Nous pouvons prendre du recul par rapport au

---

301 *Yoga Sutra* IV.1

processus de pensée en réalisant que le Divin pense toutes les pensées à travers nous. Certains peuvent penser que l'offrande ou l'abandon d'une pensée est une offrande trop insignifiante. Krishna leur répond que tout ce qu'ils m'offrent avec sincérité et amour, même s'il ne s'agit que d'une feuille, d'une fleur ou d'un fruit, Je l'accepterai en toute vérité.[302]

Un dernier mot de Shri Aurobindo sur le sujet du *jnana* et du *vijnana* : Dans les *Essais sur la Gita*, il nous invite à réaliser l'unité de tous les êtres dans la Nature elle-même.[303] En écrivant ici nature avec un N majuscule, Aurobindo souhaite invoquer la Shakti, l'aspect devenir du Divin, derrière lequel se trouve encore le non-manifesté, l'aspect être du Divin, le soi pur.

LES EFFETS DU JNANA

Dans la *Gita*, Krishna déclare qu'en vérité, dans ce monde, il n'existe rien d'aussi purificateur que la connaissance (de l'*atman*, c'est-à-dire la connaissance de soi), comme le découvrira en temps voulu celui qui s'est perfectionné dans le yoga.[304] Cette strophe est très significative. Si nous abordons la *bhakti* sans connaissance (c'est-à-dire uniquement par la croyance et la foi), elle peut devenir un exercice de narcissisme, où nous extrapolons notre ego sur notre déité préférée et en faisons le seul objet digne d'être adoré. Nous risquons alors de flétrir notre âme par l'orgueil et de mépriser tous les autres enfants de Dieu qui adorent la Divinité par d'autres voies que celle que nous préférons.

---

302 *Bhagavad Gita* IX.26
303 Sri Aurobindo, *Essays on the Gita*, p. 229
304 *Bhagavad Gita* IV.38

Développer un tel orgueil est le danger réel de la *bhakti* sans connaissance. Avec le *jnana*, nous voyons l'*atman* en nous et le même *atman* chez les autres. Une telle connaissance mettra fin à tout fanatisme sectaire, car nous ne pouvons qu'assister avec humilité à l'expression de Dieu à travers d'autres êtres, de manière totalement différente.

La *Gita* l'indique clairement en disant qu'une personne sage ou éduquée (*pandita*) voit le même soi (*atman*) dans un *brahmane* (membre de la caste des prêtres), une vache, un éléphant, un chien et même un mangeur de chien.[305] Dans l'Inde ancienne, les mangeurs de viande de chien étaient considérés comme ayant le statut social le plus bas ; ils étaient des parias. L'idée est qu'une personne sage verra le même *atman* même chez les personnes les plus méprisées socialement. Imaginez comment notre société changerait si elle pouvait être construite sur cette base. L'adversité, l'antagonisme, l'ambition et la concurrence disparaîtraient d'un seul coup. Remarquez également à quel point l'adversité, l'antagonisme, l'ambition et la compétition ont pénétré les religions et les pratiques spirituelles et à quel point elles seraient purifiées si ceux qui les pratiquent pouvaient voir que nous partageons tous le même moi et que ce moi est Dieu. La plupart des religions modernes (à l'exception des religions extrême-orientales) sont des religions *bhakti*. Cependant, parce qu'elles ignorent souvent l'élément *jnana*, elles ont été contaminées par la croyance qu'elles seules représentent le bon chemin et que les membres des autres religions sont au mieux des infidèles ou des païens, au pire des adorateurs de Satan.

---

305 *Bhagavad Gita* V.18

Dans la *Gita*, Krishna affirme qu'une fois que nous sommes indépendants de l'expérience sensorielle, nous accédons à la joie de l'*atman*.[306] L'extase infinie qui découle de l'absorption en communion avec le Brahman vient de là. Cette affirmation nécessite une explication. Comme dans l'histoire de Ramana Maharishi, le *Jnana* Yoga implique une forme de *sadhana* qui nous rend indépendants de la satisfaction sensorielle. Cela ne signifie pas que nous devons choisir l'ascétisme (Ramakrishna et Aurobindo ne l'ont pas fait). Cela ne signifie pas non plus que nous ne pouvons jamais choisir la gratification sensorielle, mais que nous devons en devenir indépendants. Pour la plupart des humains modernes, chaque fois qu'il y a du stress, de la frustration, de l'ennui, etc., la première réaction est de le couvrir en recourant à la gratification sensorielle, et c'est pourquoi nous en sommes devenus dépendants.

Mais la joie que nous éprouvons à travers la satisfaction sensorielle ne vient pas d'elle mais rayonne de l'*atman* qui est au plus profond de nous. La nature de l'*atman* est l'extase, c'est pourquoi dans la doctrine dite *panchakosha* de la *Taittiriya Upanishad* (l'enseignement des cinq couches sur lesquelles le yoga est construit), l'*atman* est appelé *anandamaya kosha*, c'est-à-dire la couche qui permet l'extase.[307] La première étape de la découverte de l'*atman* nécessite souvent une forme de retraite, de solitude ou d'isolement. Seul dans la nature, nous pouvons trouver le temps, l'espace et l'inspiration pour réaliser que notre nature la plus profonde, intrinsèque, est l'extase, qui n'a pas besoin de stimulus extérieur.

---

306 *Bhagavad Gita* V.21
307 *Taittiriya Upanishad* II.2-5

CHAPITRE 6

Mais dans la strophe ci-dessus, Krishna va plus loin. Il dit que si nous restons suffisamment longtemps dans la joie de l'*atman*, nous trouvons en dessous et à travers elle l'extase infinie du Brahman, la conscience infinie ou l'âme du monde. Ici aussi, Krishna souligne à nouveau le fait que le *jnana* - la réalisation de soi - vient d'abord, et qu'à travers lui et après lui vient le *vijnana* - la réalisation de Dieu, un ordre que Shri Aurobindo a si bien mis en exergue. Bien sûr, il faut plus de temps pour accéder au Brahman, la conscience cosmique, mais une fois que nous sommes absorbés dans la communion avec lui, il nous procure une extase infinie, comme l'affirme la *Bhagavad Gita*.

Vantant encore les vertus du *jnana*, Krishna déclare que *le jnana* réduit les effets du *karma*, comme un feu qui réduit un tas de bois en cendres.[308] Enfin, Krishna dit qu'Il regarde le connaisseur (*jnanin*) comme Son propre moi [c'est-à-dire extrêmement aimé].[309] Cette injonction ne doit pas être considérée comme insignifiante ou comme de simples mots. Krishna affirme ici que la réalisation de soi crée un lien intime entre Lui et le dévot - un lien qui sera, bien sûr, infiniment accru une fois que la réalisation de Dieu sera obtenue. Nous ne devons pas penser que ce que nous faisons n'a pas d'importance pour Dieu. Au contraire, l'évolution et le progrès spirituels créent une sorte d'extase particulière dans l'esprit de Dieu. Il n'y a pas de plus grande extase pour Dieu que d'assister à l'éveil spirituel de ses enfants, c'est-à-dire nous.

Nous avons maintenant établi ce qu'est la *bhakti* et comment elle est pratiquée. En outre, nous avons appris

---
308 *Bhagavad Gita* IV.37
309 *Bhagavad Gita* VII.18

l'importance du *karma* yoga pour la *bhakti* et comment, sans lui, la *bhakti* peut se résumer à se laisser aller à l'émotivité spirituelle. Enfin, nous avons appris que *la bhakti* sans *jnana* peut rapidement sombrer dans le dogmatisme religieux et le fondamentalisme. Mais que se passe-t-il si les hauteurs du *jnana* yoga sont trop difficiles à escalader pour nous ? Que se passe-t-il si notre esprit est confus, distrait et déconcentré, notre respiration instable et notre corps trop agité pour rester debout pendant de longues périodes ? La réponse est que nous devons nous préparer avec le *Raja* Yoga, décrit dans le chapitre suivant, le chapitre 7.

Chapitre 7
LE RAJA YOGA ET SON IMPORTANCE POUR LA BHAKTI

QU'EST-CE QUE LE RAJA YOGA ?

Dans ce chapitre, j'expliquerai pourquoi et comment le *Raja* Yoga est essentiel pour la *bhakti* et toutes les autres voies du yoga mentionnées jusqu'à présent. Le *Raja* Yoga est un terme général qui désigne le yoga du *Yoga Sutra*, dont le mot-clé est la concentration. Dans son commentaire sur les *Yoga Sutra* de Patanjali, le *Rishi* Vyasa explique que le terme yoga peut être dérivé de la racine sanskrite *yujir yoge*, auquel cas le terme yoga signifie s'attacher ou communier.[310] C'est dans ce sens que le terme est le plus souvent utilisé dans la *Bhagavad Gita*. Il existe une deuxième racine verbale sanskrite dont le terme peut être dérivé : *yujir samadhau*, dans laquelle yoga signifie se concentrer. C'est dans ce sens que le terme yoga est utilisé dans les *Yoga Sutra*, où toutes les méthodes yogiques (y compris les *asanas*, le *pranayama* et la méditation) sont utilisées pour concentrer l'esprit à un point tel qu'il puisse finalement avoir la qualité d'un laser, *samadhic*, et voir et couper à travers l'ignorance, le conditionnement, la cognition erronée et l'illusion.

---
310 Vyasa's *Yoga Bhashya* I.1

Bien que la *Bhagavad Gita* utilise généralement le terme de yoga pour signifier l'attachement du moi individuel au Soi cosmique et la communion avec Lui, elle accepte également la voie du *Raja* Yoga, la voie de la concentration de l'esprit. *La Gita* dit donc que si quelqu'un ne peut pas fixer son esprit sur le Divin, il doit s'en approcher par la pratique systématique de la concentration.[311] Outre les membres préparatoires tels que l'éthique, l'*asana* et le *pranayama*, cette pratique systématique comprend les membres *pratyahara* (indépendance vis-à-vis des stimuli externes), *dharana* (concentration), *dhyana* (méditation) et *samadhi* (absorption). Il est à noter que ces quatre derniers membres ne diffèrent pas en ce qui concerne l'objet de méditation choisi, mais dans la mesure où l'objet médité est reproduit dans l'esprit. En d'autres termes, le degré d'identité entre un objet de méditation externe et son double dans l'esprit. J'ai décrit tout cela en détail dans mon explication du *Yoga Sutra* contenue dans *Ashtanga Yoga Practice and Philosophy*, et il n'entre pas dans le cadre de ce livre d'entrer dans les détails. Cependant, d'une manière générale, le *Yoga Sutra* parle du fait que notre esprit a été dispersé et disséminé par des empreintes négatives (telles que des traumatismes), qui se manifestent maintenant sous forme d'obstacles mentaux tels que l'anxiété et la dépression, une respiration instable et un corps agité incapable de rester assis pendant de longues périodes.[312]

La différence entre le *Yoga Sutra* et la *Bhagavad Gita* réside dans le fait que le *Yoga Sutra* est très libéral en ce qui concerne le choix d'un objet de méditation. La seule limite est que l'objet choisi doit être de qualité *sattvique* (sacrée).

---

311 *Bhagavad Gita* XII.9
312 *Yoga Sutra* I.31

Bien que le *Yoga Sutra* inclue le Divin dans ses choix d'objets possibles, dans la *Gita*, il s'agit du seul objet recommandé. C'est ce que l'on attendrait d'un texte traitant de la *bhakti*.

La *Gita* accorde une place au *Raja* Yoga parce que Krishna accepte que tout le monde ne puisse pas aller directement à la *bhakti*, le yoga de la dévotion, ou au *jnana*, le yoga de la connaissance. Cette incapacité à aller directement au cœur du sujet est due au fait que la plupart des pratiquants ont un esprit oscillant entre l'activité frénétique (*rajas*) et l'ennui torpide (*tamas*), avec très peu de temps passé dans l'état *sattvique*. Un tel esprit oscillant doit être purifié, cultivé, rendu vif et lumineux afin qu'il puisse, en fin de compte, connaître le Divin et lui être consacré dans un service d'amour.

La *Bhagavad Gita* commence sa description du *Raja* Yoga classique par le conseil de chercher un endroit solitaire, de préparer un siège de méditation et d'adopter un *asana* stable.[313] Nous nous efforçons maintenant de rendre le mental concentré sur un point (*ekagra*) en l'absorbant, ainsi que les sens, dans le soi, afin d'atteindre la communion spirituelle. En outre, la *Gita* nous conseille de maintenir la tête, le cou et la colonne vertébrale en position droite, de fixer le bout du nez (*nasikagra*) sans regarder autour de soi et, dans un état de sérénité et de satisfaction sans crainte, de méditer sur la communion spirituelle avec le Divin.

Après qu'Arjuna se soit plaint à Krishna que l'esprit humain est trop inconstant et trop susceptible de s'aggraver pour jamais atteindre la communion avec le Divin, ce dernier répond que bien qu'Arjuna ait raison dans son évaluation de l'esprit humain, il peut néanmoins être domestiqué par l'application combinée de la pratique spirituelle (*abhyasa*)

---

313 *Bhagavad Gita* VI.10-14

et de la désidentification (*vairagya*).³¹⁴ Ceux qui étudient les *Yoga Sutra* remarqueront que Krishna conseille la même double stratégie pour suspendre le mental que Patanjali prescrit également.³¹⁵ En d'autres termes, dans cette section de la *Gita*, Shri Krishna enseigne directement le yoga de Patanjali. Il reconnaît que si l'esprit d'une personne n'est pas encore capable de communier avec le Divin, c'est-à-dire pour la *bhakti*, alors tout le système du *Raja* Yoga peut devoir être appliqué pour changer la qualité de l'esprit de cette personne.

Notamment, le choix des mots pour la pratique spirituelle (*abhyasa*) et la désidentification (*vairagya*) fait allusion au *pranayama*. La pratique spirituelle (*abhyasa*) implique l'action, la conquête et la technique, autant d'activités que les yogis qualifient de solaires. Elles sont appelées ainsi parce qu'elles sont alimentées par la narine solaire droite et le *Pingala nadi*, qui fournit également du *prana* à l'hémisphère gauche du cerveau analytique et au système nerveux sympathique. La désidentification (*vairagya*) implique le non-faire, l'abandon et le lâcher-prise, des attitudes que les yogis qualifient de lunaires. Ces attitudes sont alimentées par la narine lunaire gauche et l'*Ida nadi*, qui alimente également en *prana* l'hémisphère cérébral droit, intuitif et holistique, ainsi que le système nerveux parasympathique. Le moyen le plus simple d'équilibrer les deux *nadis* est la méthode de *pranayama Nadi Shodhana*, c'est-à-dire la respiration alternée par les narines, que j'ai décrite en détail dans mon livre *Pranayama - Le souffle du yoga*. Il existe d'autres références directes au *pranayama* dans la *Bhagavad Gita* et le *Bhagavata Purana*, que je citerai plus loin.

---

314 *Bhagavad Gita* VI.33-34
315 *Yoga Sutra* I.12

CHAPITRE 7

POURQUOI LE RAJA YOGA

Comme nous l'avons expliqué dans le chapitre sur le *Jnana Yoga*, la principale technique pour atteindre la réalisation de soi à l'époque consistait à réfléchir sur les passages des Écritures. Le problème de s'appuyer principalement ou uniquement sur les écritures pour atteindre la connaissance est que cette approche a fonctionné pour une société ancienne mais qu'elle est aujourd'hui semée d'embûches. Dans plusieurs de mes livres précédents, j'ai écrit comment l'état d'esprit général de l'humanité s'est dégradé par l'entropie alors que l'histoire traversait ce que l'on appelle les quatre *yugas* ou âges du monde. Ce processus entropique peut facilement être déduit de l'analyse des écritures relatives à chaque *yuga*. Au cours du premier âge, *Satya Yuga* (âge de la vérité), l'âge des *Védas*, il suffisait de pratiquer le *samadhi* (extase absorbante) parce que l'esprit de l'individu moyen gravitait dans cette direction. Au cours du deuxième âge, le *Treta Yuga*, l'âge des *Upanishads*, un processus complexe de méditation yogique a été ajouté pour élever la Kundalini, qui était alors tombée autour de nos chevilles. Le troisième âge, *Dvapara Yuga*, l'âge des *sutras* et de la philosophie, a conduit à la déconnexion de nos hémisphères cérébraux. Cette déconnexion a fait osciller l'humanité collectivement entre la mégalomanie et la dépression, un trouble qui a entraîné la nécessité de pratiquer le *pranayama*, en particulier la respiration alternée, pour réintégrer les deux hémisphères cérébraux et les deux branches du système nerveux. Le quatrième âge et l'âge actuel, le *Kali Yuga*, l'âge des *tantras*, a apporté une profonde désincarnation. Cette désincarnation a conduit à une obsession du corps, en particulier de son évaluation externe, ainsi qu'à des idées perçues de beauté et à une obsession de l'argent et du pouvoir. Le yoga a réagi en mettant l'accent sur la pratique des *asanas*, qui peuvent nous apprendre à nous réincarner.

La théorie du *Raja* Yoga est basée sur la doctrine du *panchakosha* déjà mentionnée dans la *Taittiriya Upanishad*.[316] L'*Upanishad* parle des cinq couches ou enveloppes qui composent l'être humain. La cinquième couche, la plus intérieure, l'enveloppe de l'extase (*Anandamaya kosha*), constitue notre relation avec le Dieu transcendant, le Brahman *nirguna*. La quatrième enveloppe (*Vijnanamaya kosha*) implique la compréhension de la loi divine, la connaissance sacrée de l'ordre de l'univers et la connaissance du plan directeur selon lequel tous les univers se déploient et la créativité divine s'exprime dans le monde. Cette enveloppe coordonne notre relation avec le Dieu immanent, le *saguna* Brahman, et nous permet d'apporter une contribution significative et durable à la société humaine et à la vie sur Terre. Cette quatrième couche est essentielle pour le *karma* yoga, et je l'ai traitée dans mon texte *Comment trouver le but divin de votre vie*.

Le bhakti et le *jnana* yoga traitent également de ces deux enveloppes intérieures. Le problème est que de nombreux novices en yoga éprouvent des difficultés à accéder à ces enveloppes intérieures en raison du conditionnement (*vasana*), des empreintes subconscientes (*samskaras*), des traumatismes, du *karma* et de la souffrance (*kleshas*) qui sont stockés et imprimés dans les trois enveloppes extérieures. Alors que les deux enveloppes les plus profondes traitent des aspects du Divin et du soi, les impuretés des trois couches extérieures rendent difficile, voire impossible, l'accès aux

---

316 *Taittiriya Upanishad* 2.2 -2.5

deux enveloppes intérieures. Si quelqu'un semble ne pas avoir de tendances spirituelles, ce n'est pas parce qu'il ne pourra jamais vivre d'expériences spirituelles, mais parce qu'actuellement, les trois couches extérieures sont trop opaques pour permettre à la lumière du centre de rayonner vers l'extérieur jusqu'à la surface du soi. Ces trois couches extérieures sont *Annamaya kosha* (le corps), *Pranamaya kosha* (la respiration et l'enveloppe *pranique*) et *Manomaya kosha* (le mental). Patanjali y fait référence lorsqu'il dit dans le *Yoga Sutra* que les obstacles au yoga se situent dans le corps, la respiration et l'esprit.[317] Ces trois couches sont intimement liées et c'est là que se trouvent les obstacles à la liberté spirituelle. De nombreux systèmes de yoga contemporains ne s'intéressent qu'à une (ou deux) des trois couches dans lesquelles se situent les obstacles. Certains systèmes travaillent principalement avec le corps en utilisant les *asanas* ou d'autres formes de discipline physique. D'autres méthodes se concentrent exclusivement sur le mental, comme la méditation ou la pleine conscience. D'autres encore utilisent des méthodes de respiration. Le yoga est plus efficace s'il s'adresse aux trois niveaux - physique, pranique et mental - en utilisant des techniques conçues pour purger les conditionnements qui s'y trouvent, c'est-à-dire les *asanas* pour le corps, le *pranayama* pour la respiration et la méditation pour le mental.

Pour que notre mental soit robuste, notre conditionnement est stocké dans trois endroits distincts, et pas seulement dans le mental. Il est également stocké dans le corps et dans le système respiratoire. Ce triple stockage robuste explique pourquoi nous rencontrons tant d'inertie lorsque

---

317 *Yoga Sutra* 1.31

nous voulons changer. Si nous voulons nous débarrasser de notre passé, nous devons purger les conditionnements de chacune des trois couches. C'est précisément ce que font *les asanas*, le *pranayama* et la méditation. Ils purifient le corps, la respiration et le mental.

La *Taittiriya Upanishad*, le *Yoga Sutra* et le *Bhagavata Purana* s'accordent sur le fait qu'il peut être nécessaire de se préparer par des pratiques spirituelles si l'on est incapable de communier avec le Divin.[318] Swami Tyagisananda, dans son commentaire sur le *Bhakti Sutra* de Narada, affirme que le succès dans la *bhakti* dépend sans doute de la grâce divine, mais que cette grâce ne peut jamais venir si nous ne purifions pas notre mental par des pratiques spirituelles menées par l'effort personnel.[319]

La strophe 53 du *Bhakti Sutra* de Narada affirme que l'amour pour le Divin se manifeste chez ceux qui se sont rendus aptes à le recevoir par une *sadhana*, des pratiques spirituelles et une discipline constantes. C'est une erreur de penser que l'amour pour le Divin est quelque chose qui tombe spontanément du ciel, sans cause et sans invitation. Il faut le mériter car c'est le plus doux et le plus gratifiant de tous les cadeaux. Narada est ici en accord avec la *Bhagavad Gita* qui, dans le chapitre 18, parle des différents types de plaisir, respectivement de nature *tamasique, rajasique* et *sattvique*. Le plaisir *tamasique* aboutit toujours à l'illusion.[320] Le plaisir de *nature rajas* est doux au début et empoisonné à la fin.[321] Le plaisir dérivé de Sattva (tel que l'amour pour

---

318 *Bhagavata Purana* III.28.27
319 Swami Tyagisananda, *Narada Bhakti Sutras*, p. 62
320 *Bhagavad Gita* XVIII.39
321 *Bhagavad Gita* XVIII.38

le Divin) est acquis par la longue pratique des disciplines spirituelles. Par conséquent, il semble amer (ou du moins laborieux) au départ, mais se révèle doux à la fin.[322] Le *Raja* Yoga est la méthode d'acquisition du plaisir *sattvique* (tel que l'amour divin), qui peut sembler ardue au début mais qui produit des récompenses exceptionnelles.

La *Gita* énumère les voies du *Raja* Yoga (appelé ici la voie du *dhyana*), du *Karma* Yoga (appelé précisément par ce nom) et du *Jnana* Yoga (appelé ici *Samkhya*, comme il est souvent nommé dans la *Gita*).[323] La voie de la *bhakti* (appelée ici *upasana* - adoration) est énumérée dans la strophe suivante.[324] Ceci est une preuve supplémentaire que Krishna accepte le *Raja* Yoga comme une quatrième voie, bien qu'il le considère principalement comme un affluent et une préparation pour les trois autres. Nous allons maintenant nous pencher sur les méthodes particulières du *Raja* Yoga qui attirent le plus l'attention des Écritures.

MÉTHODES DU RAJA YOGA

Les deux pratiques de *Raja* Yoga les plus souvent mentionnées dans les textes de *bhakti* sont le *pranayama* et la méditation sur *les chakras*. Dans la *Bhagavad Gita*, Krishna déclare que certains yogis adeptes du *pranayama* régulent les mouvements du *prana* et de l'*apana* (les courants vitaux ascendants et descendants) en offrant l'inspiration dans l'expiration et l'expiration dans l'inspiration.[325] Krishna cite cette technique comme une technique de *pranayama* parce

---

322 *Bhagavad Gita* XVIII.36-37
323 *Bhagavad Gita* XIII.24
324 *Bhagavad Gita* XIII.25
325 *Bhagavad Gita* IV.28

qu'elle est utilisée pour égaliser le flux de *prana* et d'*apana*. Parce qu'elle n'implique pas, cependant, la manipulation de la respiration elle-même (mais plutôt une simple observation consciente), de nombreux *Raja* Yogis la répertorient comme une préparation à la méditation ou à une technique de *kriya*. J'ai décrit cette méthode dans mon texte de 2014 intitulé *Yoga Meditation - Through Mantra, Chakras and Kundalini to Spiritual Freedom (La méditation du yoga - des mantras, des chakras et de la kundalini à la liberté spirituelle)*.

Le *Bhagavata Purana* témoigne lui aussi de l'importance du canon des méthodes du *Raja* Yoga, y compris le *pranayama, le pratyahara* et le *dhyana*.[326] L'importance des techniques de *pranayama* est à nouveau mentionnée.[327] Le *Bhagavata* déclare également que le mental, la parole et le corps doivent être purifiés respectivement par le *pranayama*, le silence et l'absence de désir, ce qui atteste de l'importance du *pranayama* pour le mental.[328] Le *Bhagavata* promulgue en outre la pratique des rétentions du souffle (*kumbhakas*), à la fois internes et externes, intégrées dans la respiration alternée des narines, faisant référence au *pranayama* complet *Nadi Shodhana* tel que Shri T. Krishnamacharya l'a enseigné.[329] Le passage parle également de l'importance de mesurer la durée de la respiration en récitant des *mantras* (plutôt que de compter des nombres dans son mental) et que la méditation sur *les chakras* doit suivre le *pranayama*. Cette injonction ne signifie pas nécessairement que la méditation des *chakras* doit suivre le *pranayama* à chaque séance de pratique. Elle

---

326 *Bhagavata Purana* III.28.5-11
327 *Bhagavata Purana* IV.9.80
328 *Bhagavata Purana* XI.3.26
329 *Bhagavata Purana* XI.14.32-33

signifie plutôt qu'une fois que l'on s'est emparé du *prana* et que l'on a appris à cultiver l'enveloppe *pranique*, on passe à l'apprentissage de la méditation des *chakras*.

La *Bhagavad Gita* traite de la fixation de la force vitale entre les sourcils (*bhrumadhya*) pour atteindre l'Être suprême.[330] Elle souligne également l'importance de le faire au moment de la mort, mais il s'agit bien sûr d'une technique que les yogis pratiquent toute leur vie pour atteindre la *darshana* (vue) du Divin avec forme (*saguna* Brahman). La *darshana* de l'Absolu sans forme est obtenue en concentrant *le prana* sur le sommet de la tête (*Sahasrara Chakra*). Aucune de ces techniques n'est destinée aux débutants. Les débutants devraient introduire cette focalisation en tant qu'accessoire pendant le *pranayama* et la méditation *sur les chakras et la* Kundalini pendant les périodes prescrites. Il convient également de mentionner que le milieu des sourcils est le point focal des yeux, tandis que le mental doit visualiser le *chakra Ajna* au centre du crâne.

Les *chakras* figurent également dans le *Bhagavata Purana*, où l'on trouve des conseils sur l'aspiration du *prana* à partir du *chakra Muladhara*[331] et sur la méditation sur le *chakra du* cœur.[332] Dans un autre passage du *Bhagavata*, nous apprenons que l'Esprit Suprême se manifeste à travers les *chakras* de la colonne vertébrale.[333] J'ai donné des instructions détaillées sur la manière dont le Divin procède dans le chapitre 13 de *Through Mantra, Chakras and Kundalini to Spiritual Freedom* et dans *Chakras, Drugs*

---

330 *Bhagavad Gita* VIII.9-10
331 *Bhagavata Purana* XI.14.32
332 *Bhagavata Purana* XI.14.36
333 *Bhagavata Purana* XI.12.17

and Evolution-A Map of Transformative States. Le sujet est trop vaste pour être traité ici, même succinctement. Le *Bhagavata Purana* indique que les *chakras* sont initialement orientés vers le bas, ce qui signifie qu'ils sont inactivés.[334] Ils s'ouvrent et s'épanouissent vers le haut une fois activés par la *sadhana* (pratique et discipline spirituelles). T. Krishnamacharya soutenait également qu'ils agissent de la sorte, et c'est également la raison pour laquelle les *chakras* sont appelés lotus dans la plupart des textes yogiques. Shri Aurobindo a également pratiqué la méditation sur *les chakras*, mentionnée dans La synthèse du yoga et dans son journal de pratique du yoga, intitulé *Record of Yoga*.[335]

Dans *la Bhagavad Gita*, Shri Krishna explique plus en détail l'importance des *chakras*.[336] Il conseille ici d'atteindre la communion spirituelle avec Lui au moment de la mort en fermant toutes les portes sensorielles du corps. Cette technique est appelée *Yoni* ou *Shanmukhi Mudra* (décrite dans mon texte *Mudras Seals of Yoga*). Pendant cette technique, on concentre le mental dans le *chakra* du cœur, on attire tout le *prana* dans la tête et on prononce la syllabe mystique OM, qui désigne la conscience infinie.

CONSEILS PRATIQUES POUR INTÉGRER LA BHAKTI DANS LA PRATIQUE DU RAJA YOGA

Je recommande d'effectuer votre *sadhana*, y compris la pratique des *asanas* et du *pranayama*, devant une image appropriée du Divin. La manière de choisir une telle

---

334 *Bhagavata Purana* XII.14.36-37

335 Sri Aurobindo, *Record of Yoga*, Vol. 2, Sri Aurobindo Ashram, Pondichéry, 2001, p.1340, p.1462

336 *Bhagavad Gita* VIII.12-13

image a été abordée au chapitre 4, *Bhakti* Yoga. Lorsque vous effectuez des pratiques de yoga devant votre image, proclamez mentalement que vous effectuez la pratique pour le Divin, dédiez les fruits (résultats) des pratiques au Divin et abandonnez votre sentiment de pouvoir au Divin. Cela signifie que vous déclarez distribuer au Divin et à tous les êtres le bien qui doit résulter de votre pratique et que vous êtes conscient du fait que ce n'est pas vous qui faites la pratique mais que le Divin la fait à travers vous, de la même manière que Jésus-Christ a dit que ce n'est pas moi qui fais les œuvres mais que c'est le Père qui les fait à travers moi.[337]

Chaque fois que vous effectuez une pratique assise, par exemple pendant le *pranayama* ou le *dhyana* (méditation), visualisez l'*ishtadevata* (la forme du Divin qui vous convient) assis au sommet de votre lotus à mille pétales (*Sahasrara Chakra*). Lorsque vous avez terminé votre pratique assise, repliez le lotus à mille pétales autour de votre *ishtadevata* et faites-le descendre dans votre lotus du cœur (*Anahata Chakra*). Gardez-le là tout au long de la journée et souvenez-vous-en chaque fois que possible en prononçant l'*ishtamantra* (le *mantra* associé à la forme du Divin qui vous convient). Au début de la pratique formelle assise, prenez la feuille de lotus enveloppant l'*ishtadevata*, placez-la sur la couronne de votre tête et dépliez les pétales.

Au début, lorsque vous pratiquez les *kumbhakas* (rétentions du souffle) pendant le *pranayama* formel, il est facile pour le mental de s'enliser dans les formalités de la pratique. Dans ces moments-là, ouvrez les yeux pendant la *kumbhaka* et pratiquez *Trataka* (regard) sur l'image divine qui se trouve devant vous. Si vous utilisez

---

[337] Jean 14:10

une image anthropomorphique, suivez le conseil de T. Krishnamacharya de ne regarder initialement que les pieds du Divin. Ne relevez votre regard que lorsque le Divin vous y invite. *Le pranayama* et le *kumbhaka* constituent une science sophistiquée qui ne peut être traitée de manière adéquate dans un court essai. Veuillez suivre les instructions de mon texte, *Pranayama : The Breath of Yoga (Le souffle du yoga)*.

Lorsque vous étudiez la méditation yogique *sur les chakras et la kundalini*, apprenez d'abord à prononcer les différentes syllabes-germes (*bija aksharas*) dans les six *chakras* inférieurs à chaque inspiration et expiration. Une fois que vous y parvenez, prononcez plusieurs *bija aksharas* dans chaque *chakra* à chaque inspiration et expiration. Cette pratique prolongée vous donne plus de temps pour visualiser les aspects de chaque *chakra*, tels que le nombre de pétales, la couleur de chaque *chakra*, le *yantra* (géométrie sacrée) associé, la couleur du *yantra*, etc. Cette complexité accrue nécessite également de ralentir la respiration, ce qui favorisera votre pratique du *pranayama*. Une fois que vous avez franchi cette étape, commencez à visualiser votre *ishtadevata* pendant chaque rétention de souffle interne au sommet de votre lotus à mille pétales, tout en prononçant son *ishtamantra*. Comme le dit Shri Krishna dans la *Gita*, cette technique, qui consiste à visualiser le Divin pendant les rétentions de souffle dans le *pranayama*, conduira finalement à la communion avec le Divin.[338] Pour plus d'informations sur les subtilités de la méditation yogique chakra-Kundalini, veuillez consulter mon texte *Through Mantra, Chakras and Kundalini to Spiritual Freedom (A travers les mantras, les chakras et la kundalini vers la liberté spirituelle)*.

---

338 *Bhagavad Gita* VIII.12-13

CHAPITRE 7

Dans toutes les situations de *sadhana* quotidienne, je suggère d'intégrer *la bhakti* dans les pratiques de *Raja* Yoga comme indiqué ci-dessus. Il existe cependant des situations de crise où les pratiques formelles prennent trop de temps. Dans ce cas, placez une image du *chakra du* cœur devant vous et effectuez *Trataka* (regard) sur cette image jusqu'à ce que vous puissiez la visualiser comme votre propre *chakra* du cœur, c'est-à-dire que vous projetez l'image dans votre poitrine. Ensuite, frappez la syllabe racine (*bija akshara*) YAM dans le *chakra* comme si la syllabe racine était un maillet et le *chakra* un gong. Une fois que vous pouvez sentir le *chakra* ou le voir clairement, utilisez les affirmations suivantes :

- Je suis l'amour divin.
- Je suis l'incarnation de l'amour divin.
- Je suis l'amour pur.
- Je m'aime et je m'accepte.
- J'accepte les pensées et les émotions qui se présentent.
- À chaque respiration, le Divin insuffle l'amour dans chaque cellule de mon corps.
- Je vis la vie comme un amour divin.
- Je laisse le Divin parler, agir à travers moi et communiquer uniquement à partir de l'amour divin dans mon cœur.
- Je donne un amour inconditionnel à tous et j'aime sincèrement tous les êtres comme des enfants du Divin.
- Mon cœur rayonne l'amour divin pour tous les êtres.

Pour plus d'informations sur la purification du subconscient par les affirmations, veuillez consulter mon texte, Comment trouver le but divin de votre vie, qui traite des subtilités du karma yoga.

RÉSUMÉ

Ce chapitre visait à montrer que le Raja Yoga et le Bhakti Yoga ne sont pas des systèmes concurrents en conflit l'un avec l'autre, mais que le Raja Yoga, pour la plupart des aspirants d'aujourd'hui, constitue une rampe d'accès viable pour la bhakti. Sans avoir au moins une vague expérience du Divin, la bhakti est une tâche ardue pour la plupart des gens. Le Raja Yoga est la science qui purifie le mental. Avec une pratique suffisante du Raja Yoga, les expériences directes du Divin deviennent progressivement inévitables, et la pratique de la bhakti est l'étape naturelle suivante. La bhakti elle-même améliore considérablement la pratique du Raja Yoga. Le problème du Raja Yoga est que l'on peut s'enliser dans la pratique de techniques. En plaçant très tôt son yoga au service de l'Être suprême, on peut éviter les pièges typiques du Raja Yoga, à savoir vouloir progresser et réussir. Pratiquer par dévotion et par service plutôt que par désir d'obtenir (comme la réalisation de progrès) est ce que l'on appelle la "bonne attitude" à laquelle Patanjali fait référence dans les Yoga Sutra.[339]

---

339 *Yoga Sutra* I.14

Chapitre 8

RÔLE DE L'ÉTHIQUE DANS LA BHAKTI

Ce chapitre vise à montrer que l'éthique n'est pas une considération séparée ou une réflexion après coup dans la pratique de la *bhakti*, mais qu'elle est l'application de la *bhakti* et qu'elle a des aspects externes. Les considérations éthiques découlent du fait que ceux qui pratiquent la *bhakti* doivent comprendre que l'univers tout entier et tous les êtres sont des incarnations du Divin et doivent être traités comme tels. Professer l'amour du Divin tout en maltraitant les autres est un anathème et une hypocrisie. Pour le véritable *bhakta, il* est impossible de laisser les autres souffrir tout en restant à l'écart, en s'élevant au-dessus de tout cela et en se réjouissant de sa propre réalisation spirituelle. C'est ainsi que Krishna déclare dans la *Bhagavad Gita* qu'à son avis, les plus grands yogis sont ceux qui, en voyant l'*atman* dans les autres, développent un tel sens de l'empathie avec eux qu'ils ressentent leurs joies et leurs souffrances comme s'il s'agissait des leurs.[340] Nous trouvons ici une vision du yoga profondément différente des déclarations spirituelles passe-partout telles que "tout est *maya*, la souffrance est une illusion, et tout est juste parfait, tant que nous pouvons continuer à ignorer tous les problèmes". Krishna ne veut pas que nous

---

340 *Bhagavad Gita* VI.32

devenions insensibles et sans compassion. Le *bhakta* est juste là au milieu de tout cela, partageant avec compassion la souffrance de chacun.

Plus loin, la *Bhagavad Gita* affirme que ceux qui se rendent, dotés de qualités *sattviques* et de sagesse, n'abandonnent jamais leurs devoirs simplement parce qu'ils sont désagréables, ni n'accomplissent d'actions simplement parce qu'elles sont agréables.[341] De telles strophes abondent dans la *Gita* parce qu'elles doivent être comprises inversement. En d'autres termes, nous devons vérifier si nous abandonnons nos devoirs simplement parce qu'ils sont désagréables. Si c'est le cas, cela nous indique qu'à ce stade, nous ne nous abandonnons pas au Divin et que nous manquons de qualités *sattviques* et de sagesse.

La Gita et le *Bhakti Sutra* de Narada suggèrent tous deux que nous ne prenions pas nos décisions en fonction de nos caprices, mais que nous consultions les *shastras* (textes sacrés) pour savoir quelle ligne de conduite adopter. La *Gita* affirme que si nous négligeons les conseils des *shastras* et que nous nous laissons guider par nos désirs, nous ne parviendrons ni à la liberté spirituelle ni à l'accomplissement dans le monde.[342] Krishna ajoute ensuite qu'il faut comprendre les *shastras* avant de décider de la marche à suivre. Krishna n'est pas contre le désir en soi, car il affirme que dans tous les êtres, il est le désir non contraire au *dharma* (action juste).[343] Cela signifie qu'Il s'oppose au désir lorsqu'il est contraire au *dharma*. Shri Aurobindo l'a expliqué dans les *Essais sur la Gita*, et il faut y répondre

---

341 *Bhagavad Gita* XVIII.10
342 *Bhagavad Gita* XVI.23-24
343 *Bhagavad Gita* VII.11

par ceux qui s'embrouillent avec des affirmations telles que Dieu est aussi dans les malfaiteurs.[344] La réponse à cette affirmation est oui, Dieu est, mais ce fait n'est pas pertinent lorsqu'il s'agit des mauvaises actions de quelqu'un. *Le dharma* (action juste/loi) doit être affirmé sur la base de la justesse de l'action de quelqu'un et non sur ce qu'il est essentiellement.

Le Bhakti Sutra de Narada stipule que même celui qui a atteint la réalisation doit toujours respecter les écritures car sinon, il y a un risque de chute.[345] Cela signifie que même les enseignants spirituels peuvent toujours tomber dans le piège de leur propre ego. Même après la réalisation, ils restent soumis aux règles éthiques et aux directives des *shastras* concernant le bien et le mal. L'histoire de la spiritualité au cours des derniers siècles offre de nombreux exemples de ce qui se passe lorsque nous commençons à croire que nous sommes devenus trop grands pour suivre les mêmes règles que les autres.

Swami Tyagisananda, dans son commentaire sur le *Bhakti Sutra* de Narada, explique que haïr quelqu'un équivaut à haïr Dieu, car il n'y a que Dieu. Toute forme de haine doit être abandonnée par le *bhakta*. Au contraire, notre attitude à l'égard de toute chose doit être l'amour. En aimant tout et tout le monde, nous nous rappelons que Dieu est en tout. Nous devons accorder une attention particulière aux personnes que nous pensons ne pas pouvoir aimer. Si nous semblons incapables de les aimer, il s'agit généralement d'une forme de conflit intérieur refoulé que nous extériorisons. Dans ce contexte, le conflit intérieur

---

344 Sri Aurobindo, *Essays on the Gita*, p. 274
345 Narada's *Bhakti Sutras*, stances 12-13

refoulé signifie que je me crois incapable d'aimer la personne X parce que je vois en elle quelque chose que je ne peux pas accepter ou que j'ai du mal à accepter en moi-même. Par conséquent, je projette cela sur une autre personne, c'est-à-dire que j'extériorise le conflit, et je peux maintenant la juger et la persécuter pour cela. Mais au fond de moi, je me bats contre moi-même. L'autre personne devient un animal sacrificiel que j'offre rituellement (ne serait-ce qu'en la détestant plutôt qu'en la blessant physiquement) pour apaiser et faire taire mon conflit intérieur. Ce processus se produit entre les individus et les groupes au sein d'une société et dans les conflits inter-sociétaux tels que les différends entre les nations.

Aimer le divin en toute chose ne signifie pas que nous devons supporter le mal et la méchanceté. Une partie du *dharma* est le devoir d'affirmer les actions justes, d'arrêter les auteurs et de protéger les victimes. Nous ne devons pas tenter d'arrêter les auteurs tout en adoptant nous-mêmes une attitude de haine, car sinon, nous devenons ceux que nous prétendons haïr. Mais comment se fait-il que Dieu accepte tout le mal commis dans le monde, et n'est-il pas de son devoir de l'arrêter ? Dans le *Mahabharata*, Krishna a été assailli précisément avec ces arguments et on lui a dit qu'il était responsable du massacre de Kurukshetra, car il aurait pu faire changer d'avis les malfaiteurs.[346] Krishna a soutenu que chaque personne naît libre. Par conséquent, les Kauravas étaient libres de choisir la voie du mal, et c'est ce qu'ils ont fait. Ils ont donc connu leur fin à cause de leurs actions. Ce n'est pas au Divin de changer l'esprit des individus, mais aux individus de se mettre à l'écoute du Divin, de faire ce qu'il faut et d'accomplir la loi divine et le *dharma*.

---

346 *Mahabharata* XII.53

CHAPITRE 8

Passons maintenant au *Bhagavata Purana* et voyons ce qu'il dit de l'éthique. Nous constatons que personne qui supprime les autres êtres n'atteint le Divin, alors que ceux qui considèrent tout le monde comme égal et qui sont pacifiques, purs et bienveillants envers tous y parviennent.[347] De telles qualifications montrent clairement que la réalisation et la connaissance du Divin sont essentielles mais inutiles si elles ne modifient pas notre attitude et notre comportement à l'égard des autres. Nous pouvons aller jusqu'à dire que la valeur d'une réalisation ou d'une expérience spirituelle ne réside pas en elle-même, mais dans la mesure où elle modifie notre comportement envers les autres. Le *Bhagavata Purana* le confirme en affirmant que la vie d'une personne a un sens et un but dans la mesure où ses richesses, ses énergies, son intelligence et ses paroles sont utilisées pour le bien d'autrui.[348]

Cette attitude est précisément le point crucial de notre éthique de la *bhakti*. Elle nous amène à conclure que la chasse moderne et désespérée aux expériences spirituelles est exagérée et que leur importance est exagérée. Si nous comprenons et acceptons la philosophie de la *bhakti*, nous pourrions tout aussi bien aller droit au but et traiter tous les êtres comme s'ils étaient Dieu. Ils le sont en effet, et c'est ce point qui conduit *karmiquement* à la libération spirituelle, et non des expériences psychédéliques fantaisistes qui peuvent nous donner un premier pic de dopamine. De telles épiphanies se dissiperont après peu de temps. Nous pouvons alors avoir besoin d'autres expériences spirituelles, mais aucune d'entre elles ne pourra jamais changer notre

---

347 *Bhagavata Purana* IV.12.36
348 *Bhagavata Purana* X.22.35

comportement. Nous sommes donc à nouveau en quête de recevoir et d'obtenir. Cette fois-ci, il ne s'agit peut-être pas de richesse et de plaisir, mais d'expériences spirituelles. Cependant, l'accent mis sur l'obtention et le fait d'obtenir reste le même. Ce qui nous change vraiment, c'est de nous concentrer sur le don. C'est ce changement qui alimente le *karma* à l'origine de la libération.

Le *Bhagavata Purana* dit que servir tous les êtres commence par accepter que le Divin réside en eux et qu'il est, par conséquent, le destinataire de toutes nos actions.[349] Cette acceptation est la clé de l'action éthique. Si nous comprenons et acceptons ce point et en faisons le point de départ de toutes nos actions, nous n'avons pas besoin d'un catalogue sophistiqué et presque compliqué de commandements et de règles. Le *Bhagavata Purana* le confirme en affirmant que tous les êtres doivent être considérés comme des incarnations du Divin.[350] Il est clair que les êtres ne se limitent pas aux humains. Il est impératif que nous abandonnions notre vision spéciste. Le *Bhagavata* dit que nous devrions aussi considérer les animaux comme nos propres enfants.[351]

Par-dessus tout, nous devons considérer tous les êtres comme identiques, une attitude que la *Bhagavad Gita* appelle *samata* - l'égalité, l'uniformité ou la similitude. Le *Bhagavata Purana* dit donc que nous devons honorer tous les êtres comme des manifestations du Divin, qu'ils soient saints, parias, tourmenteurs de personnes saintes, pacifiques, féroces ou cruels.[352] Un petit avertissement ici :

---

349 *Bhagavata Purana* VII.7.32
350 *Bhagavata Purana* X.85.23
351 *Bhagavata Purana* VII.14.9
352 *Bhagavata Purana* XI.29.13-14

si quelqu'un est mauvais, nous devons d'abord reconnaître Dieu en lui et ne pas le traiter avec la même méchanceté qu'il projette contre nous. Nous devons lui répondre par l'amour, ce qui peut changer son comportement. Si ce n'est pas le cas, et s'ils enfreignent la loi, causent des dommages et font des victimes parmi d'autres personnes ou même parmi des nations, alors nous devons utiliser toute la force de la loi contre eux. Mais pas dans un esprit de haine, de supériorité ou de "l'autre", car ils ne sont pas l'autre, ils sont nous. Nous partageons tous le même *atman*, le moi divin. Nous devons corriger les auteurs d'infractions à la loi divine dans un esprit de soutien aimant, et cela ne peut changer même si nous devons leur faire la guerre. À long terme, il n'est dans l'intérêt de personne de perpétrer des actes contraires à la loi divine, même si, à court terme, on espère en tirer un avantage à courte vue.

Le passage du *Bhagavata Purana* cité ci-dessus poursuit en affirmant que ceux qui recherchent constamment la présence de Dieu dans tous les êtres renonceront à toute compétitivité parce qu'ils considèrent tous les êtres comme égaux. Ils abandonneront la jalousie envers ceux qu'ils considèrent comme supérieurs et le mépris envers ceux qu'ils considèrent comme inférieurs [parce qu'ils considèrent que tous sont des enfants égaux du Divin]. Enfin, voir le Divin également dans tous les êtres nous fera cesser d'accorder trop d'importance à nous-mêmes. En d'autres termes, voir le Divin en tous nous empêche de nous prendre trop au sérieux.

Le fait d'accorder trop d'importance à nous-mêmes constitue un sérieux obstacle sur le chemin de la *bhakti*. Nous comptons pour le Divin dans la mesure où nous sommes une expression, une émanation du Divin, une voie par laquelle le Divin s'exprime. Mais des obstacles sont créés si nous vivons notre vie avec le sentiment d'être le centre de notre petit univers privé. En réalité, un centre de l'univers, le Divin, se calcule simultanément à travers un nombre infini de petits moi, dont l'un d'entre eux est nous. À cet égard, l'importance n'est pas centrée sur nous-mêmes individuellement, mais sur le Divin, qui s'exprime à travers toute la matière, la nature et tous les êtres vivants.

C'est pourquoi, poursuit le *Bhagavata Purana*, nous devrions nous prosterner devant tous les êtres, les considérant tous comme des manifestations de l'unique Être suprême. Cette vision est également le sens de la salutation indienne *namaste* (ou *namaskar*, ou *pranam*), dans laquelle on place les mains en position de prière (*Anjali Mudra*). Cela signifie que je reconnais le Divin en vous. Nous pratiquons ensuite cette reconnaissance de la présence de Dieu dans tous les êtres, en pensée, en parole et en action. Si vous étudiez attentivement ce texte et en acceptez le contenu après mûre réflexion, cela revient à pratiquer la reconnaissance de Dieu dans tous les êtres par la pensée. Il faudra s'en souvenir constamment ; chaque fois que nous sommes confrontés à une relation difficile et conflictuelle, nous devons nous rappeler fréquemment que Dieu est aussi dans cette personne apparemment conflictuelle. Nous devons également nous rappeler que notre relation avec cette personne est compliquée uniquement parce que nous avons des difficultés à voir Dieu en elle. Dans la mesure où nous apprenons à le faire, nos relations s'amélioreront.

Mais qu'en est-il de la pratique de la reconnaissance de la présence de Dieu dans tous les êtres par la parole et l'action ? C'est ici que l'éthique entre en jeu. Bien qu'il soit possible et, dans une certaine mesure, nécessaire de disposer d'un catalogue de lignes directrices éthiques, le moyen le plus sûr et le plus direct est de se demander, avant de dire ou de faire quelque chose, si nous sommes conscients du fait que l'être qui se trouve en face de nous est fondamentalement Dieu. Reconnaître cela ne signifie pas qu'ils doivent être parfaits ou qu'ils ne font pas d'erreurs. S'il n'est pas conscient de son essence divine, il est voué à commettre des erreurs et à agir de manière blessante. Mais le fait que quelqu'un d'autre soit conscient ou non de son noyau divin et que nous en soyons conscients n'a pas grand-chose à voir l'un avec l'autre. En tant que *bhakta*, nous devons être capables de voir Dieu dans quelqu'un d'autre, qu'il le fasse ou non. Car le fait que nous puissions ou non le faire en dit long sur notre propre relation avec le Divin.

Si nous pouvons voir le Divin dans tous les autres êtres, nous remarquerons que nos relations avec les autres s'amélioreront progressivement. Certaines personnes sont tellement dépendantes d'une réponse toxique qu'elles nous recherchent en fonction de notre propension à donner une telle réponse. Lorsqu'ils se rendent compte que nous ne sommes pas disposés à leur fournir une telle réponse, ils cherchent généralement quelqu'un d'autre.

Si nous prenons tous conscience du noyau divin de chacun, nous serons tous enclins à coopérer mutuellement. Et c'est précisément ce que le Divin essaie de faire à travers nous. Cette coopération mutuelle fondée sur la reconnaissance réciproque de notre noyau divin constitue le fondement d'une société divine ou divinisée.[353] Dans la mesure où nous ne reconnaissons pas la divinité de chacun,

---

[353] Le terme "divinisée" implique que la société n'est pas simplement divine en soi, mais qu'elle a entrepris un effort de transformation pour devenir divine

nous continuerons à interagir dans un conflit mutuel en raison d'une vision erronée de la vie qui consiste en des intérêts conflictuels. Le résultat est que nous nous ferons du mal et nous nous détruirons les uns les autres, comme nous l'avons fait pendant la majeure partie de notre histoire. C'est pourquoi le *Bhagavata Purana* affirme que c'est une loi divine que les êtres vivants se détruisent les uns les autres et finalement eux-mêmes par des querelles mutuelles et qu'ils prospèrent par une coopération mutuelle.[354] Ceci étant dit, nous pouvons maintenant comprendre que la prospérité, la paix et la coopération civique d'une société découlent de sa spiritualité et de sa compréhension spirituelle. Il n'y a pas d'autre source.

---

354 *Bhagavata Purana* I.15.24

Chapitre 9
LES ERREURS MÉTAPHYSIQUES ET CE QUE LE DIVIN N'EST PAS

Dans ce chapitre, je discuterai des erreurs métaphysiques et des conceptions erronées du Divin. C'est nécessaire car leur acceptation constitue des obstacles critiques sur le chemin de la *bhakti*. Si nous ne savons pas à qui nous sommes dévoués, qui nous aimons et à qui nous devons nous abandonner, comment notre *bhakti* peut-elle être fonctionnelle ? En outre, même si nous pensons savoir à qui nous sommes dévoués, nos concepts peuvent être erronés. Quelle est la valeur de ces croyances ? Et comment savoir si nous nous trompons si nous n'examinons pas nos convictions de manière critique en faisant appel à la raison ? De telles considérations expliquent pourquoi de nombreux *shastras*, tels que les *Brahma Sutras* ou le *Mandukya Karika*, contiennent des chapitres dans lesquels les croyances fausses et erronées sont examinées et rejetées. En outre, les critiques des écoles rivales sont souvent disséquées et réfutées.

Nous devons nous rappeler qu'il y a à peine un millier d'années, la *bhakti* en Inde était un mouvement populaire perpétué par des personnes qui estimaient que ce qu'elles pratiquaient était juste, mais qui ne pouvaient pas expliquer pourquoi c'était le cas. Ce n'est qu'avec l'avènement du théologien indien Shri Ramanujacharya

(T. Krishnamacharya était un disciple de Ramanuja) et sa réfutation des enseignements de Shankara que la *bhakti* a reçu ses fondements philosophiques. Je dois admettre que ni Ramanuja ni Shankara ne sont particulièrement agréables à lire. Leur style est argumentatif et la valeur divertissante de leurs écrits s'apparente à celle d'avocats plaidant une affaire au tribunal, c'est-à-dire qu'elle n'est pas du goût de tout le monde. Néanmoins, de nombreux pratiquants de yoga modernes ont un esprit critique, et souvent, ce n'est qu'une fois que notre intellect est totalement convaincu qu'une ligne de conduite particulière est la bonne que nous pouvons l'adopter avec conviction et dévouement. D'autre part, de nombreux étudiants ne vont pas jusqu'au bout de leur *bhakti* ou la pratiquent sans se concentrer parce qu'ils nourrissent encore des insécurités dans les recoins de leur esprit. Une fois ces insécurités éliminées, nous pouvons pratiquer la *bhakti* avec le dévouement et la sincérité qu'elle requiert.

L'INSOUCIANT

En enseignant le sujet de la *bhakti*, je rencontre fréquemment des arguments tels que : "Je ne peux pas croire en Dieu à cause de telle ou telle atrocité récente". À la base de cette affirmation se trouve un concept anthropomorphique de Dieu, qui résulte de la projection sur le Divin du pouvoir illimité des anciens pharaons, rois ou empereurs. Dans l'Antiquité, les entités les plus puissantes auxquelles nous pouvions penser étaient des souverains comme le pharaon. Le pouvoir du pharaon consistait en sa capacité à exercer une force sur toute autre personne pour l'obliger à se conformer à sa volonté, mais aucune autre personne n'était assez puissante pour changer le cours de l'action du pharaon. Le pharaon était donc le moteur immobile. Puisque le pharaon pouvait tout déplacer, mais que rien ne pouvait le déplacer, tout ce qui se passait dans l'empire était donc soit causé, soit au moins accepté et non intercepté par le pharaon. Ce raisonnement a ensuite été extrapolé à Dieu, ce qui le rend encore plus difficile à accepter, car il nous est facile d'imaginer un pharaon au moins moralement conflictuel ou distant, mais il est impensable d'imaginer un Dieu qui permette ou ignore le mal.

En réponse à ce problème, les théologiens ont dû consacrer une branche entière de leur enseignement, appelée théodicée, pour expliquer comment Dieu peut être bon et juste même si le monde est plein de mal. La théodicée devient tout à fait inutile si nous réalisons que nous avons détourné la déclaration scripturale qui définit l'homme comme créé à l'image et à la ressemblance du Divin et que nous avons créé un Dieu à notre propre image.[355] Pour ce faire, nous avons projeté l'image d'un souverain humain dans le ciel. Cette image de Dieu comme un homme né dans les airs, aux proportions et aux capacités gigantesques, n'a rien à voir avec le Divin. Au contraire, elle en dit long sur nos propres limites spirituelles.

Mais le problème ne s'arrête pas là. J'ai pratiqué des techniques enseignées par divers mouvements spirituels pendant la plus grande partie de ma vie. Il était courant que les membres de ces mouvements, sectes ou cultes décrivent leurs leaders ou fondateurs par des phrases du genre "c'est le père que je n'ai jamais eu". Nous avons créé un Dieu à notre image et projeté nos besoins de père parfait sur le Divin. Là encore, cela n'a rien à voir avec l'existence réaliste du Divin, mais reflète ce que la psychologie freudienne appelle le lien incomplet ou l'échec de l'attachement à la figure paternelle. Parce que la plupart d'entre nous n'ont pas fait l'expérience du lien, de la proximité et de l'acceptation

---

355 Gen I:26

avec et de la part de leurs pères que nous souhaitions, nous chargeons maintenant notre relation avec le Divin de cette incomplétude psychologique. C'est pourquoi les théologiens ont dû se battre avec des questions qu'il aurait mieux valu aborder dans le cadre de séances de conseil et de thérapie.

Dieu n'est pas un géant humain. Le Divin n'a même pas d'ego pour se concentrer dans un temps et un espace particuliers afin de devenir un humain. L'Être suprême est une conscience infinie et une intelligence cosmique. Dieu s'est cristallisé dans l'ensemble de l'univers matériel, donnant à tous les objets et à tous les êtres leurs caractéristiques. Mais Dieu, en tant qu'être universel, ne peut agir au niveau individuel, c'est-à-dire dans un continuum spatio-temporel limité, qu'en agissant à travers nous. Cela signifie que si nous voulons que le mal cesse, nous ne pouvons pas attendre que Dieu le fasse. Mais nous devons permettre à Dieu d'agir à travers nous, et c'est précisément ce que Shri Krishna essaie de convaincre Arjuna de faire.

Parce que nous avons des choix en fonction de notre niveau de conscience de soi, nous avons aussi la possibilité d'agir de manière malveillante. La société humaine, telle qu'elle est aujourd'hui, reflète la part du Divin que nous avons puisée (Aurobindo parle de puiser dans le supermental) et celle que nous avons ignorée. Lorsque nous voyons des guerres, des atrocités, des destructions, etc., nous devrions avant tout remettre en question l'humanité et son intégrité et ne pas essayer de nous décharger de la responsabilité sur un homme inexistant, géant, blanc et barbu dans le ciel.

À ce propos, regardez la représentation de Dieu dans *La création d'Adam* de Michel-Ange, qui fait partie du plafond de la chapelle Sixtine. Il ne s'agit pas du Yahvé de l'Ancien Testament, car dans le judaïsme, il n'est même pas permis de produire des images de Yahvé. Le vieillard que nous voyons dans le tableau de Michel-Ange est Zeus, qui est entré dans le christianisme par le biais de la philosophie hellénistique. Avec l'image de Zeus, une partie de ses caractéristiques a également été introduite dans les concepts occidentaux sur Dieu. Si Zeus était parfois un maître prudent du ciel, il pouvait aussi se montrer égoïste, coureur de jupons et complice. Il n'est donc pas surprenant que les Lumières européennes aient progressivement éliminé Dieu, jusqu'à ce que Friedrich Nietzsche puisse enfin proclamer : "Dieu est mort, l'homme est libre" ! Plus de cent ans plus tard, face à l'abîme béant de l'holocauste environnemental et de l'écocide, nous commençons à nous demander où cette prétendue liberté va nous mener. Mais peut-être que les 2 400 milliards de dollars de dépenses militaires supplémentaires nous aideront à y voir plus clair.

Dans ce chapitre, je tenterai ensuite de dissiper les concepts erronés suivants concernant Dieu et le monde :
- Que Dieu est un géant humain au paradis
- Que le monde est une illusion
- Que l'absolu sans forme est la plus haute réalisation et que la conscience est tout ce qui existe.
- *Le karma* yoga est une discipline inférieure ou d'introduction au yoga.
- Que *le Bhakti* Yoga est le seul moyen d'approcher le Divin
- Le soi individuel et le soi divin sont une seule et même chose.

DIEU N'EST PAS UN HUMAIN GÉANT AU PARADIS

Swami Tapasyananda écrit dans son commentaire sur le *Bhagavata Purana* que les religions abrahamiques ont la croyance inconsciente particulière que Dieu est un individu entièrement différent de la nature.³⁵⁶ Le problème de cette croyance est que Dieu est perçu comme un individu doté d'une personnalité particulière. Dieu ne peut pas avoir de personnalité, mais il est la somme totale de tous les potentiels les plus élevés que toutes les personnalités combinées pourraient théoriquement atteindre. C'est ce que traduit l'expression "but initial" d'Alfred North Whitehead. Dieu crée tous les individus par la pensée et poursuit un objectif initial différent pour chaque être. Mais parce que nous sommes faits à l'image et à la ressemblance de Dieu, nous sommes libres de rejeter le but initial ou de coopérer autant que nous le jugeons approprié. Krishna le reconnaît même à la fin de la *Bhagavad Gita*, lorsqu'il dit : "Considérez tout ce que j'ai dit et agissez ensuite comme vous le jugerez bon".³⁵⁷

La deuxième connotation problématique de la déclaration de Tapasyananda sur les religions abrahamiques est qu'elle rend Dieu non seulement anthropomorphique (c'est-à-dire un individu de type humain) mais aussi supra-cosmique. Supra-cosmique signifie que Dieu est entièrement différent de la nature et qu'il trône en quelque sorte au-dessus d'elle dans les cieux. La terre (et la nature) est une vallée de douleurs ou du moins fondamentalement différente des royaumes divins, qu'il s'agisse du ciel, du vide ou du *nirvana*. Dieu n'est pas supra-cosmique, mais le cosmos est le corps cristallisé de Dieu. Nous vivons à l'intérieur de Dieu comme des cellules individuelles vivent à l'intérieur de notre corps. De même qu'une cellule unique peut refuser de coopérer avec l'organisme hôte et devenir

---

356 Swami Tapasyananda, *Srimad Bhagavata*, vol.3, p. 27
357 *Bhagavad Gita* XVIII.63

CHAPITRE 9

cancéreuse, les individus et les cultures humaines peuvent choisir d'agir de la sorte et le font en ce moment même.

La critique de Swami Tapasyananda ne s'arrête pas aux religions abrahamiques mais s'étend également aux écoles de pensée hindoues. Dans son commentaire sur le *Bhagavata Purana*, il affirme que l'école Chaitanya du Vaishnavisme (qui a conduit au mouvement moderne Hare-Krishna) prétend que Vishnu n'est qu'une émanation de Krishna (les Hindous traditionnels, au contraire, croient que l'*avatar* humain Krishna est une émanation de la divinité Vishnu).[358] Les adeptes de Chaitanya Mahaprabhu agissent ainsi parce que le *Bhagavata Purana*, dans une seule strophe, dit que Krishna est le Bhagavan (c'est-à-dire Dieu) lui-même.

Le *Bhagavata Purana* est un vaste texte contenant quelque 30 000 strophes. Certaines strophes sont obscures, tandis que beaucoup soutiennent l'argumentation principale du texte. Tapasyananda affirme que l'affirmation ci-dessus (selon laquelle Vishnu est un aspect de Krishna) n'est pas cohérente avec toutes les autres affirmations du *Bhagavata*. Pour résumer rapidement la théologie *du Bhagavata Purana*, le texte affirme que Dieu est premièrement l'Absolu sans forme, la conscience infinie, deuxièmement une intelligence cosmique qui agit à travers et en tant que force créatrice divine, troisièmement l'ensemble du cosmos matériel qu'il est devenu, quatrièmement un nombre infini d'êtres et d'objets à travers lesquels il exprime son potentiel créatif infini. Krishna est ce que l'on appelle un *avatar* (incarnation, émanation) de ce Divin qui est exceptionnellement expert dans l'expression de cette philosophie, déjà exposée dans *les Upanishads* et d'autres textes.

---

358 Swami Tapasyananda, *Srimad Bhagavata*, vol.1, p. xxviii

Shri Aurobindo saisit particulièrement bien le problème du *Bhagavata Purana* ou de la *Bhagavad Gita*. Il dit que nous entendons Krishna dire "je" et, parce que nous avons tous tendance à anthropomorphiser, nous croyons que Krishna a simplement fait référence à l'homme Krishna. Ainsi, l'image classique de Krishna à la peau bleue, vêtu de soie jaune, avec des plumes de paon dans les cheveux et peut-être une flûte aux lèvres, apparaît dans notre esprit. Aurobindo précise cependant que lorsque Krishna dit "je", il ne parle pas de l'*avatar* incarné mais du Purushottama, l'Être Suprême.[359] A ce stade, nous devons toujours nous arrêter brièvement et nous rappeler que l'Être Suprême comprend au moins les quatre aspects principaux décrits dans le paragraphe précédent, mais probablement plus parce que Dieu ne peut probablement jamais être entièrement compris par l'intellect humain limité. Néanmoins, nous devons nous en approcher le plus possible à tout moment.

Le problème ne s'arrête cependant pas à l'introduction du terme Purushottama. C'est au contraire ici qu'il commence vraiment. Purushottama est un mot composé de *purusha* et *uttama* et, dans ce contexte, il est traduit à juste titre par Être suprême. On pourrait même dire "Êtreté suprême", mais il est difficile de déterminer à quoi ce terme fait référence en anglais. Certains commentateurs modernes ont utilisé l'expression Personnalité suprême de la divinité pour traduire *purusha-uttama*. Ils le font parce que le terme anglais "person" a ses racines dans le sanskrit *purusha*. Mais le terme "personne" a une signification différente en anglais. Ici, il implique l'idée d'avoir une personnalité distincte d'une autre. Par exemple, nous pouvons avoir une

---

[359] Sri Aurobindo, *Essays on the Gita*, p. 433

CHAPITRE 9

personnalité vicieuse au lieu d'une personnalité vertueuse. Dans le domaine judiciaire, le terme "personne" désigne une entité juridique dotée de certains droits ; par exemple, les sociétés se sont vu accorder des droits de personne juridique identiques à ceux des êtres humains. Ce concept de personne est totalement différent de l'idée de *purusha*. Le terme anglais person remonte au sanskrit *purusha*, car c'est la conscience pure, la conscience qui confère à un individu son statut de personne. Nous ne pouvons pas devenir une personne si nous n'avons pas de conscience.

Dans le yoga de Patanjali, le *purusha* est la conscience pure, le soi ou l'*atman* des *Upanishads*. Il est sans contenu, infini, pur, sans forme et immuable. Comme la *Bhagavad Gita*, le *Yoga Sutra* affirme que *le purusha* ne peut être coupé par l'eau, brûlé par le feu, transpercé par des épines ou coupé par des lames parce qu'il est le soi éternel. Alors que notre personnalité est notre surface, le *purusha* est le moi divin le plus profond. En profondeur, tout le monde est divin, alors qu'en surface, personne ne l'est.

Pour rendre les choses encore plus transparentes, toutes les personnalités ont leur racine dans le Purushottama, l'Être suprême. Nos personnalités sont notre interprétation limitée du but initial par lequel Dieu a créé par la pensée chacun d'entre nous. Le Purushottama étant donc la source indirecte de toutes les personnalités (ou plus précisément, l'un des aspects du Purushottama est la somme totale de tous les objectifs initiaux), il ne peut être limité par une personnalité particulière. Le Purushottama est le Cosmique. Il est toutes les personnes simultanément et, ce qui est important, plus que cela. Le terme de personnalité ne peut pas non plus s'appliquer à une entité infinie et éternelle, comme l'est le Purushottama. Une personnalité par rapport à une autre implique toujours une limitation.

Les humains ont toujours été confrontés à la complexité de l'Être suprême. Il est acceptable de simplifier, mais nous perdons son essence si nous simplifions trop. Nous pouvons utiliser des images anthropomorphiques de Dieu (ou de non-humains aussi) comme raccourcis par souci de simplicité, mais au moins une fois par jour, nous avons besoin de nous rappeler ce que Dieu est vraiment.

C'est ainsi que Shri Aurobindo affirme que l'Être Suprême n'est pas le Dieu personnel limité de tant de religions exotériques.[360] Il s'agit plutôt de l'Ame Suprême unique dont toutes les divinités sont des aspects, leurs personnalités individuelles n'étant qu'un développement limité de la nature cosmique. Cet Être suprême, selon Aurobindo, n'est pas un nom ou une forme particulière de la Divinité, comme celle que nous pouvons choisir comme notre *ishtadevata*. Tous ces noms et toutes ces formes ne sont que des visages du Divin unique qui est le Divin universel de tous les adorateurs et de toutes les religions.

Lorsque nous choisissons un *ishtadevata* (la forme du Divin qui nous convient), nous devons rester pluralistes et nous rappeler que cet *ishtadevata* ne peut pas convenir à tout le monde. Si nous choisissons Krishna, nous ne pouvons pas nier que d'autres choisiront Jésus et vice versa. Sinon, nous devenons des orthodoxes, des fondamentalistes intransigeants qui ne s'intéressent pas au fait que quelqu'un d'autre atteigne ou non la réalisation de Dieu, mais seulement au fait que nous avons raison et que les autres ont tort. Cela se traduit souvent par l'opposition entre les adeptes de la

---

360 Sri Aurobindo, *Essays on the Gita*, p. 343

bonne foi et les adeptes de Satan. Ici, cependant, la religion est dénigrée et devient le véhicule de nos vieux problèmes, de l'adversité et de l'antagonisme. Une personne véritablement spirituelle se préoccupe de savoir si quelqu'un d'autre réalise ou non le Divin, et non de savoir s'il le fait par la même voie que celle qu'il a lui-même choisie. S'il est important pour moi que d'autres personnes suivent mon chemin, c'est parce que je ne suis pas sûr que mon chemin soit correct et que j'ai donc besoin de la confirmation d'autres personnes. Si j'ai vraiment atteint la réalisation, je ne me préoccuperai que si les autres y parviennent aussi, et non pas s'ils le font par la même voie que moi.

Aurobindo insiste également sur la nécessité d'aimer le Purushottama universel (l'Être suprême) plutôt qu'une secte ou un culte.[361] S'enliser dans les futilités extérieures des mouvements spirituels et des religions est ce qu'il appelle exotérique. Aurobindo ajoute que la faiblesse des religions émotionnelles (nous pouvons supposer que par ce terme, il entend les religions *basées sur la bhakti*) est qu'elles sont toujours trop absorbées par l'une ou l'autre personnalité divine.[362] Il est essentiel de se concentrer sur l'aspect ésotérique d'une religion, c'est-à-dire de réaliser et d'aimer le Purushottama, l'Être suprême.

LE MONDE N'EST PAS UNE ILLUSION

Il s'agit d'une déclaration spirituelle passe-partout selon laquelle le monde est une illusion et que tout se passe dans l'esprit. Ces concepts ont fait beaucoup de tort à la spiritualité en permettant le contournement spirituel et doivent être

---

361 Sri Aurobindo, *Essays on the Gita*, p. 287
362 Sri Aurobindo, *Essays on the Gita*, p. 329

révisés. Au cœur de la théorie illusionniste se trouve la réappropriation du terme *maya* en tant qu'illusion. Or, à l'origine, ce terme impliquait un pouvoir divin plutôt qu'une illusion. Swami Tapasyananda traduit donc le terme *yoga-maya* comme le pouvoir de manifestation.[363] Le *Bhagavata Purana* affirme que *maya* fonctionne comme ignorance dans les esprits individuels (*jivas*) mais comme pouvoir créatif dans le Divin.[364] Dans le même passage, l'univers est décrit comme non différent de Dieu. Comment l'univers peut-il être une illusion s'il est non-différent de Dieu ?

Le *Bhagavata* appelle *maya* la puissance créatrice de Dieu[365] et le même texte dit que ceux qui connaissent le soi reconnaissent le monde entier comme *sat* (vérité), c'est-à-dire comme existant réellement.[366] C'est parce que toute forme est une expression du Divin. Pour expliquer davantage ce point, le *Bhagavata Purana* donne l'exemple d'un objet fait d'or qui n'est pas rejeté comme illusoire simplement parce qu'il est fait d'une autre substance. Tout comme l'or est la substance à partir de laquelle les ornements sont fabriqués, Dieu est la substance à partir de laquelle l'univers est créé. Dieu habite l'univers en tant que sa substance, de la même manière que l'or demeure dans les ornements qui en sont faits. En outre, le passage appelle Dieu celui qui est dépourvu de membres et d'organes sensoriels, mais qui est néanmoins la puissance qui soutient la préhension, la locomotion et la perception chez toutes les créatures. Cela signifie que nous percevons

---

363 Swami Tapasyananda, *Srimad Bhagavata*, vol. 2, p. 207
364 *Bhagavata Purana* X.87.14
365 *Bhagavata Purana* X.87.38
366 *Bhagavata Purana* X.87.26

un monde réel parce que le Divin alimente nos instruments de connaissance. Le concept du monde comme illusion n'a pas sa place dans cette philosophie.

Une affirmation passe-partout similaire est que la multiplicité des objets et des êtres que nous voyons est fausse, et que seule l'unité qui la sous-tend est réelle. Cette affirmation doit être corrigée. L'unité et la multiplicité sont toutes deux réelles et divines. C'est ce que dit le *Bhagavata Purana* : celui qui comprend que le Suprême s'est manifesté sous la forme d'une multitude par son *yoga-maya* (pouvoir divin) a compris les *Védas*.[367] Il n'y a rien d'anormal ici avec la multiplicité. Dans l'édition de Tapasyananda de la *Bhagavad Gita*, le terme *maya* est traduit par le pouvoir mystérieux de Dieu, par lequel le Divin prend naissance à travers sa nature matérielle (*prakriti*).[368] C'est une tentative futile de lire l'illusion dans le terme *maya* ici. Dans un autre passage du même texte, le terme *atma-maya* est traduit par pouvoir ou volonté inhérente.[369]

Shri Aurobindo est également très critique lorsqu'il s'agit de qualifier le monde d'illusion. Dans *Essais sur la Gita*, il affirme que le monde n'est pas une illusion mais que la *Bhagavad Gita* admet tout au long la réalité dynamique du monde.[370] Selon Aurobindo, la *Gita* n'adopte pas le point de vue plus sévère des *védantistes* extrêmes [*Advaita*], selon lesquels le monde n'est qu'une apparence. Un tel point de vue s'attaquerait aux racines mêmes de tous les travaux et de toutes les actions (*Karma* Yoga). Ce qu'Aurobindo veut dire,

---

[367] *Bhagavata Purana* XI.12.23
[368] Swami Tapasyananda, *Srimad Bhagavad Gita*, p. 119
[369] Swami Tapasyananda, *Srimad Bhagavad Gita*, p. 135
[370] Sri Aurobindo, *Essays on the Gita*, p. 251

c'est que si le monde était vraiment une illusion, la *Bhagavad Gita* ne pourrait pas se permettre d'accorder au travail, à l'action et au devoir le rôle prépondérant qu'elle leur accorde.

Toujours dans *Essais sur la Gita*, Aurobindo compare *maya* à *prakriti* (la nature ou la force créatrice divine) et affirme que *maya* n'est pas synonyme d'illusion.[371] Aurobindo déclare que *maya* consiste en la puissance du processus (en utilisant ici la terminologie d'Alfred North Whitehead), *prakriti*, qui est l'interaction de ses trois modes fondamentaux, les *gunas*.[372] Rappelons que Whitehead a décrit l'aspect dynamique ou immanent de Dieu comme un processus, qui dans le langage des *shastras* est *maya* et *prakriti*.

Dans *The Integral Yoga*, Aurobindo déclare que la croyance que le monde est une illusion est due à l'incapacité de faire descendre le super-esprit.[373] Par "faire descendre le supermind", Aurobindo entend devenir un véhicule pour l'intelligence du Divin, qui s'exprime dans le jeu extatique du monde réel et des êtres réels. Dans son ouvrage principal, *La Vie divine*, Aurobindo explique que les voyants *védiques* utilisaient le terme *maya* pour désigner la puissance divine.[374] Pour les *rishis*, *maya* signifiait le pouvoir de la conscience infinie de se comprendre elle-même comme une existence infinie. Grâce à la *maya*, la vérité statique de l'être essentiel devient la vérité dynamique de la création.

Plus loin dans *The Life Divine*, Aurobindo s'intéresse même à la source de la croyance que le monde est une illusion.[375] La

---

371 Sri Aurobindo, *Essays on the Gita*, p. 154
372 Sri Aurobindo, *Essays on the Gita*, p. 252
373 Sri Aurobindo, *The Integral Yoga*, p. 40
374 Sri Aurobindo, *The Life Divine*, p. 115
375 Sri Aurobindo, *The Life Divine*, p. 436

source est simplement le fait que si un mystique absorbe son *prana* dans le *chakra de* la couronne et entre ainsi dans l'état de (ce que l'on appelle dans le langage de Patanjali) *samadhi* sans objet, (ou dans le langage de Ramakrishna) *nirvikalpa samadhi*, (ou dans le langage d'Aurobindo), *nirvana*, le monde vu depuis cet état semble irréel. Aurobindo répond que le fait que l'existence du monde nous semble irréelle lorsque nous passons dans le silence spirituel du *nirvana* ne prouve pas en soi que le cosmos était pendant tout ce temps une illusion. Le monde est toujours réel pour la conscience qui l'habite. La seule chose établie est que le monde apparaît irréel à celui qui fait l'expérience du *nirvana* ; c'est tout.

LA CONSCIENCE N'EST PAS TOUT CE QUI EXISTE

La croyance que le monde est une illusion est étroitement liée à celle que l'Absolu sans forme (*nirguna* Brahman) est la plus haute réalisation que l'on puisse avoir, et que la conscience est tout ce qui existe. Dans cette section, je montrerai que si l'expérience de l'absolu sans forme est importante, servir et aider le Divin avec amour et dévotion dans son jeu divin est tout aussi sacré et essentiel. En outre, la conscience est réelle et son expérience directe contribuera finalement à la réalisation de soi, mais la conscience divine s'est cristallisée dans ce monde et dans l'univers, et tous les êtres sont devenus son corps. Ils sont donc tout aussi réels et sacrés, et dire que seule la conscience existe dénigre l'importance du fait que Dieu est devenu le monde et tous les êtres et qu'il travaille à la divinisation de la société.

Comment s'est développée l'idée que le monde est une illusion et que seule la conscience est réelle ? J'ai écrit sur ce sujet dans mes deux livres sur les *chakras* et je ne le ferai ici que succinctemen.[376] Les expériences authentiques de *purusha, atman, nirguna* Brahman, l'absolu sans forme ou la conscience infinie, sont alimentées par l'absorption de son *prana* dans le *chakra de* la couronne (*Sahasrara*), que celui qui fait l'expérience soit conscient de ce fait ou non. Lorsque le *prana* est absorbé dans ce *chakra*, la conscience apparaît et le monde disparaît. Si l'expérience est longue et profonde, comme la vision de l'Absolu sans forme, aucune connaissance du monde ne peut avoir lieu à ce moment-là. En effet, l'absolu sans forme ne peut être vu que lorsque l'identification au corps est totalement abandonnée pour le moment. Avec la perception du corps, toute vérification sensorielle de l'existence de l'univers disparaît. En même temps, l'Absolu sans forme apparaît. Permettez-moi de vous donner un exemple.

Lorsque Arjuna a vu le *vishvarupa* (la forme universelle du Divin), il l'a décrit comme s'il regardait simultanément 1000 soleils flamboyants.[377] Si l'on arrive à ce stade, l'expérience est si puissante qu'elle noie toutes les expériences vécues jusqu'alors et peut-être celles à venir. On peut alors tomber dans le piège de réduire les expériences de tous les autres *chakras* à celles du *Sahasrara Chakra*. Cette réduction est compréhensible, car rien n'est plus puissant que de voir directement le Dieu transcendant. Bien qu'elle soit compréhensible, elle n'en est pas moins incorrecte. Lorsque l'on revient de cette expérience et que l'on déclare que le monde est irréel, on ne comprend pas que le Dieu transcendant que l'on vient d'avoir la chance de voir s'est incarné dans ce même monde.

---

376 *Yoga Meditation - Through Mantra, Chakras and Kundalini to Spiritual Freedom* and *Chakras, Drugs* and *Evolution - A Map of Transformative State*
377 *Bhagavad Gita* XI.12

CHAPITRE 9

Le Divin s'est également incarné en nous, qu'il a envoyés dans ce monde pour devenir lui-même en nous. Cela signifie que le processus d'expression et de transformation du Dieu immanent en tant que monde et tous les êtres est aussi saint, sacré et authentique que l'expérience du Dieu transcendant. Il n'y a pas de contradiction entre la réalité et le caractère sacré de l'Absolu sans forme, d'une part, et le monde et tous les êtres qui le composent, d'autre part. Rappelons également que Shri Aurobindo a déclaré que la perception de l'irréalité du monde pendant les états mystiques ne prouve pas que le monde est irréel, puisqu'il est toujours perçu comme réel dans les moments d'incarnation normale. Cela prouve seulement que le monde apparaît irréel pendant les états mystiques.[378]

Dans l'un des passages les plus significatifs de la *Gita*, Krishna parle de la connaissance essentielle (*jnana*, c'est-à-dire la réalisation de soi) et de la connaissance complexe (*vijnana*, c'est-à-dire la réalisation de Dieu).[379] La première personne à avoir expliqué le sens de cette strophe fut Shri Ramakrishna. Shri Ramakrishna a enseigné que *vijnana* (réalisation de Dieu ou connaissance globale) consiste à voir le jeu divin dans lequel Dieu devient les *jivas* (esprits individuels), le monde et l'acteur du jeu divin.[380] Cette *lila* n'est pas une illusion mais une expression réelle de la créativité et de l'extase divines. Le Divin soutient l'univers en devenant le collectif des *jivas* (c'est-à-dire de tous les êtres). Cela se révèle dans l'état de *vijnana*. Nous ne devons donc pas nous arrêter à *jnana*, qui n'est que la connaissance essentielle, c'est-à-dire la réalisation de soi, car sinon, nous

---

378 Shri Aurobindo, *The Life Divine*, p. 436
379 *Bhagavad Gita* VII.2
380 Swami Tapasyananda, *Srimad Bhagavad Gita*, p. 208

ne reconnaissons pas le caractère sacré et l'importance du monde et de tous les êtres.

Shri Aurobindo a développé les découvertes de Shri Ramakrishna et les a intégrées dans 35 manuels pour en faire un système complet et cohérent de philosophie mystique et évolutionniste, qui montre que la conscience n'est pas la seule à être réelle. Dans *Essais sur la Gita*, Aurobindo dit que l'Être suprême (Purushottama) est plus élevé encore que le Brahman immuable (c'est-à-dire le Brahman *nirguna*) et que la perte de l'ego dans l'Absolu impersonnel et sans forme n'est qu'un premier pas vers l'union avec le Purushottama.[381] Il est utile de rappeler que le chapitre 15 de la *Bhagavad Gita* décrit le mystère du Purushottama comme contenant en lui-même l'Absolu sans forme, la communauté des *jivas* liés (ceux qui s'identifient à leur corps) et la communauté des *jivas* libres, qui ont atteint la réalisation. Aurobindo précise en outre que le but réel du yoga est une union vivante avec le Purushottama et non pas une simple disparition de soi dans l'Absolu impersonnel et sans forme, ce qui serait la chose raisonnable à faire si l'on considérait que seule la conscience était réelle.[382]

Aurobindo nous met en garde contre une spiritualité qui s'anéantit elle-même à chaque instant. Il précise que la *Bhagavad Gita* rejette la croyance selon laquelle tout ce que nous avons à faire est de déconnecter *purusha* (la conscience) de *prakriti* (la nature, la force créatrice divine, dans ce cas, le monde) et de nous fondre dans l'Absolu sans forme, car ce remède abolirait le patient en même temps que la maladie.[383] Aurobindo enseigne que nous sommes ici pour des choses bien plus importantes

---

381 Sri Aurobindo, *Essays on the Gita*, p. 91
382 Sri Aurobindo, *Essays on the Gita*, p. 132
383 Sri Aurobindo, *Essays on the Gita*, p. 216

que la simple dissolution dans la conscience infinie. Selon lui, le monde suit un plan divin et chaque individu fait partie de ce plan. Il nous rappelle les paroles de Jésus : "Les choses que j'ai faites, vous les ferez, et vous en ferez de plus grandes encore".[384]

Dans le même ordre d'idées, Aurobindo déclare que dans les premiers chapitres de la *Gita*, nous insistons sur la réalisation de soi (c.-à-d. *jnana*).[385] Cette insistance précoce sur la réalisation de soi peut être confondue avec la fin de notre évolution spirituelle, mais ce n'est que le début du *Bhakti* et du *Karma* Yoga. Rappelons qu'Aurobindo a atteint la réalisation de soi pour la première fois alors qu'il attendait son procès dans la prison d'Alipore. Cette expérience a donné le coup d'envoi à son yoga supérieur, à sa recherche du Divin et à sa vie au service du Divin. Aurobindo craint que nous ne limitions notre évolution en croyant qu'il n'y a rien d'autre à accomplir que de méditer sur notre propre satisfaction. Il dit que si nous poursuivons notre évolution vers *vijnana*, au lieu d'être obsédés par l'épanouissement personnel, nous entreverrons une solution plus vaste, le principe de l'épanouissement personnel dans la nature divine.[386] Cet épanouissement personnel culmine dans l'abandon amoureux au Divin (*Bhakti* Yoga) et dans l'action au service du Divin (*Karma* Yoga).

LE KARMA YOGA N'EST PAS UNE DISCIPLINE INFÉRIEURE DU YOGA

Certains commentateurs considèrent *le karma* yoga comme une voie inférieure pour ceux qui n'ont pas encore suffisamment évolué pour pratiquer l'inaction totale, c'est-à-dire le *jnana*

---

384 Jean 14:12

385 Sri Aurobindo, *Essays on the Gita*, p. 235

386 Sri Aurobindo, *Essays on the Gita*, p. 289

yoga. D'autres le considèrent comme une voie menant progressivement à l'inaction et à l'introspection. Mais ce n'est pas le point de vue de la *Bhagavad Gita*. Selon Aurobindo, dans la philosophie *Samkhya*, la réalisation du *purusha* (la conscience) conduit à la cessation de l'action.[387] Dans la *Gita*, en revanche, elle conduit à l'action divine. Krishna enseigne qu'il est impossible d'être totalement inactif et de mener une vie exclusivement consacrée à l'introspection. Selon Krishna, l'action elle-même n'est pas le problème ; c'est le fait que nous sommes attachés à la fausse croyance que c'est notre propre conscience (le *purusha* ou *atman*) qui est à l'origine de notre action plutôt que le Divin. Krishna dit que nous devons reconnaître que le Divin se manifeste à travers nous. C'est pourquoi, dans le chapitre 18, il dit que le Divin nous fait tourner comme s'il était monté sur une roue.[388] Reconnaître ce fait s'appelle "abandonner le sentiment de pouvoir", c'est-à-dire abandonner la croyance que nous accomplissons les actes. En outre, Krishna appelle à abandonner les fruits des actions au Divin, c'est-à-dire que nous ne sommes pas attachés au résultat de nos actes, que nous réussissions ou non, mais dans chaque situation, nous faisons simplement de notre mieux, en nous consacrant au Divin, quel que soit le résultat.

Comme Krishna, Aurobindo nous exhorte également à ne pas céder à la tendance spirituelle de s'élever au-dessus d'elle et de se retirer dans le non-engagement du monde. Il dit que la tendance quiétiste de l'homme doit reconnaître sa propre incomplétude.[389] Selon Aurobindo, l'action cinétique, d'autre part, est l'accomplissement de

---

387 Sri Aurobindo, *Essays on the Gita*, p. 227
388 *Bhagavad Gita* XVIII.61
389 Sri Aurobindo, *Essays on the Gita*, p. 143

CHAPITRE 9

Dieu dans l'humain et la présence du Divin dans toute action humaine. De plus, Aurobindo souligne que pour le yoga de la *Bhagavad Gita*, l'action n'est pas seulement une préparation mais aussi un moyen de libération spirituelle.[390] Si le *jnana* (la connaissance) est essentiel, par son union avec les œuvres (*Karma* Yoga), nous demeurons dans la conscience non seulement dans le calme inactif, mais aussi dans le stress et l'action intense. De même, la *bhakti* (dévotion) est importante en soi, mais combinée au *jnana* et au *karma* yoga, elle nous permet de demeurer dans le Purushottama (l'Être suprême), qui est maître à la fois du calme spirituel éternel et de l'activité cosmique éternelle.

Aurobindo souligne que les enseignements ultérieurs des *Shaktas tantriques*, qui ont même rendu *prakriti* ou Shakti supérieure à *purusha*, sont déjà évidents en tant que caractéristique remarquable de la *Bhagavad Gita* et perceptibles ici comme la grande action cosmique, l'activité et la puissance de l'énergie cosmique (force créatrice divine, Shakti ou *prakriti*).[391] Combinée aux éléments théistes et dévotionnels, la *Gita* enseigne que l'humain, incarné dans le monde naturel, ne peut cesser d'agir. Notre existence même est une action ; l'univers tout entier est un acte de Dieu, et le simple fait de vivre signifie faire partie de cette activité divine. Par conséquent, le *karma* yoga n'est pas seulement une voie inférieure pour ceux qui ne peuvent pas rester assis ou une voie d'introduction pour ceux qui sont encore en train d'apprendre, mais c'est un aspect complexe du yoga complet, jusqu'à son apogée.

---

390 Sri Aurobindo, *Essays on the Gita*, p. 79, 86
391 Sri Aurobindo, *Essays on the Gita*, p. 107

LE BHAKTI YOGA N'EST PAS LE SEUL MOYEN D'APPROCHER LE DIVIN

Bien que j'aie écrit un manuel sur la *bhakti* et que je me considère comme un *bhakta*, je m'opposerai à la notion fondamentaliste selon laquelle *la bhakti* est la seule forme de yoga adaptée à cet âge du monde et la voie la plus directe vers le Divin. *La bhakti* est une pratique difficile. Pour qu'elle réussisse, nous devons avoir une conception sophistiquée du Divin et, avec elle, nous rapprocher le plus possible de la réalité. C'est pourquoi Krishna exhorte Arjuna à laisser son esprit se reposer sur Lui et à laisser son intelligence le pénétrer. Il est relativement facile de laisser notre esprit se reposer sur le Divin. Il suffit de croire et d'avoir une foi aveugle. Mais que se passe-t-il si notre foi aveugle, dans sa conception du Divin, est erronée ? Que se passe-t-il si nous avons été égarés par des enseignants qui étaient peut-être bien intentionnés, mais qui ne savaient pas mieux que nous ? Dans ce cas, nous serions comme le proverbial aveugle guidé par l'aveugle.

La bhakti peut être un moteur spirituel exceptionnel, pouvant nous conduire sur le chemin spirituel avec plus de vélocité que n'importe quelle autre forme de yoga. C'est vrai, et compte tenu de l'exultation que l'on peut atteindre, on pourrait à juste titre l'appeler l'apogée du yoga (bien que d'autres aspects du yoga puissent également prétendre à ce titre). Mais pour ne pas devenir émotionnellement aveugle et fondamentaliste, la *bhakti* doit être intégrée dans un cadre de *Raja*, *Karma* et *Jnana* Yoga. La façon dont Krishna l'enseigne dans la *Gita* s'inscrit dans un tel cadre. Sans un concept raisonnablement bon du Divin, *la bhakti* pourrait nous amener à mépriser ceux qui vénèrent un autre dieu. Intégrée aux autres yogas, *la bhakti* nous fera comprendre que tous les dieux sont des images et des voies d'accès au même Purushottama, qui est sans nom et qui, en même temps, a mille noms.

Dans *La synthèse du yoga*, Aurobindo décrit plusieurs façons de rendre l'esprit réceptif au Divin.[392] L'une d'entre elles consiste à rendre l'esprit si calme par des pratiques de méditation que l'on peut littéralement entendre le Divin et devenir capable de suivre ses instructions concernant nos actions. C'est un chemin difficile pour la plupart des gens, mais c'est celui qu'a emprunté Aurobindo. C'est une voie empruntée par certaines écoles bouddhistes, mais elle joue également un rôle dans le Yoga de Patanjali[393] et dans le *Vedanta*.

Une deuxième approche constitue la voie de la *bhakti*, par laquelle on se concentre exclusivement sur le centre du cœur et on réduit ses émotions sur le Divin personnel. Bien que cette approche, en particulier pour ceux qui ont un penchant pour les émotions, présente certains avantages par rapport à la première, Aurobindo explique que cette voie est plus sujette à l'erreur car l'être émotionnel est plus susceptible d'être entaché par l'impureté de l'ego et de l'égocentrisme. Il affirme qu'il est trop susceptible d'être entaché par les émotions inférieures, la croyance aux miracles et la dépendance à l'égard de l'intervention divine.[394] Il est donc plus probable d'être égaré par ses intuitions erronées. Cela se manifestera alors par l'orgueil, la fierté spirituelle de croire que sa déité ou son *avatar* est meilleur que les autres ou même le seul vrai, et de regarder de haut ceux qui ne partagent pas sa religion ou ses idéaux religieux et de les déclarer infidèles ou inférieurs. De telles attitudes annulent tout progrès spirituel créé par la *bhakti*, car elles renforcent

---

392 Sri Aurobindo, *The Synthesis of Yoga*, p. 802-7

393 *Yoga Sutra* I.2

394 Sri Aurobindo, *The Synthesis of Yoga*, p. 804-5

l'ego spirituel, une création presque plus dangereuse que l'ego matérialiste. Aurobindo dit que la dévotion sans connaissance conduit souvent au sectarisme et est brute, grossière, aveugle et dangereuse, comme les crimes et les folies des religieux l'ont souvent montré.

Aurobindo décrit ensuite le chemin de la concentration sur les *chakras*.[395] La focalisation sur les *chakras* est effectuée jusqu'à ce qu'une séparation dans le mental soit établie, dans laquelle on peut se concentrer sur la descente de l'intelligence du Divin à travers les *chakras* supérieurs. Aurobindo dit qu'il faut en arriver au point où le processus de pensée se déroule au-dessus de la tête, dans le corps subtil, ce qui aide à faire descendre l'intelligence du Divin. C'est le chemin que l'auteur a emprunté.

Une quatrième voie consiste à purifier l'intellect (*buddhi*) jusqu'à ce que son pouvoir de raisonnement et sa capacité de déduction et d'inférence soient si grands qu'ils permettent d'éliminer rapidement les malentendus. J. Krishnamurti, par exemple, était un représentant de cette voie, qui figure également dans le *Samkhya* et les *Yoga Sutra*. Ici, *tamas* (la masse) et *rajas* (la frénésie) sont progressivement purgés de l'intellect jusqu'à ce qu'il soit aiguisé et représente le pur *sattva* (l'intelligence). Aurobindo soutient que chacune des quatre voies présente des faiblesses lorsqu'elle est suivie indépendamment et que le scénario idéal est de les combiner toutes les quatre. Selon lui, elles ne doivent pas être combinées par une action délibérée, mais en s'abandonnant au Divin et en laissant la Shakti divine choisir dans quelle mesure les voies doivent être mélangées et à quel moment l'une d'elles doit être préférée à l'autre. Bien que cela exige du pratiquant

---

395 Sri Aurobindo, *The Synthesis of Yoga*, p. 805-6

un niveau extrême de maturité, d'ouverture et de volonté d'écoute, nous pouvons retenir qu'il est crucial de combiner la *bhakti* avec d'autres formes de *sadhana*, telles que le *Raja-*, le *Karma-* et le *Jnana* Yoga, jusqu'à ce que l'on ait acquis une *vijnana* (connaissance globale) complète du Divin.

LE MOI INDIVIDUEL ET LE MOI DIVIN NE SONT PAS UNE SEULE ET MÊME CHOSE

Comme nous l'avons expliqué précédemment, lorsque notre *prana* est absorbé dans le *Sahasrara Chakra*, le monde disparaît et l'on obtient le *darshan* (vue) de l'Absolu sans forme. Les deux ne peuvent avoir lieu en même temps. C'est pourquoi, au retour de l'expérience, nous pouvons déclarer que seul le Brahman *nirguna* (sans forme) existe et rien d'autre. En suivant ce raisonnement, certains philosophes déclarent que le moi individuel et le moi divin sont identiques car seul le Brahman existe pendant cette période. Ils affirment qu'au moment de l'expérience, une certaine forme d'entité consciente est présente, dont l'expérimentateur est conscient. Cette entité est alors considérée comme le soi individuel qui, en fusionnant avec le soi divin, est expérimenté comme identique. Ce point est d'une extrême importance, car s'il peut être démontré que nous n'avons pas de moi individuel d'une quelconque importance, le chemin de la *bhakti* est sans conséquence. Après tout, il n'y aurait pas de moi individuel à partir duquel nous pourrions aimer et vénérer le Divin. L'identité entre les deux moi ne nous laisse que la dissolution et la disparition dans l'Absolu sans forme. Cela signifie également que le travail éclairé en faveur d'une humanité éclairée est inutile parce qu'il n'y a pas de travailleur, pas de travail et rien sur quoi travailler, un point de vue nihiliste défendu par l'*Advaita Vedanta* et certaines écoles de bouddhisme.

   La bhakti propose une solution différente : pendant l'union mystique, le moi individuel du mystique est suspendu, et seul le Soi divin est expérimenté dans son infinité. Il n'y a donc pas d'union de deux moi, mais seulement le Moi divin (Brahman). En quittant l'état mystique, le moi individuel réapparaît et est à nouveau perçu comme différent du Soi divin. Ce point de vue est soutenu par le théologien indien Shri Ramanujacharya (Ramanuja en abrégé), grand adversaire de Shankara, qui a vécu au 11e siècle. Dans son commentaire *Shri Bhashya* sur le *Brahma Sutra* et son *Vedanta Sara*, Ramanuja affirme que le moi divin et le moi individuel sont différents.[396] Ramanuja dit que l'identité des moi individuels avec le Brahman apparaît ainsi parce que le Brahman est le moi de ces moi individuels, qui sont Son corps. Il souhaite exprimer que le moi individuel enveloppe comme un manteau le Soi divin, qui seul est expérimenté dans un état mystique profond. C'est pourquoi l'on est amené à croire que les deux sont identiques. Rappelez-vous que Krishna répète sans cesse que je suis le soi dans le cœur de tous les êtres. Le Soi divin se trouve donc dans notre cœur, mais il ne s'agit pas du Soi individuel. Le Divin n'a rien d'individuel.

   Ramanuja balaie également l'argument selon lequel l'état de veille est aussi irréel que le rêve et l'état de sommeil profond, un pilier de la philosophie *advaïste* formulée dans la *Mandukya Upanishad* et le *Karika* (commentaire) de Gaudapada sur cette *Upanishad*. Ces deux textes affirment que l'état de veille est annihilé lorsque l'état de rêve

---

396 *Vedanta Sara de Ramanujacharya* III.5.44

commence. L'état de rêve est anéanti lorsque commence l'état de sommeil profond, qui à son tour est détruit lorsque l'état de veille reprend. Par conséquent, ces trois états sont irréels et seul le quatrième état, la conscience, présent en permanence dans les trois états, est l'état véritable et réel. Réfutant cette philosophie, Ramanuja affirme qu'en raison de la différence de nature entre les deux, l'état de veille n'est pas comme un rêve.[397] La connaissance trouvée dans l'état de veille n'est pas irréelle comme celle de l'état de rêve parce que dans l'état de veille, il n'y a pas de défauts dans les organes des sens, et la connaissance n'est pas rejetée comme fausse. Notez que ce point de vue est très proche de celui de Patanjali, qui affirme que les deux états ne peuvent être comparés parce que l'état de rêve est principalement constitué de conceptualisation et d'erreur, alors que l'état de veille est principalement constitué de connaissances justes et fausses. Tout cela est important car la philosophie *Mandukya Karika* est souvent citée pour affirmer l'existence continue d'un seul soi divin (appelé *Turiya*, le quatrième état). En revanche, l'existence séparée d'un moi individuel est réfutée en montrant la discontinuité des états de veille, de rêve et de sommeil sans rêve. Ces arguments sont démontrés ici comme étant invalides, un fait qui soutient l'existence d'un soi individuel, séparé du Soi divin.

Le prochain point important à discuter est la clarification par Ramanuja de la doctrine du *panchakosha* de la *Taittiriya Upanishad*. Je l'ai déjà décrite au chapitre 3, sous le titre *Pourquoi cette relation est-elle si significative pour le Divin ?* En bref, alors que les trois couches extérieures représentent le corps, le souffle et l'esprit, la couche la plus intérieure,

---

397 *Vedanta Sara de Ramanujacharya* II.2.28

l'*Anandamaya kosha*, est la conscience, le moi divin. Dans *Vedanta Sara*, Ramanuja affirme que la quatrième enveloppe, le *Vijnanamaya kosha*, quelque peu insaisissable et mal interprété, est le soi individuel et, étant donné qu'elle est différente de la cinquième enveloppe et de la couche la plus interne, l'*Anandamaya*, les deux ne peuvent manifestement pas être le soi.

Dans *Vedanta Sara*, se référant à la *Taittiriya Upanishad* II.1.1, Ramanuja affirme que l'*Anandamaya kosha*, le Soi divin, diffère du *Vijnanamaya kosha*, le Soi individuel. Il affirme que ce qui est désigné par le terme *Anandamaya* est le Brahman, car c'est seulement dans le Brahman que se trouve la plus grande félicité, qui est donc appelée *Anandamaya kosha* (pouvoir de l'extase). Il admet en outre que le moi individuel possède l'intelligence et le pouvoir de voir, mais qu'il ne peut être la cause de l'univers, qui est le Divin [le Brahman]. Il cite à nouveau la *Taittiriya Upanishad*, qui affirme que "l'éther spatial est né du même moi", déclarant que l'*Anandamaya* [le moi divin] est la cause de l'univers et qu'il est donc différent du moi individuel. Ramanuja ajoute que *le Vijnanamaya* est appelé ainsi parce que la connaissance est la caractéristique fondamentale du moi individuel, alors que l'*Anandamaya* est le Brahman dont la caractéristique essentielle est la félicité suprême.

Ramanuja affirme également que l'affixe *maya* dans les noms de toutes les enveloppes signifie l'abondance plutôt que l'illusion. Il est déjà établi que l'enveloppe la plus profonde, l'*Anandamaya*, se réfère au Brahman, et qu'il ne peut y avoir d'illusion dans le Brahman. La *Taittiriya Upanishad* affirme que le Brahman lui-même est la cause de toute félicité. Par conséquent, l'enveloppe la plus profonde ne peut être appelée l'enveloppe de l'illusion de la félicité.

CHAPITRE 9

J'ai trouvé que les affirmations de Ramanuja selon lesquelles notre noyau le plus profond est le soi divin et le soi individuel qui l'entoure sont les chaînons manquants qui expliquent de manière exhaustive toutes les questions restantes de la philosophie du yoga. Lors d'une méditation profonde, nous plongeons dans notre cœur et y trouvons une entité éternelle, infinie et immuable. Nous partageons cette entité avec tous les autres êtres, ce qui constitue la cause de la compassion. Parce que nous partageons ce moi divin ou cosmique avec tous les autres, il est facile de ressentir exactement ce qu'ils ressentent.

Toutefois, il est incorrect d'appeler cette entité le moi individuel, car elle n'a pas d'individualité. Le moi divin qui est en moi se fond harmonieusement dans le moi divin qui est en vous, car il n'y en a qu'un seul. Nous participons tous à ce moi divin unique. Nous sommes tous identiques dans le moi divin, mais dans le moi individuel, nous sommes tous différents. Le moi individuel ne mérite ce nom que s'il est l'endroit où notre individualité est cryptée. Dans le cas contraire, il est préférable de ne pas utiliser le terme "moi individuel".

Le véritable moi individuel est le *Vijnanamaya kosha*, cette partie de notre psyché qui représente le but initial par lequel le Dieu immanent nous a créé par la pensée. Parce que chaque individu représente un objectif initial différent du Divin, on l'appelle l'enveloppe de la connaissance. Chacun d'entre nous possède une connaissance particulière par laquelle nous nous distinguons les uns des autres. Cette connaissance différente est liée aux divers aspects du Dieu immanent que nous devons tous représenter ici sur terre. *Le karana sharira* (corps causal) est un autre terme utilisé par les yogis pour décrire ce moi individuel. Là encore, le corps causal est le porteur de la vision que Dieu a de chacun d'entre nous, l'objectif initial.

Une chose reste à expliquer, à savoir la similitude en termes de *vijnana*, c'est-à-dire la connaissance globale (réalisation de Dieu) que Krishna appelle de ses vœux dans la *Gita*, d'une part, et le terme *Vijnanamaya kosha* (enveloppe de connaissance profonde), d'autre part.[398] Shri Ramakrishna a déclaré que *le vijnana* consiste en la réalisation combinée du *nirguna* et du *saguna* Brahman, l'Absolu sans forme et le Divin avec forme. L'Absolu sans forme est révélé en plongeant dans l'*Anandamaya kosha*, l'enveloppe de l'extase. Cette expérience est extatique et supprime toute peur de la mort puisqu'elle nous révèle qu'après notre dernière mort, nous retournerons à l'extase infinie du Brahman. Mais ce que l'*Anandamaya kosha* ne nous révèle pas, c'est la manière dont nous devons vivre notre vie et ce que nous devons faire pour servir le Divin et le laisser s'exprimer à travers nous. Cette information n'est révélée que par la méditation sur le *Vijnanamaya kosha*. Il nous montre comment le Divin devient Lui-même en se manifestant à travers nous.

Jnana signifie réaliser que l'aspect transcendantal du Divin, le *nirguna* Brahman, est le soi dans le cœur de tous les êtres. Dans le Dieu transcendant, le multiple devient l'Un. *Vijnana* signifie réaliser que l'Un devient multiple, mais aussi que le Dieu immanent s'exprime à travers les objectifs initiaux, les *Vijnanamaya koshas*, ou les moi individuels d'une infinité d'êtres.

---

398 *Bhagavad Gita* XII.2

Chapitre 10

CLARIFICATION DES TERMES

Dans ce dernier chapitre, je présenterai des extraits de textes bibliques qui permettront de mieux comprendre certains termes qui, s'ils étaient mal compris, entraveraient les progrès de notre science. Cela me permettra également d'approfondir certains concepts et d'exprimer des idées que je n'ai pas encore eu l'occasion d'aborder. Les termes abordés ici sont les suivants

- L'esprit
- Avatar
- *Shraddha* (anciennement traduit par foi)
- *Shastra* (écriture)
- *Yugas* (âges du monde)
- Castes - notes et références supplémentaires

L'ESPRIT

Au Moyen Âge, le corps était considéré comme faible et corrompu. En Orient comme en Occident, les sectes spirituelles mortifiaient et torturaient souvent le corps pour le purifier de ses méfaits. Dans la société moderne, le pendule est revenu, et cette attitude négative à l'égard du corps a été remplacée par un engouement extrême pour le corps, qui s'exprime par l'assouvissement de tous ses caprices. Cet engouement pour le corps peut freiner l'évolution spirituelle autant que la torture du corps l'a fait auparavant.

Malheureusement, le rôle de mauvais élève du quartier a été attribué au mental. Les arguments spirituels passe-partout accusent le mental de tous les maux de l'individu et de la société. La culture spirituelle contemporaine a désormais accepté que le corps ne soit pas l'ennemi sur le chemin spirituel, mais un atout. Je soutiendrai ici qu'il en va de même pour le mental. Le mental est également un atout sur le chemin spirituel. Ce n'est pas le mental qui est mauvais, mais ce que nous en faisons et comment. Le mental devrait donc avoir le même statut que le corps.

Le *Bhagavata Purana* raconte comment le Seigneur Brahma (dans l'hindouisme, le démiurge responsable de la création du monde) n'avait aucune idée de la manière de lancer le processus de création.[399] Alors qu'il contemplait cela, il entendit deux lettres venant de l'autre côté des eaux cosmiques, respectivement les 16e et 21e consonnes de l'alphabet sanskrit. Ces consonnes, *ta* et *pa*, forment ensemble le mot *tapa*, qui signifie se concentrer. Le Seigneur Brahma a alors pratiqué la concentration sur l'esprit pendant 1000 années divines et, grâce à cette concentration, est parvenu à penser le monde dans une existence active.

Même si, dans notre vie personnelle, nous ne créons pas des univers entiers, dans nos petits mondes aussi, l'action suit la pensée. La raison pour laquelle nous n'arrivons pas souvent à créer quelque chose d'important est que nos pensées sont dispersées. Ainsi, notre esprit ne se concentre pas. Dans les *Yoga Sutra*, la dispersion des pensées est considérée comme la cause de tous les obstacles.[400] Si nous apprenons à concentrer notre esprit et à tourner nos pensées

---

399 *Bhagavata Purana* II.9.5 -6
400 *Yoga Sutra* I.32

vers Dieu, notre capacité à créer sera mise au service du Divin. Les pensées sont concentrées grâce à la discipline du *Raja* Yoga et tournées vers Dieu grâce au *Bhakti* Yoga.

Dans le *Bhagavata Purana*, l'Être Suprême, sous la forme du Seigneur Vishnu, déclare que la concentration est le cœur de son être et que la signification de la concentration est lui-même.[401] Il ajoute qu'au début, il a tout créé en se concentrant. Toute personne hautement créative, qu'il s'agisse d'un artiste, d'un scientifique, etc., peut confirmer que la créativité est alimentée par la concentration du mental sur le sujet choisi. Cependant, dans notre société moderne, la distraction est presque élevée au rang de religion. Je vois souvent des étudiants en yoga échouer dans leur entreprise parce qu'ils préfèrent se concentrer sur autre chose. Qu'est-ce que la concentration ? C'est la capacité à lâcher les choses qui ne sont pas essentielles et, dans une certaine mesure, à les sacrifier.

Avec le vaste éventail de distractions qu'offrent les médias sociaux et l'internet, nous devons être en mesure de choisir ce qui mérite notre attention et ce qui ne la mérite pas. La strophe suivante nous enseigne comment procéder. Le *Bhagavata Purana* affirme ici que le *maha-tattva* est ce que *prakriti* devient en premier lorsqu'elle est stimulée par la volonté divine.[402] *Prakriti* est le processus divin, la force créatrice divine, Shakti, la Mère de tout. *Les tattvas* sont les évolutions ou les principes qu'elle engendre. Si nous voulions pousser l'anthropomorphisme plus loin, ils seraient ses enfants. Le premier de tous à émerger est appelé *mahat*, le Grand, parce qu'il mène à tout le reste. *Mahat* est l'intelligence cosmique ; nous pourrions

---

401 *Bhagavata Purana* II.9.22
402 *Bhagavata Purana* III.10.14

l'appeler l'intelligence du Divin, qui ordonne l'ensemble de l'univers et de la création. Il s'apparente à la *buddhi* (l'intellect) cosmique, et le terme *buddhi* est généralement remplacé par *mahat* (lorsqu'on parle de sa fonction cosmique) parce qu'il est principalement utilisé pour la fonction limitée de l'intelligence chez l'être humain.

La strophe ci-dessus se lit désormais comme suit : Shakti, stimulée par la volonté divine, devient d'abord l'intelligence cosmique. Un indice crucial pour nous est enfoui ici. Il n'y a qu'une seule véritable volonté, celle de Dieu. Si nous voulons concentrer notre esprit et faire émerger sa capacité d'intelligence, nous devons nous abandonner à la volonté du Divin et lui demander de nous remuer afin que nous devenions capables de nous concentrer sur les œuvres divines que nous sommes appelés à accomplir, plutôt que de grignoter notre vie avec des occupations inutiles.

Dans *Essais sur la Gita*, Aurobindo dit qu'il doit y avoir une capacité idéative secrète de l'énergie universelle (qu'il appelle *vijnana*), même si nous supposons que l'énergie et son idée instrumentale, *buddhi*, sont mécaniques.[403] Permettez-moi de décortiquer et de déconstruire cette affirmation. J'ai mentionné plus haut que le *mahat* ou *buddhi* est une évolution de la *prakriti* ou Shakti, qui, dans certaines écoles de pensée indiennes, est considérée comme mécanique, de la même façon que la science occidentale considère les lois de la physique comme mécaniques. Aurobindo est prêt à accepter que cette intelligence soit mécanique, mais il dit que derrière elle, il doit y avoir une capacité idéative non reconnue, non vue, que nous pourrions appeler l'Être-idée divin, qui lui-même doit être sensible et conscient. Aurobindo propose le nom de *vijnana* pour cette capacité idéative. C'est ce que j'ai appelé

---

403 Sri Aurobindo, *Essays On The Gita*, p.426

dans mes écrits le Dieu immanent ou l'intelligence cosmique et ce qu'Alfred North Whitehead a appelé le processus.

Cela signifie que même du côté du Dieu immanent et de la Shakti du Divin (l'autre côté étant le Dieu transcendant et l'Absolu sans forme), il y a une sensibilité et un être cosmique intelligent qui s'incarne en devenant le monde et tous les êtres. Alors que nous pouvons communier avec le Dieu transcendant à travers notre conscience (*atman*, *purusha*), nous pouvons communier avec le Dieu immanent en cultivant notre mental jusqu'à ce qu'il devienne réceptif à la descente de l'esprit du Divin, qu'Aurobindo désigne par le terme supermind.

Si vous pensez que votre mental est mauvais ou qu'il faut le surmonter, vous ne pouvez pas devenir un véhicule pour la descente de l'intelligence de Dieu. Travailler à la descente du supermental est l'acte ultime de *bhakti*, l'amour pour le Divin et l'abandon à Dieu. Si, en tant que collectivité humaine, nous ne parvenons pas à faire descendre l'esprit de Dieu en nous, nous échouerons en tant qu'espèce et nous nous éteindrons par l'holocauste environnemental et l'écocide.

Aurobindo dit que le monde n'est pas une invention de l'esprit universel mais une naissance consciente de ce qui est au-delà de l'esprit dans la forme elle-même.[404] Au-delà du mental se trouve le *vijnana*, le Divin devenant lui-même en cristallisant le monde comme son corps divin. Ce corps réel du Divin n'est pas une invention, ni une illusion, mais le processus divin de Dieu devenant Lui-même en tant que monde. Dieu a donc deux aspects principaux. D'une part, il y a l'aspect être, le Dieu transcendant, la conscience infinie et l'absolu sans forme. D'autre part, il y a l'aspect du devenir, le Dieu immanent, le processus, *prakriti* et Shakti.

---

[404] Sri Aurobindo, *The Life Divine*, p.125

Le drame de la religion est qu'elle a interprété cet aspect du devenir, l'aspect féminin de Dieu, la Mère et la Shakti. La raison pour laquelle la religion n'a pas réussi à résoudre de nombreux problèmes de société est qu'elle a réduit Dieu à son aspect supra- et extra-cosmique, le Dieu transcendant et Père, l'aspect masculin de Dieu. L'esprit et l'intelligence sont des aspects du divin féminin, mais ils ont été déconnectés de la divine Shakti parce que les théologiens masculins ont interprété la Mère, le processus et le Dieu immanent, en déclarant qu'elle était une invention de l'esprit, un mirage, une illusion. Si nous voulons honorer la Shakti, nous devons cultiver, concentrer et ouvrir notre mental à Elle et nous préparer à télécharger son intelligence, un processus qu'Aurobindo appelle la descente du super-mental.

Aurobindo parle aussi de l'idée réelle, la puissance de la force consciente qui exprime l'être réel, née de l'être réel et participant à sa nature, n'étant ni le vide ni l'illusion.[405] Il souhaite exprimer ici une vision du Divin proche de celle d'Alfred North Whitehead, qui dit également que Dieu est une entité qui ordonne le monde à travers des idées réelles. Le professeur Debashish Banerji commente le passage d'Aurobindo ci-dessus en disant qu'une idée réelle peut être distinguée d'une idée conceptuelle en ce que la première est la réalité elle-même incarnée dans le monde et ses formes.[406] C'est ce que nous devons percevoir et connaître : la réalité elle-même (c'est-à-dire le Divin) incarnée dans le monde et ses formes.

Nous trouvons que "l'idée réelle en tant que réalité elle-même incarnée dans le monde" est difficile à comprendre

---

405 Sri Aurobindo, *The Life Divine*, p.125
406 Debashish Banerji, *Seven Quartets of Becoming*, p. 267

parce que notre langage est constitué de conceptualisations. Notre mental, qui n'a pas été entraîné par la concentration yogique et qui n'a pas encore été cultivé par l'intuition mystique, considère qu'il s'agit d'une autre conceptualisation à la sonorité agréable ou aux grands mots. Il n'en est rien. La vérité est que Dieu a pensé le monde et tous les êtres en se cristallisant en eux. Il n'est pas facile d'exprimer cela dans un langage humain. Il est plus facile de le comprendre une fois qu'on l'a vu. Cependant, que nous l'ayons vu ou non, l'étape critique est de se mettre au service de ce processus. Et le seul moyen d'y parvenir est d'utiliser son mental.

Une catégorie essentielle d'idées réelles est le but initial, l'ensemble des pensées que Dieu a eues à propos de chacun d'entre nous et qui nous ont amenés à l'existence. Ce qu'il est important de comprendre ici, c'est que nous sommes les idées réelles de Dieu, qui expriment l'être réel de Dieu, plutôt que l'illusion ou le vide. Nous sommes de la substance de la pensée divine, de Dieu, qui pense un nombre infini de permutations et de calculs de Lui-même dans l'existence, qui ne sont ni vides ni illusoires. Une partie du programme de la divine Shakti, la Mère, le Dieu immanent, est de devenir elle-même en s'exprimant à travers nous, ses enfants. La clé de la co-création consciente avec la Mère est de cultiver notre esprit afin que nous puissions recevoir sa descendance. C'est la discipline du *Bhakti* Yoga.

Banerji ajoute que le fait même que l'esprit humain puisse décrire l'univers naturel en termes de lois est la preuve de la présence de l'esprit dans l'univers.[407] Rappelons que la philosophie *Samkhya*, qui est à la base du yoga, postule que la raison pour laquelle l'esprit peut comprendre le monde est que le mental humain est constitué des trois mêmes particules

---

407 Debashish Banerji, *Seven Quartets of Becoming*, p. 270

élémentaires que le monde matériel, c'est-à-dire les trois *gunas*, *rajas* (énergie), *tamas* (masse) et *sattva* (intelligence). Sur la même page, Banerji développe le raisonnement d'Aurobindo selon lequel nous avons hérité d'un mental conflictuel de dualité parce que la dualité est l'instrument par lequel Brahman (la conscience infinie) produit à travers l'esprit cosmique (dans lequel l'humain est intégré) de multiples individualités. Cela donne un tour différent à la dualité ou à l'esprit dualiste si souvent conspué par les auteurs new-age.

L'esprit cosmique, et par extension notre mental, est le dispositif par lequel l'Être (c'est-à-dire Dieu) fait l'expérience de lui-même en tant que nombreux êtres séparés et indépendants. L'Un est devenu le multiple, ce qui fait partie de l'agenda du Divin. Mais l'Un ne peut devenir le multiple que s'il le fait par l'intermédiaire du mental. Il y est parvenu par le biais de ce même mental, qui nous dit maintenant que nous sommes des individus séparés, éloignés de l'Un. Il en est ainsi parce que le mental de l'individu doit s'identifier à un corps limité dans le temps et l'espace pour assurer la survie du corps. Au début, il ne peut le faire qu'en se désidentifiant et en se séparant de l'Un, le Brahman. Avec de l'entraînement (c'est-à-dire en rendant le mental *sattvique*, ce qui est le sujet du yoga), le mental peut voir simultanément l'individu, l'Un, et l'Un comme la multitude.

Nous sommes maintenant très proches de ce que Krishna appelle *vijnana* dans la strophe VII.2 de la *Bhagavad Gita*. Banerji explique en outre que, par le biais du mental, l'Un s'est fragmenté de manière à pouvoir exister dans chacune de ses infinies portions ou possibilités d'être [les majuscules sont de moi pour des raisons de cohérence].[408] Comme Krishna l'affirme dans la *Gita*, il s'agit d'un aspect

---

[408] Debashish Banerji, *Seven Quartets of Becoming*, p. 271

CHAPITRE 10

essentiel du Divin. En attendant, cela nous place dans une situation difficile, où pendant un certain temps, nous nous sentons coupés de la source de l'amour divin. Ce n'est que plus tard, lorsque nous aurons mûri (grâce au *Raja* Yoga), que nous pourrons être à la fois des individus séparés de l'Un et capables de communier avec Lui par le biais du *Bhakti*, du *Jnana* et du *Karma* Yoga.

Swami Tyagisananda écrit dans son commentaire sur le *Bhakti Sutra* de Narada que toutes les écoles philosophiques orthodoxes indiennes (appelées *darshanas*), à l'exception de celle du ritualisme (appelée *Purva Mimamsa*), affirment que la libération spirituelle ne peut être obtenue que par ceux qui ont d'abord une vision claire ou une image de la vérité.[409] Par image ou vision, il entend ici qu'une certaine forme de recherche intellectuelle a eu lieu, par laquelle le mental s'est identifié :

- Qu'est-ce que Dieu ou le Divin ?
- Quels sont ses aspects ?
- Que fait-il ici, c'est-à-dire quel est son programme ?
- Quel est notre lien avec lui ?
- Comment nous mettre à son service ?

Ce n'est qu'à ce moment-là que le cœur peut entrer en action et entreprendre son effort d'amour et d'abandon au Divin. Car s'il agit avant, il le fait probablement en croyant que sa religion, sa secte ou son culte est meilleur ou plus valable que les autres, qui sont pratiqués au mieux par des infidèles et au pire par des satanistes. En d'autres termes, le cœur est facilement la proie du fondamentalisme religieux.

L'outil qui nous permet d'entreprendre l'enquête intellectuelle susmentionnée est le mental, souvent malmené

---

[409] Swami Tyagisananda, *Narada Bhakti Sutras*, p.125

et mal compris. C'est pourquoi Swami Tyagisananda affirme qu'il n'y a aucune raison de croire que l'on doive abandonner son cerveau lorsqu'on se tourne vers Dieu. Je vous remercie ! C'est précisément ce que m'ont demandé à peu près tous les mouvements spirituels, sectes ou cultes auxquels j'ai adhéré dans mes jeunes années. Je soupçonne maintenant que si les enseignants suggèrent ce fait, ils le font souvent parce qu'ils savent qu'un étudiant à l'intelligence fine remarquerait rapidement que leur approche du Divin et leurs enseignements à son sujet sont erronés. Soyez donc conscient que si les enseignants vous conseillent de laisser votre mental avec vos chaussures à la porte d'entrée.

Bien entendu, le fait d'utiliser le mental pour identifier le but ne signifie pas que nous ne sommes pas conscients de la nécessité d'aller, à un moment donné, au-delà du mental pour atteindre la vision mystique. Mais laisser le mental derrière soi n'est pas la tâche du novice, mais celle du mystique établi lorsqu'il entre en *nirbija samadhi* (*samadhi* sur la conscience). Avant d'atteindre ce stade, nous devrions même rejeter les paroles du Seigneur Brahma si elles entrent en conflit avec la raison, conseille le Yoga Vasishta.

Une autre tâche pour laquelle le mental est avantageux est l'utilisation de raccourcis heuristiques pour le Divin, tels que les images divines ou les *mantras*. Swami Tyagisananda écrit à juste titre que c'est un fait psychologique que la pensée n'est possible qu'avec l'aide de symboles visuels et auditifs. Il n'est pas possible que chaque fois que je pense au Divin ou que je me rappelle de m'y abandonner, de l'aimer et de le servir, je me lance dans une analyse complète de tous les aspects du Divin. Si je le faisais, mon service au Divin serait toujours reporté, et une bonne partie de chaque jour serait occupée à rétablir la pleine *vijnana* (réalisation de Dieu).

CHAPITRE 10

C'est pourquoi les raccourcis heuristiques de nature visuelle (images divines) et audio (*mantras*) sont recommandés. Bien sûr, comme l'a dit Aurobindo, nous devons régulièrement nous rappeler que l'image (telle que la déité ou l'*avatar*) n'est pas l'Être suprême (Purushottama), mais seulement un substitut. Pour utiliser une métaphore informatique, nous cliquons sur une icône pour ouvrir une application. L'icône, cependant, n'est pas l'application, mais seulement un chemin pratique pour y accéder, un raccourci heuristique.

De même, nous utilisons une image ou une forme divine pour accéder à l'Être suprême. C'est l'une des nombreuses façons d'utiliser le mental sur le chemin de la *bhakti*. Par conséquent, nous ne devrions pas avoir peur d'utiliser notre mental, mais le cultiver pour qu'il devienne le plus utile possible.

AVATAR

Pour le mental humain, il est presque impossible de penser au Divin sans l'anthropomorphiser et, comme nous l'avons déjà noté, une image humaine du Divin a ses avantages en tant que raccourci heuristique. En effet, il n'est pas possible de se rappeler tous ses aspects à chaque fois que l'on invoque le Divin. Anthropomorphiser le Divin, en revanche, comporte des dangers, notamment celui de confondre la divinité ou l'*avatar* avec la totalité du Divin, oubliant ainsi que la divinité ou l'*avatar* ne sont que des représentations de l'immensité de l'Être suprême (Purushottama). Cela prend souvent la forme d'une croyance et d'un culte à un *avatar* particulier, plutôt que d'essayer de suivre ses enseignements, souvent complexes et exigeants.

Mais qu'est-ce qu'un *avatar* ? On oublie souvent que le Divin n'a pas d'ego qui lui permette de refuser la filiation ou la *qualité d'avatar* à l'un de ses enfants. Le seul *avatar* complet existant est la totalité de l'univers matériel avec toute la communauté des êtres sensibles qu'il contient. Mais nous savons que certains individus ont réussi à faire appel à beaucoup plus de divinité que d'autres. Comment se fait-il que le Divin soit tellement plus fort et plus apparent chez certains individus que chez d'autres ? Comment se fait-il que Krishna et Jésus, pour n'en citer que deux, aient parlé avec tant de clarté, d'éloquence et d'autorité du Divin et de la réalité que des milliards de personnes les vénèrent aujourd'hui comme Dieu ?

Personne n'a mieux compris et expliqué ce problème que Shri Aurobindo, qui s'est également proclamé *avatar*. Aurobindo a déclaré qu'il est pardonnable et compréhensible que lorsque Krishna, dans la *Gita*, dit "Je", le lecteur pense qu'il s'agit de l'attelage humain d'Arjuna, le dieu Krishna, l'*avatar* incarné. Mais Aurobindo nous exhorte à penser que ce "je" de la *Gita* est le Purushottama, l'Être Suprême.[410] Aurobindo nous rappelle que nous devons être dévoués à l'Être Suprême, qui est sans nom et porte simultanément tous les noms, et non à une secte ou à un culte. Le danger d'être engagé dans une secte ou un culte (les propres mots d'Aurobindo) est que les individus et les enseignants en dehors de la secte sont généralement étiquetés comme inférieurs et non-divins. Une telle ségrégation, cependant, n'est pas dans l'esprit de l'Être Suprême, qui s'incarne simultanément à travers toutes les religions, tous les enseignements et tous les individus.

Comment se fait-il alors qu'un *avatar* puisse apparaître si puissant qu'il puisse être confondu avec l'Être suprême ? Aurobindo explique qu'il y a deux aspects à la naissance

---

410 Sri Aurobindo, *Essays on the Gita*, p. 433

divine : l'un est une descente du Divin dans l'humanité, et l'autre est l'ascension, la naissance de l'humain dans le Divin, c'est-à-dire une élévation de l'humain dans la nature et la conscience divines.[411] Selon Aurobindo, l'*avatarisme* est l'élévation de l'humain dans la divinité, qui est favorisée par la descente de Dieu dans l'humanité. Il souligne que la descente de l'Esprit Saint a fait de Jésus un *avatar*.[412] Ce point de vue est aujourd'hui partagé par certains théologiens chrétiens progressistes tels que Marcus J. Borg, théologien luthérien.[413] Borg a admis que si le point de vue orthodoxe selon lequel Jésus était effectivement le fils unique de Dieu était exact, alors ce que Jésus a fait sur Terre n'était pas extraordinaire. En effet, dans ce cas, il aurait dû avoir le pouvoir de vaincre le mal une fois pour toutes et d'établir le royaume de Dieu sur Terre. En revanche, si l'on considère que Jésus s'est transformé et a fait descendre le Saint-Esprit, alors sa transformation était extraordinaire, et c'est ce point de vue qu'Aurobindo défendait. A propos de la *Gita*, Aurobindo dit que bien que l'*avatar* soit ici représenté par le nom de Krishna, il n'insiste pas exclusivement sur ce point. La *Bhagavad Gita* met l'accent sur ce que l'*avatar* représente : le Divin, le Purushottama, l'Être Suprême, dont tous les *avatars* sont des naissances humaines.[414] Dans son universalité, le Divin englobe tous les *avatars*, tous les enseignements et tous les *dharmas*. Pour moi, il ne fait aucun doute que le même Être Suprême nous a parlé à travers Krishna, Jésus, Saint François, Shri Ramakrishna et Shri Aurobindo. Mais comme

---

411 Sri Aurobindo, *Essays on the Gita*, p. 148

412 Sri Aurobindo, *Essays on the Gita*, p. 163

413 Marcus J. Borg, *Meeting Jesus Again For The First Time*, Harper One, 1995

414 Sri Aurobindo, *Essays on the Gita*, p. 174

le disait Aurobindo, il est important de ne pas réduire l'Être Suprême à l'un de ses *avatars*.

Aurobindo enseigne que l'idée maîtresse de tout yoga supérieur est de faire appel à l'intelligence du Divin, qu'il appelle le supermind ou le supra-mental. Chez un individu qui pratique avec beaucoup d'intensité et d'intégrité, cela se fondra de manière transparente dans l'appel à l'*avatar*. Tel est le programme de l'Être suprême, à savoir la divinisation de l'humanité, de la vie et de la matière. À en juger par les nombreuses guerres, les atrocités, les crimes contre l'humanité et les millions de petites cruautés et d'actes sans cœur qui ont lieu chaque jour, il est évident que l'humanité ne s'est intégrée dans ce programme divin que dans une mesure minime. Seuls quelques individus, tels que Krishna et Jésus, ont réalisé le potentiel humain et suivi l'appel du Divin. Le fait que nous puissions tous le faire apparaît clairement dans la phrase du Nazaréen : "Ce que j'ai fait, vous le ferez aussi, et vous ferez des choses encore plus grandes".[415]

SHRADDHA

Dans les premières années de la traduction des textes indiens en langues occidentales, des termes sanskrits complexes ont souvent été traduits par des termes abrahamiques qui semblaient initialement convenir en raison de leurs points communs, mais qui se sont finalement révélés voiler l'intention du terme sanskrit d'origine. L'un des exemples les plus préjudiciables est probablement le remplacement du sanskrit *shraddha* par l'anglais "faith". Swami Medhananda écrit ainsi que le terme sanskrit intraduisible *shraddha*, souvent traduit en anglais par "faith", englobe

---

415 Jean 14:12

toute une série de connotations sémantiques, notamment la croyance, la révérence, l'humilité, la conviction spirituelle, ainsi que la capacité et la volonté d'agir conformément à ses convictions les plus profondes.[416]

Comme nous l'avons déjà dit, Aurobindo explique que la *shraddha* a deux aspects principaux : l'un se concentre vers l'arrière, c'est le souvenir, et l'autre vers l'avant, c'est l'intuition.[417] Le souvenir signifie que nous avons une forme de mémoire qu'avant de devenir ces êtres incarnés éloignés de notre origine divine, nous étions, en fait, un avec Dieu. D'autre part, l'intuition dans ce contexte implique la connaissance que, quoi qu'il arrive, en fin de compte, nous retournerons à la maison vers Dieu, même si ce n'est peut-être pas par la route la plus droite.

J'ai eu la chance d'assister à la mort de plusieurs personnes âgées et sages dont le visage rayonnait d'un bonheur immense et totalement étranger au monde. Lorsqu'on leur a demandé ce qu'ils avaient vu, ils m'ont répondu qu'ils avaient vu qu'ils rentraient chez eux. Cette vision est l'intuition qui fait partie du sens de *shraddha*. Bien sûr, il est très difficile d'utiliser le terme d'intuition aujourd'hui, car il est souvent identifié aux caprices de l'ego. L'ego désire quelque chose mais n'est pas en mesure d'expliquer pourquoi il devrait être autorisé à s'y adonner. Il rebaptise alors son désir en intuition pour parvenir à ses fins. Malgré cela, il est utile de traduire le terme *shraddha* par intuition-souvenir ou, mieux encore, d'utiliser le terme sanskrit sans le traduire. Le problème du terme foi est que nous avons tous une opinion de ce qu'elle est, ce qui dément

---

[416] Swami Medhananda, *Why Sri Aurobindo's Hermeneutics Still Matter*, p. 11.
[417] Debashish Banerji, *Seven Quartets of Becoming*, p.176

la complexité du terme *shraddha*, qui n'est réductible ni au concept de bonne foi, ni à celui de foi aveugle.

Dans *Essais sur la Gita*, Aurobindo donne une formule différente pour la *shraddha*.[418] Il dit qu'elle consiste en trois éléments : l'assentiment du mental, le consentement de la volonté et le plaisir du cœur. L'assentiment du mental signifie que nous acceptons quelque chose, et cela pourrait également impliquer que notre mental de surface professe d'accepter quelque chose, même si nous pouvons le rejeter dans les recoins de notre subconscient. Le consentement de la volonté est quelque chose de bien plus élevé. À l'instar des neurosciences modernes, les mystiques enseignent que nous n'avons pas de libre arbitre. Nous n'avons qu'un certain degré de choix basé sur le degré de contrôle de notre programmation robotique subconsciente. Contrairement aux neurosciences, les mystiques enseignent que les humains peuvent développer leur volonté en s'alignant sur la volonté du Divin. Parce que la volonté du Divin est le seul véritable libre arbitre qui existe, c'est notre seule voie vers la liberté.

Pour le novice, c'est un paradoxe car comment devenir libre en se soumettant à la volonté de quelqu'un de plus puissant ? La réponse à cette question est qu'il faut la ressentir. Parce que le Divin est omniscient, tout-puissant, tout-amour et tout-intelligent, nous devenons libres en nous abandonnant à lui. Cette attitude a été magnifiquement exprimée par saint Paul, qui a dit : "Comme nous mourons tous en Adam, nous serons tous rendus vivants dans le Christ".[419] Adam représente ici l'ego humain, et le Christ la conscience immortelle, le *purusha*. Parce que le Divin, le *purusha*, est au-delà de l'ego, s'abandonner à lui ne signifie pas que nous nous abandonnons à un ego

---

418 Sri Aurobindo, *Essays on the Gita*, p.358
419 Corinthiens 15:22

plus puissant. Cela signifie que nous nous abandonnons à la liberté et à l'amour lui-même.

Nous ne pouvons atteindre la liberté qu'en nous soumettant à la loi divine, et non en nous rebellant contre elle. Lorsque nous nous soumettons, nous faisons l'expérience du délice (*ananda*) du cœur, ce qui signifie que nous faisons l'expérience de l'amour de Dieu, la troisième partie de la formule d'Aurobindo pour la *shraddha*. Cela signifie que *la shraddha* implique de goûter au moins une partie du nectar qui nous attend lorsque nous entrons dans une histoire d'amour avec le Divin. Il est clair maintenant que *la shraddha* est une *sadhana* (pratique et discipline spirituelle) qui va bien au-delà du simple terme de foi.

Swami Tyagisananda déclare dans son commentaire sur le *Bhakti Sutra* de Narada que *shraddha* est une conviction devenue dynamique, c'est-à-dire semblable à un processus.[420] Elle n'implique pas un simple assentiment intellectuel mais la volonté de réaliser la vérité par la pratique des enseignements lorsque l'on est convaincu de leur rationalité et de leur utilité. Tyagisananda souligne que *shraddha* est étymologiquement lié à *satya*, c'est-à-dire à la vérité. Le Swami clarifie ici des aspects cruciaux de la *shraddha*, à savoir sa cohérence avec la vérité, sa rationalité et son utilité.

Lorsque j'étais un jeune chercheur, je me suis souvent retrouvé endoctriné dans ce que l'on appelle aujourd'hui des groupes à forte demande, c'est-à-dire des sectes et des cultes, qui ne se limitent pas à une religion particulière. Chaque fois que je signalais des incohérences dans leurs enseignements ou dans le comportement de leurs autorités, on me disait de laisser tomber mon esprit, de laisser tomber mon ego, d'entrer dans le moment présent ou d'avoir la foi. Si vous vous trouvez

---

420 Swami Tyagisananda, *Narada Bhakti Sutras*, p. 254

dans une situation similaire, rappelez-vous que la *shraddha* ne peut jamais être incompatible avec un examen rationnel et critique. C'est pourquoi Krishna peut dire à Arjuna à la fin de la *Gita* : "Maintenant, analysez tout ce que j'ai dit au mieux de vos capacités intellectuelles et faites ensuite ce que vous jugerez bon de faire".[421] Krishna comprend qu'Arjuna, et par extension, chacun d'entre nous, ne peut agir de manière cohérente et conséquente que si nous avons atteint la conviction dynamique de la vérité de cette action. Et nous ne pouvons être convaincus de quelque chose que si nous l'avons prouvé dans le creuset de l'intellect.

La Bhagavad Gita traite de la *shraddha*, par exemple, dans la strophe XVII.3, où Krishna proclame que la *shraddha* de chaque être est dérivée de sa disposition naturelle due aux impressions passées. Krishna poursuit en affirmant qu'une personne est avant tout constituée par sa *shraddha*, de sorte que tout ce dans quoi sa *shraddha* est investie, elle le devient véritablement. Dans ce contexte, *shraddha* pourrait être traduit par notre système de valeurs. Là encore, l'accent est mis sur le processus de la *shraddha*. Bien sûr, Krishna n'insinue pas que notre *shraddha* est fixée de façon permanente en raison de nos impressions passées, et que nous devrions l'accepter. Il souhaite exprimer que notre *shraddha* est si cruciale que nous devons la créer volontairement par la pratique, car notre système de valeurs déterminera l'orientation de notre vie.

SHASTRA (ÉCRITURE)

Le concept de *shraddha* est étroitement associé à celui de *shastra*. *Shastra* signifie " chemin vers la vérité ", mais j'utilise

---

[421] *Bhagavad Gita* XVIII.63

commodément l'abréviation " écritures ", un terme qui comporte ses propres problèmes. Swami Medhananda dit que, d'un point de vue aurobindonien, toute recherche sur le sens des écritures reste incomplète et stérile si elle n'est pas fondée sur une attitude fondamentale de *shraddha*.[422] Medhananda explique que dans le contexte de l'herméneutique, la *shraddha* dans les écritures prend deux formes principales : la charité interprétative et la réceptivité spirituelle. La charité interprétative signifie que nous supposons provisoirement que les déclarations d'une écriture donnée sont cohérentes et internes. Selon cette position, nous devrions résister à l'impulsion de trouver des contradictions ou des divergences dans un texte scriptural et d'essayer ensuite de les expliquer ou de les résoudre soit en affirmant que certaines déclarations du texte sont des interpolations ultérieures, soit en faisant appel à un cadre externe. Ces explications sont les pièges dans lesquels tombent de nombreux indologues occidentaux. Je ne dis pas ici que nous ne devrions jamais expliquer des textes en affirmant que des passages sont des interpolations ultérieures ou en utilisant des cadres externes à un texte particulier. Ce que je dis, c'est qu'il ne faut y recourir qu'après avoir fait des efforts sincères et prolongés pour comprendre un *shastra* sur la base de ses propres mérites.

Medhananda précise que pour Aurobindo, la lecture correcte des écritures exige de la patience, de l'humilité et une ouverture à la possibilité que notre incapacité à réconcilier certaines déclarations dans les écritures puisse refléter non pas des contradictions dans le texte mais nos propres limites en tant que lecteurs éloignés du texte par plus d'un millénaire. Medhananda souligne qu'Aurobindo

---

422 Swami Medhananda, *Why Sri Aurobindo's Hermeneutics Still Matter*, p. 11

a également insisté à plusieurs reprises sur le fait que les écritures indiennes exigent du lecteur une réceptivité et une ouverture spirituelles proportionnelles. Il s'agit là d'un point important. Aurobindo défend avec force l'idée que le meilleur lecteur d'écritures doit avoir la *shraddha* au cœur de sa spiritualité ; ce n'est qu'à cette condition que les écritures auront la capacité de nous façonner, de nous surprendre, de nous transformer et de nous éclairer. Cela signifie que la *shraddha* interprétative implique une volonté de céder le pouvoir à l'Écriture au lieu de l'arroger exclusivement au lecteur. C'est quelque chose que j'ai ressenti très fortement tout au long de ma vie lorsque j'étudiais les *shastras* indiens ; ils prenaient littéralement vie sous mes yeux et m'enseignaient. Lorsque j'ai découvert les *Upanishads* à l'âge de 15 ans, j'ai immédiatement remarqué une intelligence vivante dans les textes qui dépassait de loin la mienne et que je devais demander leur *darshan* pour qu'ils me révèlent leur sens et attendre patiemment qu'on s'adresse à moi.

Medhananda explique en outre qu'idéalement, lorsque nous lisons, interprétons et interrogeons une écriture, nous devrions également rester attentifs aux différentes façons dont l'écriture peut nous lire, nous analyser et même nous interroger - par exemple, en remettant en question nos propres présupposés non examinés ou en mettant à notre disposition de nouvelles perspectives à partir desquelles nous pouvons réfléchir à nos propres modes de pensée et de vie bien ancrés, et éventuellement les modifier. En d'autres termes, lorsque nous lisons un *shastra*, nous ne pouvons pas agir comme s'il s'agissait de la création de quelques primitifs superstitieux vivant il y a des siècles (un point de vue que je semble parfois reconnaître chez les indologues modernes), mais que le texte est vivant et communique avec nous. Si nous sommes ouverts, *la shastra* peut nous parler comme un professeur vivant en face de nous, et dans la plupart des cas, mieux. Aurobindo a réussi à cultiver cette attitude. En étudiant ses commentaires sur les *Védas*, les *Upanishads* et la *Bhagavad Gita*, on constate que *la shastra* lui a révélé des secrets qu'elle n'avait révélés à personne depuis des siècles. C'est parce qu'il était réceptif et ouvert, et notamment parce qu'il concevait la *shastra* comme capable de donner un tel enseignement. Tel est le secret de la lecture de la *shastra*. Toutes les informations sont là si nous sommes prêts à les écouter.

Le *Bhakti Sutra* de Narada affirme que la *bhakti* naît de l'étude des écritures décrivant la gloire du Divin.[423] Ceci est cohérent avec le *Yoga Sutra*, qui déclare que la déité appropriée (*ishtadevata*) est révélée par l'étude des traités sacrés.[424] Connaître la déité appropriée est nécessaire pour développer la *bhakti*. Madhusudana Sarasvati, philosophe du 16 siècle qui a combiné la *bhakti* et la philosophie *Advaita*, a déclaré qu'aujourd'hui, le traité pour nous doit être le monde naturel. Il s'agit d'une déclaration importante. J'ai rencontré des personnes qui ne sont pas attirées par les livres, mais qui peuvent voir et expérimenter le Divin dans le monde naturel. Cette tendance se reflète également dans le fait que de nombreux mystiques, même s'ils sont des érudits, préfèrent souvent vivre dans la nature, loin des villes. De nombreux *shastras* donnent justement ce conseil, à savoir qu'il faut aller dans la nature pour devenir capable d'écouter.

Dans ce contexte, Aurobindo observe que pour comprendre les écritures, il ne suffit pas d'être un érudit, il faut être une

---

[423] Swami Tyagisananda, *Narada Bhakti Sutras*, p. 84
[424] *Yoga Sutra* II.24

âme.[425] Pour savoir ce que le voyant a vu, il faut avoir la vue et être un étudiant, sinon un maître, de la connaissance. Aurobindo veut exprimer ici qu'il ne suffit pas d'avoir une compréhension linguistique des lettres et des mots sur la page ; elle doit être suivie d'une perspicacité mystique. En d'autres termes, nous devons faire les pratiques que les textes suggèrent pour obtenir la connaissance. Ce n'est qu'alors que nous pourrons connaître le sens des *shastras*.

YUGAS (ÂGES DU MONDE)

Le *Mahabharata* et les *Puranas* souscrivent tous deux à la doctrine du *Yuga*, selon laquelle il existe quatre âges du monde successifs (*Satya, Treta, Dvapara* et *Kali Yugas*) au cours desquels la société humaine est soumise à l'entropie (c'est-à-dire à une décomposition progressive), dégénère et se corrompt successivement. Selon cet enseignement, nous sommes entrés depuis plus de 5 000 ans dans le *Kali Yuga*, l'âge des ténèbres. Les avis divergent quant à la durée du *Kali Yuga*, à sa fin et à ce qui lui succède. Au cours des dernières décennies, cet enseignement a fait l'objet d'une attention accrue. Cette augmentation est due au fait que la croyance, inspirée par les Lumières européennes, selon laquelle nous entrons dans une période d'utopie technologique où la science résout tous nos problèmes, a été progressivement remplacée par la prise de conscience que la plupart des technologies que nous développons ont des effets secondaires sinistres qu'il nous faut des décennies, voire des siècles, pour comprendre et qu'il est alors très tard pour y remédier.

Une autre constatation qui donne à réfléchir est que l'humanité ne semble pas capable d'aller au-delà de la

---

[425] Sri Aurobindo, *Collected Works of Sri Aurobindo*, Sri Aurobindo Ashram Trust, Pondichéry, 2003, Vol 12, p. 37

guerre permanente. Au moment de la rédaction de ce livre, l'instabilité géopolitique n'a jamais été aussi grande depuis la Seconde Guerre mondiale. Le pouvoir des tyrannies et des dictatures dans le monde s'accroît, ce qui va de pair avec la réduction des libertés civiles et de la liberté de la presse. Alors que de plus en plus de richesses sont concentrées dans les mains d'un nombre réduit de personnes chaque année, les masses laborieuses travaillent à l'inverse de plus en plus longtemps et de plus en plus péniblement chaque année, et l'exploitation augmente. La crise de la santé mentale s'aggrave avec l'augmentation constante des cas de troubles du spectre autistique, de troubles de la personnalité limite, de troubles bipolaires, d'anxiété et de dépression. Alors que la menace de l'intelligence artificielle plane, les dépenses militaires montent en flèche dans le monde entier. Les océans se réchauffent et s'acidifient, les gaz à effet de serre dans l'atmosphère augmentent, les calottes polaires fondent et les typhons, les ouragans et les cyclones augmentent en intensité. La désertification, l'acidification et la salinisation des sols, ainsi que leur érosion, s'accélèrent, entraînant une diminution de plus en plus rapide des terres arables. Ces phénomènes, combinés à des réserves d'eau de plus en plus rares, entraînent une accélération des crises de réfugiés, ce qui déstabilise la cohérence des sociétés vers lesquelles ces réfugiés climatiques et économiques migrent. Dans le même temps, la destruction des habitats, le défrichement, la chasse excessive et le changement climatique sont à l'origine de l'extinction massive des espèces. Cette extinction massive réduit la biodiversité, garante de l'homéostasie dans la biosphère. Le terme homéostasie signifie que les bio-paramètres (qui garantissent la vie sur Terre) n'oscillent que dans une bande passante étroite. Grâce à l'homéostasie, créée par l'action symbiotique de l'ensemble de la biomasse de la planète, le climat de l'Holocène (l'ère géologique comprenant les 10 derniers millions d'années) a été la période climatique la plus stable de l'histoire de la planète. Sans ce climat stable, l'évolution de l'Homo Sapiens se serait heurtée à d'importants obstacles. On se demande si l'Anthropocène à venir, une nouvelle ère géologique marquée par la déstabilisation de l'homéostasie planétaire causée par l'homme, sera accueillante pour des organismes plus complexes que les variétés unicellulaires.

Je ne dis pas que le progrès scientifique et technologique est mauvais ou qu'il pourrait être réduit. Ce que je dis, c'est que le fanatisme général *Sieg-Heil-technologie*[426] de l'ère moderniste a fait place à une évaluation beaucoup plus réaliste et sobre des capacités de l'humanité. La doctrine *Yuga*, conçue il y a plusieurs milliers d'années, fournit un rapport étonnamment précis de la situation actuelle. Je n'en présente ici que quelques bribes. Ils peuvent nous aider à accepter le fait que de nombreuses promesses faites il y a seulement quelques décennies ne se sont non seulement pas concrétisées, mais qu'aujourd'hui, de nombreuses personnes ont une vision résolument sombre de notre avenir. *Les Puranas* et le *Mahabharata* ont prévu cette évolution, en ont expliqué les raisons et ont enseigné des solutions.

Dans le *Bhagavata Purana*, Krishna déclare que les gens seront injustes dans leur façon de voir les choses à l'âge de Kali.[427] Un passage ultérieur du même texte précise que

---

426 J'utilise ce terme pour attirer l'attention sur le fait que pendant longtemps, ce type de fanatisme était incontesté et indiscutablement similaire à l'idéologie fasciste au sein d'une société fasciste.
427 *Bhagavata Purana* XI.7.5

CHAPITRE 10

le passe-temps de beaucoup de gens est de courir après les femmes et les richesses des autres et que la richesse matérielle prend la place de la conduite vertueuse et du caractère dans l'estimation de la valeur d'une personne.[428] Je pense que personne ne peut contester qu'il s'agit là de notre situation actuelle. Un peu plus loin, le *Purana* ajoute que dans le *Kali Yuga*, les gens ont tendance à être avares, sans pitié, cupides, sans chance et vindicatifs pour des motifs stupides.[429]

A la page suivante, le même *Bhagavata Purana* aborde une tendance particulièrement inquiétante du *Kali Yuga* : la corruption des enseignements spirituels et des enseignants.[430] Le *Bhagavata* déclare que les enseignants qui font autorité en matière d'*adharma* (conduite injuste, corruption et vice) commenceront à donner des cours sur le *dharma*, assis dans les sièges sacrés des enseignants respectés. Ce passage parle de lui-même. Dans un autre passage, la *Bhagavata* fournit d'autres signes du *Kali Yuga*, qui sont également peu flatteurs, mais qui, une fois encore, décrivent notre époque avec précision.[431]

Dès le début du *Bhagavata Purana*, il affirme de façon surprenante que le Divin constitué de Sat-Chit-Ananda convient à l'adoration pendant l'*âge de Krta*.[432] Cela nécessite une explication et une analyse. *Krta Yuga* et *Satya Yuga* sont synonymes et se réfèrent au premier âge, diversement appelé l'âge d'or ou l'âge de vérité. Au cours

---

428 *Bhagavata Purana* XII.2.40-42
429 *Bhagavata Purana* XII.3.25
430 *Bhagavata Purana* XII.3.38
431 *Bhagavata* Purana XII.2.1-16
432 *Bhagavata* Purana III.21.8

du premier des *yugas*, l'humanité était vraisemblablement plus mûre spirituellement et plus en phase avec la nature et le Divin. Sat-Chit-Ananda est le nom du Divin dans les *Upanishads* et peut être traduit par Vérité - Conscience - Extase. C'est également le nom que Shri Aurobindo utilise pour désigner le Divin, mais il a été remplacé à une époque ultérieure par des divinités de type humain. Il est essentiel de comprendre qu'à une époque révolue, nous étions encore assez mûrs spirituellement pour comprendre le nom apparemment complexe que nous donnons aujourd'hui au Divin, à savoir Sat-Chit- Ananda ou Vérité-Conscience-Ecstase. À l'époque actuelle, en revanche, nous semblons déifier la richesse, le pouvoir, les prouesses sexuelles, les divertissements violents, la célébrité et le nombre de likes sur les médias sociaux. Le *Purana* est donc réaliste lorsqu'il affirme que l'humanité a perdu Sat-Chit-Ananda de vue.

Passons maintenant à la solution que les *Puranas* et le *Mahabharata* ont à offrir pour résoudre notre problème. Cette situation est due au fait que l'humanité a perdu pied dans la loi divine et a poursuivi sa propre grandeur et son ego. Nous pouvons inverser ce processus en nous alignant à nouveau sur le divin, et un nouvel âge d'or peut s'ouvrir à nous. L'orientation de l'humanité a toujours été déterminée par une minorité d'individus audacieux et pionniers, qui ont entraîné la majorité avec eux. Si suffisamment d'individus relèvent le défi de la *Bhagavad Gita*, du *Bhagavata Purana* et d'autres *shastras* pour s'aligner à nouveau sur l'agenda du Purushottama, l'Être suprême, par une convergence de *Raja*, *Karma*, *Jnana* et *Bhakti* Yoga, le cours de l'humanité changera.

CHAPITRE 10

CASTES ET VARNAS - NOTES ET RÉFÉRENCES COMPLÉMENTAIRES

Il y a une vérité derrière le système de *varna de la Gita*, que nous devons comprendre car il est à la base de l'appel de Krishna à trouver notre propre destin personnel concernant la façon dont chaque individu doit servir le Divin. Ce faisant, je ne justifie ni le système moderne et héréditaire des castes indiennes, ni ses clones dans la société occidentale. Dans son livre *Caste : The Origin of Our Discontents*, la journaliste américaine Isabel Wilkerson, lauréate du prix Pulitzer, décrit qu'à la base du racisme à l'encontre des Afro-Américains aux États-Unis se trouve un système de castes stratifié semblable à celui de l'Inde et de l'Allemagne nazie. En tant que citoyen australien, je suis parfaitement conscient du fait que le traitement des Aborigènes australiens devrait également figurer sur cette liste. En étudiant l'histoire de l'Australie, j'ai été frappé par le fait que derrière et sous la catégorisation des Aborigènes australiens comme des sous-hommes (pour pouvoir la revendiquer pour la couronne britannique, le capitaine Cook a déclaré que l'Australie n'était pas habitée par des humains), il y avait le reniement systématique et le transfert de richesses des Aborigènes aux colonialistes blancs pendant deux siècles. De nombreuses industries australiennes naissantes n'auraient pas survécu, et son économie n'aurait pu se développer sous sa forme actuelle que grâce au vol systématique des terres et à la fourniture d'une main-d'œuvre bon marché, voire gratuite, à un peuple soumis pendant 200 ans. Cela signifie que même si ces sociétés semblent superficiellement racistes, à la base du racisme et des systèmes similaires de stratification sociale se trouve le transfert systématique de la richesse et de la propriété. Bien que je ne puisse pas couvrir ces thèmes de manière adéquate dans ce livre sur le *Bhakti* Yoga, je pense qu'il est nécessaire de les mentionner parce que j'ai souvent parlé des castes et des varnas. Outre le livre de Wilkerson, je recommande l'ouvrage de Bill Gammage intitulé *The Biggest Estate on Earth - How Aborigines Made Australia* (*Le plus grand domaine de la terre - Comment les Aborigènes ont créé l'Australie*).

Le terme sanskrit qui sous-tend le mot anglais caste est *varna*, qui signifie couleur. L'idée est que nous sommes colorés par les qualités mentales de *tamas* (masse ou inertie), *rajas* (frénésie ou énergie) et *sattva* (intelligence ou sagesse). Sur cette base, notre rôle sociétal devrait se situer dans les professions spirituelles, les forces gouvernementales et de défense, les affaires ou le travail. Selon la *Bhagavad Gita*, cette distinction existait à l'origine pour que nous puissions utiliser nos capacités et nos tendances au service du Divin et de la société. À l'origine, les castes n'étaient pas héréditaires, et il était possible d'en changer si la situation héritée ne convenait pas à la constitution réelle d'une personne. Krishna fait souvent référence aux *varnas*, mais Aurobindo, Swami Tapasyananda et d'autres soulignent qu'il ne fait pas référence aux castes modernes, mais aux qualités mentales. Malheureusement, tous les commentateurs médiévaux ont interprété les castes dans l'utilisation de *varna* par Krishna. Ils ont alors interprété son appel à suivre son *svadharma* comme signifiant adhérer aux règles de la caste. J'ai déjà cité Swami Tapasyananda, qui affirme que les commentateurs médiévaux n'ont pas rendu un grand service au Seigneur Krishna avec ce raisonnement. Je fournirai ici plus d'informations sur le contexte, car si nous ne comprenons pas *varna* comme la qualité mentale d'une personne (plutôt que la caste héréditaire) et *svadharma* comme la plus haute destinée inhérente à un individu (plutôt que l'appel à s'en tenir aux règles de sa caste), la profondeur philosophique de la *Bhagavad Gita* ne peut pas être explorée, et nous ne pouvons pas céder à son appel à une relation intime et personnelle avec le Divin. Tel était le point de vue de Shri Aurobindo.

Dans le *Mahabharata*, Krishna affirme que les dévots du Seigneur ne sont jamais des *shudras* (nom de la caste la plus basse, censée être dominée par tamas - l'inertie). Krishna affirme ici que ce n'est pas la naissance qui fait de quelqu'un un *shudra*, mais la dévotion à Dieu ou l'absence de dévotion, c'est-à-dire la qualité spirituelle d'une personne. Le Krishna du *Mahabharata, de la Gita* et du *Bhagavata Purana* connaît bien le système des castes. Il affirme cependant que la caste héréditaire n'a pas d'importance ; c'est la dévotion au Divin qui compte. Il poursuit en affirmant qu'une personne sage ne devrait même pas offenser un hors-caste (qui, dans le système des castes, se situe en dessous des *shudras*) qui est dévoué au Divin. S'il le fait, il tombera en enfer. Par conséquent, il ne nous appartient pas de faire la distinction entre un dévot et un autre. Encore une fois, Krishna déclare ici que le système de castes n'a pas d'importance, mais que ce qui compte, c'est le niveau de réalisation du Divin et le service rendu au Divin.

Bien que de nombreuses sociétés capitalistes modernes ne présentent pas un système aussi rigide que le système de castes indien, nous ne devrions pas être trop arrogants. D'un point de vue réaliste, ces sociétés ont un système de castes strictement orienté en fonction des ressources financières d'une personne. Si, dans le capitalisme, vous n'avez pas d'argent, votre situation n'est pas très différente de celle d'un paria indien. Si, en revanche, vous êtes un milliardaire héréditaire, vous pouvez faire ce que vous voulez. Entre les deux, il y a des graduations, qui ne sont pas très différentes du système des castes. Le problème de la richesse en Occident est qu'elle vous donne accès à des avocats coûteux et, par conséquent, la possibilité de surpasser des adversaires moins bien financés au cours des procédures judiciaires. Il serait essentiel de parvenir à une société dans laquelle la valeur d'une personne n'est déterminée ni par la taille de son portefeuille d'actifs, ni par la famille dans laquelle elle est née.

Aurobindo soutenait lui aussi que l'injonction selon laquelle *svadharma* (le propre devoir) signifie adhérer à sa caste est erronée.[433] Il précise que cette notion erronée s'appuie sur l'enseignement erroné selon lequel le monde est une illusion. Si nous croyons que le monde est une illusion, alors, selon Aurobindo, adhérer aux règles des castes est la meilleure chose à faire pour ceux qui ne sont pas aptes à la libération spirituelle. Aurobindo dit que si nous admettons que le monde est réel, trouver son *svadharma* signifie soutenir le travail de Dieu dans le monde réel. C'est vivre pour Dieu dans le monde et aider Dieu à conduire le monde vers un idéal divin, la divinisation de la société humaine.

---

433 Debashish Banerji, *Seven Quartets of Becoming*, p. 312

Épilogue

À un niveau plus profond, notre pratique de la *bhakti* crée une ouverture permettant au Divin de participer plus pleinement au monde en s'individuant à travers nous. Il n'y a en effet aucune différence entre le Divin et le monde. Le monde, le cosmos, est le corps du Divin. Cependant, à un niveau plus profond, parce que le Divin est une intelligence vivante, bien que cosmique, il nous faut, à nous, intelligences incarnées limitées, nous ouvrir aux fréquences du Divin. Grâce à cela, le Divin peut participer à un niveau plus élevé dans le monde.

Selon les propres termes de Shri Aurobindo, une voie est créée en réalisant qu'*ananda*, l'extase, est l'état passif du Brahman et que *prema*, l'amour, est son état actif. En nous accordant, par la méditation et la *sadhana*, avec l'extase du Brahman, nous sommes finalement remplis de son amour et pouvons porter cet amour dans le monde. Nous ferons alors l'expérience que l'amour divin pur, *prema*, n'est pas une émotion mais une qualité du Divin qui nous est conférée.

Aurobindo conseille le *manana* et le *darshana*, qui sont essentiels à ce mode de dévotion, et qui consistent à penser constamment au Divin en toutes choses et à voir le Divin toujours et partout.[434] En faisant cela, la communion avec le Divin viendra naturellement. Cette communion, plutôt que l'union, devrait être notre but. Shri Ramakrishna l'a magnifiquement exprimé en disant : "Je veux goûter le

---

434 Sri Aurobindo, *The Synthesis of Yoga*, p. 601

sucre plutôt que de devenir du sucre", car l'intégrité du dévot dans une telle communion est maintenue.

L'adhésion au *dharma* (action juste) est essentielle sur ce chemin de la *bhakti*, car Krishna nous exhorte à voir Dieu dans tout ce qui n'est pas contraire au *dharma*, dans la force non corrompue par le désir, et dans le désir aligné sur *le dharma*.[435] La *Gita* n'est pas une conversation ancienne qui ne nous concerne pas. Nous devons comprendre qu'Arjuna représente ici chacun d'entre nous ; il pose les questions qui nous déconcertent tous. Au niveau métaphorique, Arjuna représente le moi de surface, ou moi phénoménal, et Krishna le moi profond, ou moi véritable.

Outre le fait de comprendre qu'Arjuna et Krishna représentent des aspects de notre propre psyché, nous devons également apprendre à coopérer davantage et à nous quereller moins. Le *Bhagavata Purana* dit que les êtres vivants se détruisent les uns les autres et finalement eux-mêmes par des querelles mutuelles et qu'ils prospèrent par la coopération mutuelle.[436] En plus de coopérer les uns avec les autres, le *bhakta* participe aux joies et aux souffrances de tous les êtres. C'est ainsi que Krishna dit dans la *Gita* que les plus grands yogis sont ceux qui, voyant l'*atman* dans tous les autres, ressentent leur joie et leur souffrance comme ils le feraient pour eux-mêmes.[437]

Pour comprendre véritablement le Divin, méditer sur une divinité ou un *avatar* ne suffit pas. Le *Bhagavata Purana* affirme que nous devons méditer sur chaque aspect du Divin individuellement et, une fois que nous y sommes

---

435 *Bhagavad Gita* VII.11
436 *Bhagavata Purana* I.15.24
437 *Bhagavad Gita* VI.32

ÉPILOGUE

parvenus, sur toutes les parties ensemble.[438] La dernière clé maîtresse du *Bhakti* Yoga est de ne pas avoir à l'esprit notre propre satisfaction lorsque nous accomplissons des actions, mais celle de Dieu. C'est ainsi que Shri Krishna affirme que nous gagnerons en dévotion envers Lui en accomplissant tous nos efforts mondains avec Sa satisfaction à l'esprit.[439] Avec tous ces éléments constitutifs en place, nous pouvons créer une société divinisée guidée par un amour évolué et authentique pour le Divin, tous les êtres et l'ensemble du cosmos.

---

438 *Bhagavata Purana* III.33.22
439 *Bhagavata Purana* XI.11.23-24

Bibliographie

Aranya, Sw. H., *Yoga Philosophy of Patanjali with Bhasvati*, University of Calcutta, Kolkata, 2020.

Aurobindo, S., *Secret of the Veda*, Sri Aurobindo Ashram Trust, Pondicherry, 1995.

Aurobindo, S., *Essays on the Gita*, Sri Aurobindo Ashram Trust, Pondicherry, 1995.

Aurobindo, S., *Record of Yoga*, Vol. 2, Sri Aurobindo Ashram, Pondicherry, 2001.

Aurobindo, S., *The Life Divine*, Sri Aurobindo Ashram, Pondicherry, 1939-40.

Aurobindo, S., *Collected Works of Sri Aurobindo*, Sri Aurobindo Ashram Trust, Pondicherry, 2003.

Aurobindo, S., *Savitri – A Legend and a Symbol*, Sri Aurobindo Ashram Trust, Pondicherry, 1995.

Aurobindo, S., *The Integral Yoga*, Lotus Press, Twin Lakes, 1993.

Aurobindo, S., *The Synthesis of Yoga*, Sri Aurobindo Ashram, Pondicherry, 1948.

Aurobindo, S., *The Upanishads*, Sri Aurobindo Ashram Trust, Pondicherry, 1996.

Bader, J., *Meditation in Sankara's Vedanta*, Aditya Prakashan, New Delhi, 2010.

Banerji, D., *Seven Quartets of Becoming- A Transformative Yoga Psychology Based on the Diaries of Sri Aurobindo*, Nalanda International, Los Angeles, 2012.

Bhattacharya, V., editor and translator, *The Agamasastra of Gaudapada*, Motilal Banarsidass, Delhi, 1963.

Borg, M.J., *Meeting Jesus Again For The First Time*, Harper One, 1995.

Chandra Vasu, R.B.S., translator, *The Gheranda Samhita*, Sri Satguru Publications, Delhi, 2006.

Chapple, C., translator, *The Yoga Sutras of Patanjali*, Sri Satguru Publications, Delhi, 2010.

Cobb, J.B., *A Christian Natural Theology*, Westminster John Knox Press, 2007.

Cole, C.A., *Asparsa Yoga – A Study of Gaudapada's Mandukya Karika*, Motilal Banarsidass, Delhi, 2002.

Dasgupta, S., *A History of Indian Philosophy*, 1st Indian edn, 5 vols, Motilal Banarsidass, Delhi, 1995.

Easwaran, E., *The Bhagavad Gita For Daily Living*, 3 vols, Nilgiri Press, 1975.

Eliade, M., *Yoga – Immortality and Freedom*, 2nd edn, Princeton University Press, Princeton, New Jersey, 1989.

Gambhirananda, Sw., *Bhagavad Gita with Commentary of Sankaracarya*, Advaita Ashrama, Kolkata, 2017.

Gambhirananda, Sw., translator, *Brahma Sutra Bhasya of Sri Sankaracarya*, Advaita Ashrama, Kolkata, 1985.

Gambhirananda, Sw., translator, *Eight Upanisads*, Advaita Ashrama, Kolkata, 2016.

Ganguli, K.M., translator, *The Mahabharata*, 12 vols, Munshiram Manoharlal, New Delhi, 2018.

Godman, D. (ed.), *Be As You Are – The Teachings of Ramana Maharshi*, Penguin Books India, New Delhi, 2005.

Gurdjieff, G.I., *Beelzebub's Tales To His Grandson*, Penguin Books, 1999.

Jagadananda, Sw., translator, *Upadesa Sahasri of Sri Sankaracarya*, Sri Ramakrishna Math, Madras.

Jagadananda, Sw., translator, *Vakyavrtti of Sri Sankaracarya*, Sri Ramakrishna Math, Madras.

Johnson, R.A., *We: Understanding the Psychology of Romantic Love*, Harper One, 2009.

Krishna, G,. *Kundalini – Evolutionary Energy in Man*, Shambala, 1997.

Krishnamurti, J., *Krishnamurti to Himself*, HarperCollins, San Francisco, 2013.

Krishnamurti, J., *Krishnamurti's Journal*, 2nd rev. edn, Krishnamurti Foundation Trust India, Chennai, 2023.

Krishnamurti, J., *The Awakening of Intelligence*, HarperCollins, San Francisco, 2007.

Krishnamurti, J., *The First and Last Freedom*, HarperCollins, San Francisco, 1995.

Kunjunni Raja, K., editor, *Hathayogapradipika of Swatmarama*, The Adyar Library and Research Centre, Madras, 1992.

Leggett, T., *Realization of the Supreme Self*, New Age Books, New Delhi, 1995.

Leggett, T., translator, *Sankara on the Yoga Sutras*, 1st Indian edn, Motilal Banarsidass, Delhi, 2012.

Lester, R.C., *Ramanuja on the Yoga*, Adyar Library and Research Centre, Madras, 1996.

Madgula, I.S., *The Acarya*, 2nd rev. edn, Motilal Banarsidass, Delhi, 2021.

Madhavananda, Sw., translator, *The Brhadaranyaka Upanisad*, Advaita Ashrama, Kolkata, 2017.

Mani, V., *Puranic Encyclopedia*, 1st English edn, Motilal Banarsidass, Delhi, 1995.

Medhananda, Sw., *Why Sri Aurobindo's Hermeneutics Still Matter*, Ramakrishna Institute of Moral and Spiritual Education, Mysore.

Mueller, M., editor, *The Sacred Books of the East*, vol. 38, *Vedanta Sutras*, trans. G. Thibault, Motilal Banarsidass, Delhi, 1982.

Natarajan, A.R., *Ramana Maharshi – The Living Guru*, Ramana Maharshi Centre for Learning, Bangalore, 2016.

Natarajan, A.R., *Timeless in Time – A Biography of Sri Ramana Maharshi*, 2nd edn, Ramana Maharshi Centre for Learning, Bangalore, 2020.

BIBLIOGRAPHIE

Nikhilananda, Sw., translator, *The Mandukya Upanishad with Gaudapada's Karika and Sankara's Commentary*, Advaita Ashrama, Kolkata, 2007.

Panoli, V., translator and commentator, *Gita in Shankara's Own Words*, Shri Paramasivan, Madras, 2000.

Prabhavananda, Sw., *Bhagavad Gita*, Vedanta Press, Hollywood, 1944.

Prabhupada, B. Sw., *Bhagavad Gita As It Is*, The Bhaktivedanta Book Trust, New York, 1968.

Radhakrishnan, S., editor, *The Principal Upanisads*, HarperCollins Publishers India, New Delhi, 2014.

Radhakrishnan, S., *Indian Philosophy*, Indian edn, 2 vols, Oxford University Press, New Delhi, 1960.

Radhakrishnan, S., translator and commentator, *The Bhagavad Gita*, HarperCollins Publishers India, New Delhi, 2022.

Ramakrishnananda, Sw., *Life of Sri Ramanuja*, Sri Ramakrishna Math, Madras.

Ramanujacharya, S., *Gita Bhasya*, transl. Svami Adidevananda, Sri Ramakrishna Math, Madras, 1991.

Sapolsky, R. M., *Behave: The Biology of Humans at Our Best and Worst*, Penguin Press, 2017.

Shankaracharya, S., *Bhagavad Gita with Commentary*, transl. Swami Gambhirananda, Advaita Ashrama, Calcutta, 1997.

Stoler Miller, B., *The Bhagavad Gita*, Bantam Books, New York, 1986.

Subramaniam, K., translator, *Mahabharata*, Bharatiya Vidya Bhavan, Mumbai, 2019.

Subramaniam, K., translator, *Srimad Bhagavatam*, 7th edn, Bharatiya Vidya Bhavan, Mumbai, 2017.

Swahananda, Sw., translator, *Chandogya Upanisad*, Sri Ramakrishna Math, Madras, 1976.

Tapasyananda, Sw., *Srimad Bhagavad Gita*, Sri Ramakrishna Math, Chennai, 1984,

Tapasyananda, Sw., *Srimad Bhagavata*, Sri Ramakrishna Math, Chennai, 1981.

Tapasyananda, Sw., translator, *Sankara-Dig-Vijaya*, Sri Ramakrishna Math, Chennai.

Tapasyananda, Sw., translator, *Sivanandalahari of Sri Sankaracarya*, Sri Ramakrishna Math, Madras.

Torwesten, H., Ramakrishna – *Schauspieler Gottes*, Fischer Taschenbuch Verlag, Frankfurt, 2001.

Tyagisananda, Sw., *Narada Bhakti Sutras*, Sri Ramakrishna Math, Chennai, 2001,

Vireswarananda, Sw., translator, *Srimad Bhagavad Gita*, Sri Ramakrishna Math, Madras.

Whitehead, A.N., *Adventure of Ideas*, Free Press, 1967.
Whitehead, A.N., *Process and Reality*, Free Press, 1979.

Whitehead, A.N., *Religion in the Making*, Fordham University Press, 1996.

Wilkerson, I., *Caste: The Origin of Our Discontents*, Random House, 2020.

Yogananda, P., *God Talks with Arjuna*, 3 vols, Motilal Banarsidass, 1999.

Informations sur l'auteur

Gregor a commencé le *Raja* Yoga à la fin des années 1970 et y a ajouté le *Hatha* Yoga au début des années 1980. Peu après, il a commencé à voyager chaque année en Inde, où il a appris auprès de divers maîtres yogiques et tantriques, de *sadhus* indiens traditionnels et d'ascètes. Il a vécu de nombreuses années en reclus, étudiant le sanskrit et les écritures yogiques et pratiquant des techniques yogiques.

La série de manuels de Gregor, comprenant *Ashtanga Yoga : pratique et philosophie, Ashtanga Yoga : série intermédiaire, Pranayama : le souffle du yoga, Yoga Meditation : A travers les mantras, les chakras et la kundalini jusqu'à la liberté spirituelle, Samadhi : La grande liberté, Comment trouver le but divin de votre vie, Chakras, drogues et évolution, et Mudras : Seals of Yoga*, s'est vendu à plus de 100 000 exemplaires dans le monde et a été traduit en huit langues. Vous pouvez consulter les articles de son blog à l'adresse suivante : www.chintamaniyoga.com.

Aujourd'hui, Gregor intègre tous les aspects du yoga dans son enseignement, dans l'esprit de Patanjali et de T. Krishnamacharya. Son sens de l'humour loufoque, ses multiples expériences personnelles, sa connaissance vaste et approfondie des écritures, des philosophies indiennes et des techniques yogiques se combinent pour rendre les enseignements de Gregor facilement applicables, pertinents et accessibles à ses étudiants. Il propose des ateliers, des retraites et des formations d'enseignants dans le monde entier.

Contactez Gregor via :
www.chintamaniyoga.com
www.8limbs.com
https://www.facebook.com/gregor.maehle.

www.ingramcontent.com/pod-product-compliance
Lightning Source LLC
Chambersburg PA
CBHW021141160426
43194CB00007B/652